JN014919

新装版

若者支援の日英比較

社会関係資本の観点から

井上 慧真

晃洋書房

は じ め に

　皆さんの家にアルバムはあるだろうか．今は，ひとつのカードに何千枚もの写真を記録できる．しかし少し前——24枚撮りか，36枚撮りのフィルムを使っていた時代は，写真に残す場面を，慎重に選ぶ必要があった．幼いころは，小さな日常の出来事まで，フィルムを惜しみなく使って記録されていることが多い．しかし大人になるにつれ，だんだん記録は飛び飛びになり，いわゆる人生の節目の写真が中心になりがちである．

　写真に残されやすい節目には，たとえば入学式・卒業式・入社式・結婚式などがある．兄弟姉妹・友人・親戚などが集まり，「若い頃」の話になったとき，話の種になるのがこのアルバムである．人が「若い頃」——若者であった頃を語るひとつの手掛かりが，学校への入学・卒業，就職，結婚などのアルバムに残された出来事であるといえる．仕事や結婚は，多くの場合，若い頃を過ぎても続けていくものである．しかしその初めのころの経験は，若い頃の経験として鮮明に記録に，そして記憶に残る．

　なかには，写真に残された若い頃の出来事と出来事とのあいだに，さらに別の出来事がはさまっていることもある．入った学校や会社があわなくて辞めたり，結婚を考えた人や実際に結婚した人と別れたり，といった経験である．ごく親しい人にしか語られないにしても，その人の人生にとって，写真に残る場面と同様に，若い頃を語るうえで重要な出来事である．

　写真に残るにしても，残らないとしても，これらの経験はみな大人になるまでの道のり，「成人期への移行」をかたちづくる経験である．そして，この「成人期への移行」の過程での経験は，一様ではなくなってきている．たとえば，2017年時点で，15〜39歳の若年無業者は71万人，年齢人口に占める割合は2.1％である（内閣府 2018）．人生のなかで家事・通学・仕事のいずれもしていない時期を経験している人は決して少なくない．

　そして「成人期への移行」の過程で何かにつまづいた人を支える，若者支援と呼ばれる活動に多くの人が関わるようになってきている．多くの場合民間の組織・団体が先駆けとなったのであるが，特に2000年代のなかば以降，国・地方自治体などが主体となり，民間の組織・団体との協力のもとに運営する公的

支援も展開されてきた．本書は，特に後者——公的支援，とくにそのひとつである地域若者サポートステーションを検討の中心に据える．

　公的な若者支援を検討の中心に据える理由は，民間の組織・団体と比べて，「活動そのもの」の記録や分析が圧倒的に少ないからである．公的な機関であるため，たとえば来所者数や登録者数，そして就職者数などは詳細に記録されている．しかし，直接「実績」にかかわらない部分——どのような人と人とのつながりの上につくられ，また活動のなかでどのような人と人とのつながりを編み出してきたかなど——の記録は驚くほど少ない．

　しかし，このあまり記録されていない部分は，活動を捉え，また他の国において展開されてきた若者支援や，これまで日本で展開されてきた民間の組織・団体による若者支援との関係性を捉えるうえで重要である．本書で扱う公的な「若者支援」は，若者そのものの研究ではないが，現代社会を生きる若者の経験を理解するうえで見逃すことのできない部分になりつつある．

　なお，本書の表題，およびこの「はじめに」では若者支援という言葉を用いているが，序章からの本論の部分では，「成人期への移行」支援という言葉に意図的に置き換えている．若者支援という言葉は，実際に研究・実践にかかわる人々のあいだで広く用いられる言葉であり，たしかに最も的確に今日の状況——個々の問題を横断して広く「若者」の問題にかかわる支援を指す——を捉える言葉である．

　しかし，特に職業生活に関していえば，濱口 (2013) などの論考が明らかにしてきた通り「若者」の問題は大人 (つまり「成人期」) の問題——たとえば日本の企業社会の人事管理のメカニズムとそれがはらむ問題など——と表裏一体であるものが非常に多いのも事実である．展開していく中で，「成人期」のあり方それ自体への問い直しにもつながる可能性を持った存在として，若者支援を捉えたいという意図により，本論では「成人期への移行」支援という言葉を用いる．

　若者支援 (本論では「成人期への移行」支援) における「支援」も，通常イメージされるものとはやや異なるかもしれない．この「支援」は教育 (フォーマルな教育，インフォーマルな教育の両方)，社会福祉，職業相談などの非常に多岐にわたる実践をルーツに持つ．公的な支援は，そのなかの一部分を「支援」として定義づけることで成立した．そのため，必ず行われるべき「支援」だけでなく，地域・運営団体により多様な活動を含んでいる．本書の5・6章でみるように，若者とかかわるなかでも，多くの実践が編み出されてきた．

　また，「公的な支援」の枠組みはしばしば変更される．そのなかで，実践の
なかでは意義が認められつつも，「公的な支援」の枠組みのなかでは周縁にお
かれるか，あるいは完全に外されてしまう活動もある．フォーマルな定義から
はうかがえない，多くの模索や葛藤を含む過程として，実際の「支援」は行わ
れている．この「支援」の特徴は，日本だけに限らない．日本の公的な若者支
援の重要なモデルとなったイギリスにおいても，同様に公的な支援は，多くの
先行する実践の再編成を伴って成立した．しかし，その過程は日本とはやや異
なる．第Ⅰ部でこの過程を検討し，参照軸をつくったうえで第Ⅱ部で日本の若
者支援を捉え，終章にて比較検討を行う．

　最後に，本書における日本の公的な若者支援の扱いについて留意点を述べる．
現在，地域若者サポートステーション（「サポステ」と呼ばれる）のほかにも，同
じく厚生労働省による生活困窮者自立支援事業や，各都道府県，基礎自治体の
実施する事業が，公的な若者支援の機能を果たしている．そのなかで本書が，
地域若者サポートステーションに焦点を絞ったのは，以下の理由による．

　運営の構造（行政から，民間の活動実績を有する団体への事業委託），評価（事業実績
により毎年評価され，見直しが行われる）など多くの点において，サポステと，他
の公的な若者支援事業は，共通点を持つ．このため，サポステの分析を通じて
明らかとなる知見は，他の事業をも含めてより広く，日本の公的な若者支援を
考えるうえで一定の意義を有するのではないかと考えるためである．もし本書
が，この分野の研究，そして実践のために社会学がなしうることを考えるため
の，ひとつの手掛かりとなれば幸いである．

目　　次

序　章
日本とイギリスの「成人期への移行」支援の研究に向けて

第1節　研究の背景

　近年，成人期への移行パターンに変化が生じている．たとえば15〜39歳人口に占める若年無業者は71万人であり，15〜39歳人口の2.1％を占める．また2015年の調査では広義のひきこもりは54.1万人と推計されている（内閣府 2018）．このような変化の中で，教育・訓練・雇用・家族形成などの多様な側面を含む「成人期への移行」とその危機をいかに支えるかは各国で大きな課題となっている．日本は欧米諸国に比して若年失業率は低い水準で推移してきたが，1990年代半ばの経済不況以降，日本型の学校から職業への移行が問い直されつつあり，「成人期への移行」支援に関する政策・実践が蓄積されつつある．諸外国では「成人期への移行」支援政策・実践に関する研究が重ねられつつある．しかし，日本の場合は伝統的に民間団体が活動の中心を担っていたため，民間団体の実践に関する研究が中心であった．公的な「成人期への移行」支援に関する研究はわずかにあるが，今日までの展開を縦断的に扱った研究，全国調査にもとづく研究はまだなされていない．

　そのような現状を踏まえて，本書は「成人期への移行」の公的支援を担う実践者（専門職・有志）の役割を実証的に解明し，またその特徴の日英比較を行い，そして「成人期への移行」支援を提供する基礎となる社会的ネットワークの実態，その日英の共通性と差異を明らかにする．イギリスとの比較を行う理由は，日本で公的な「成人期への移行」支援が構想された時に，イギリスにおける「成人期への移行」支援の担い手や機関が地域で形成する社会的ネットワークがモデルとなったためである．イギリス（グレートブリテンおよび北アイルランド連合王国）のなかでも，本書では日本のモデルとなったイングランドの政策を対象とする．

　「成人期への移行」の支援には，国・地方自治体（都道府県・基礎自治体），民間団体（NPO 法人，任意団体）など多くの主体が関与している．本書はなかでも政府・地方自治体が予算・運営に参画する公的な「成人期への移行」支援に注目する．これは「移行の危機」の経験は社会的に不利な背景を持つ人ほど深刻であるとされ，公的なサービスの創出が喫緊の課題であるためである．また，「成人期への移行」支援に期待される内容は社会給付・教育訓練の運営など多岐にわたるが，本書は特に，包括的な相談を行う公的支援として2006年度より始まった地域若者サポートステーション事業に焦点化して検討を行う．これは，地域の多くの機関を含めた社会的ネットワークのあり方と，実践者がその形成において果たす役割の解明が，多様な「成人期への移行」支援を考える基礎となるためである．

第 2 節　「成人期への移行」を捉える 3 つの視点

（1）　発達課題モデルからの出発

　以下において，「成人期への移行」とその支援の分析を行ううえで本書が依拠する視点について整理する．

　「成人期への移行」を捉える視点のうち，最も伝統的なのは，子ども期から成人期までそれぞれ発達課題がありそれを達成してゆくというものである．R. J. ハヴィガースト，E. H. エリクソンらの論者が展開したこれらの考え方は「『発達課題』モデル」（Evans et al. 1997：17）と呼ばれ，かつての中心的な考え方であった．成人期を，アイデンティティの確立が完了しすべての役割移行が完了した状態と見なすこのような見方は，現在は支持されていない．成人期に至る道は多様であり，かつ成人期への移行はしだいに達成されるものであると考えられている．進学率の上昇，雇用状況の変化，初婚年齢，第 1 子を持つ年齢の上昇などをうけて，移行のプロセスは戦後急激な変化を遂げてきた．これに伴って何を以て「大人になる」（成人期に至る）のかに関する合意が難しくなっており，一様ではないという認識がひろく共有されている．

　「成人期」への道筋（移行のプロセス）の変化を分析する視点は青年社会学，家族社会学の分野で多くの研究者により提示されてきた．それらのうち，①シティズンシップ（成人期とは社会的シティズンシップの獲得であると見なす），②役割移行（成人期とは社会のなかで特定の地位・役割を得ることであると見なす），③新成

人期が代表的である．

（2）　シティズンシップ

　J. ジョーンズと C. ウォーレス（Jones and Wallace 1992＝1996）は，成人期の最終的な目標は社会的シティズンシップの獲得であるとした．また青年期を，「シティズンシップへの移行すなわち社会に完全に参加する状態へと移行する期間」と定義した（Jones and Wallace 1992＝1996：43）．ここで「成人期への移行」とは市民的・政治的・社会的シティズンシップが徐々に達成される過程である．そしてシティズンシップへのアクセスが徐々に獲得されるものであり，同時に権利へのアクセスは社会構造上の不平等に規定されている．このため「成人期への移行」は個人だけでなく，社会の問題であるとした．

　Jones and Wallce（1992＝1996）は T. H. マーシャルのシティズンシップ論（Marshall 1950［1992］＝1993）に依拠し，市民的権利・政治的権利・社会的権利の各々がどのように獲得されるかを論じた．Marshall（1950［1992］＝1993）は，シティズンシップを，

> 「ある共同社会の完全な成員である人びとに与えられた地位身分である．この地位身分を持っているすべての人びとは，その地位身分に付与された権利と義務において平等である」（Marshall 1950［1992］＝1993：37）

と定義した．Marshall（1950［1992］＝1993）はシティズンシップの発達を 3 つの段階に分類し，法的シティズンシップ，政治的シティズンシップ，社会的シティズンシップの順に発達するものとした．Jones and Wallace（1992＝1996）は「シティズンシップについての議論は，若者に明確に適用されたことがない」（Jones and Wallace 1992＝1996：46）として，若者個人のライフコース，成人期に至る道筋へと適用した．シティズンシップが，家族・教育・雇用・住宅など，多様な領域への若者の参加を考える鍵であると見なした．

（3）　役割移行

　この視点は，ライフコース・アプローチから提起された．成人期は，個人が社会のなかで特定の地位・役割を得ることによって定義される．そこには，たとえば学校からの卒業や就職などの移行にかかわるさまざまな出来事（transitional events）が伴う．成人になることは「制度化されたライフコースにおける

地位の移行（status passage）」（Buchmann and Kreisi 2011：482）として定義された．新しい人生領域への参入は，いくつかの複数の地位や役割の移行にかかわる出来事（労働市場への参入・離家・パートナーを得ること・親になることなど）を伴う．個々人の経験する移行イベントは，普及度（prevalence），時機（timing），同調性（synchlonyzation），出来事の配列（sequences of event）等の観点からみるとき，多様性あるいは共通性を持つ．これを用いて，ライフコース・アプローチは成人期のあり方を世代や国，あるいは地域ごとに比較してきた．そして類似性と多様性の比較研究のための理論・方法を検討した（Buchmann and Kreisi 2011）．

（4） 新成人期

新成人期（emerging adulthood）は社会心理学者である J. アーネットが Arnett（2004）で詳説した概念である．その特徴は「アイデンティティ探索」「不安定さ」「自己焦点化」（家族としての義務・役割が猶予され，活動の焦点が自己にあること）と，「宙吊り」（青年期でも成人期でもないこと）などである．アーネットの「新成人期」（emerging adulthood）概念は，エリクソンの発達理論，および役割移行の 2 つの研究の流れと，自らの「新成人期」との差異を強調した．

アーネットの「新成人期」と，エリクソンの発達理論とのおもな差異は，成人期の捉え方である．エリクソンは，青年期の役割猶予とアイデンティティ形成の結果，成人期に到達すると論じた．しかし，エリクソンによる成人期の定義では，あまりにも幅広い状況にいる人が含まれてしまうとアーネットは考えた．1960年代に比べて高等教育への進学率が上昇し，成人としての法的権利を持ちながらも家族関係などにおいて役割猶予の時期が継続し，そしてそのなかでアイデンティティが引き続き発達することを，「新成人期」概念を通じて捉えようとした．

この「新成人期」の特徴は，アーネットが行ったアメリカの大学生の調査から導き出されたものである．Arnett（2004）は20歳から29歳の若者を対象に自らが行った調査，および過去の研究（Arnett 1997, 1998）の調査にもとづいて議論を展開した．これらの調査によると，「成人期の重要な指標とはなにか」という質問の回答において，役割移行モデルで用いられてきた伝統的な諸指標（たとえばフルタイムの教育を終えること・就職すること・子どもを持つことなど）はいずれも優先度が低かった．それよりも上位を占めたのはより心理的な項目（たとえば自らの行動の結果に責任をとること，親その他の影響から独立して個人の信念を決める

ことなど）であった．これらの調査結果により，役割移行は完了していないが，心理的側面における成人期の指標（自分の行動に責任をとるなど）は達成された時期として「新成人期」が位置づけられた．

この議論について社会学，とくにライフコースの研究者は調査を通じて再検討を行ってきた．Hartman and Toguchi（2007）は大学生に対する調査を行い，その結果として，次の3点をあげた．第1は，依然として社会的地位役割と成人期が結びついているということである．第2は，成人期への到達は，先に見た社会的地位・役割のうちの単一の指標ではなく複数の指標と結びついて考えられていることである．第3に，「逆向きの移行」（Hartman and Toguchi 2007：264）も見られることである．学校に戻ること，いったん家を出て一人で暮らしたのちに家に戻ることなどである．他方で，変化も認めている．それは，移行にかかわるさまざまな出来事のあいだに，あるべき順序の規範がみられなくなっている点である．Arnett（2004）が成人期への到達の指標とした，自立・責任・成熟などの感覚は，就職や結婚などの移行出来事に伴って他者との関わりのあり方が変化することによってはじめて，具体化されたかたちで身に付くと結論づけた（Hartman and Toguchi 2007）．

第3節　成人期への移行に影響を与える社会的要因

（1）　A. ファーロングらによる研究

第2節において検討した3つの視点は，「成人期への移行」の多様性を捉えるうえで有効である．しかし一方で，「成人期への移行」の過程に，社会的要因が与える影響を，捉えようとする研究もある．社会的要因には，急速な社会変動（グローバル化に伴う労働市場の変化など）と伝統的な社会的不平等（親の教育や職により測られる社会階層，人種，ジェンダー，エスニシティなど）の両方が含まれる．U. ベックは労働などの領域における新たな社会的リスクの出現を指摘しつつ，同時に伝統的な社会集団の個人に与える影響は衰退すると指摘した（Beck 1992［1986］＝1998）．しかし，「成人期への移行」に関する研究ではこれについて否定的な見方をとる．

社会的不平等は持続し，そのうえに新たなリスクが生じているとしたのがA. ファーロングらの研究者であった．かれらは，成人期への移行過程を量的データ・質的データの両方を用いて微細に検討することを通じて，上記の点の

主張を裏付けてきた．ファーロングが2003年に公表した調査（Furlong et al. 2003）は，その後の著作（Furlong 1997＝2009, Furlong 2013）における「成人期への移行」とそのリスクに関する論考の基礎となった調査である．同調査はスコットランド西部に居住する若者1009人，およびその親を対象に開始された．調査は継続して行われた．16歳，18歳，21歳，23歳でフォローアップ（16歳・21歳時点は郵送法による調査，18歳・23歳は面接調査）を行った．

　Furlong et al. (2003) はこのデータをもとに「線形移行」と「非線形移行」の2つのパターンをつくった．「線形移行」は，「学校→雇用」，「学校→訓練スキーム→雇用」，「学校→高等教育→雇用」，「学校→継続教育→雇用」，「学校→継続教育→高等教育→雇用」，「学校→何らかの家庭内の仕事」の6つのパターンのいずれかをとる場合である．「非線形移行」は，次のいずれかの条件にあてはまる移行経路をたどる人が含まれる．すなわち，「線形移行」の6つのパターンのいずれにも該当しない地位の連なりを含む場合，いずれかの段階で少なくとも3カ月の失業を含む場合，合計12カ月以上の失業の経験がある場合，同時期に教育を出た人の地位変化の回数の中央値より地位変化の回数が2以上多い場合が「非線形移行」である．

　上の「線形移行」と「非線形移行」の分類の結果，回答者の52％は線形移行，48％が非線形移行であった．親の社会階級（6分類）ごとにみると，ミドルクラス以上（1〜2）において線形移行の比率が有意に高い．線形移行の占める比率を階級別にみると「上」（中間階級以上）が54％，「中」（上層労働者階級）が42％，「下」（下層労働者階級）が39％であり，社会階級との関連がみられた．また親の教育達成（6分類）でも1（最も高い）では線形移行の比率が61％であるのに対し6（最も低い）では21％（男性の場合）であった．移行のパターンは個人化しているが，リスクや不安定さ（非線形移行）は社会階級や教育水準の影響を受けていることを明らかにした（Furlong et al. 2003）．

　社会階級，教育などの要因が移行のリスクに影響を与えることを指摘しながら，ファーロングらは同時に若者のあいだでの多様性にも目を向けた．この多様性を生み出しているのは構造的資源（経済資本・社会関係資本・文化資本）と，個人のエージェンシー，「たとえばモチベーション，忍耐強さ，決心」（Furlong et al. 2003：5）の2つから成る．構造的な資源と個人のエージェンシーとは互いに結びついており，その不足している資源を引き出すための能力を必然的に含んでいた（Furlong et al. 2003）．

　しかし，このエージェンシーは質問紙調査だけでは実態を明らかにすること
は難しく，面接調査が行われた．Furlong et al.（2003）は調査協力者が28歳・
29歳の時点で，そのうち60人について個人史に関するインタビュー（質的イン
タビュー）を行った．それぞれの若者が教育・労働市場での経験，人生に影響
を与えたカギとなる経験について話した．インタビューの焦点は，周辺化のリ
スクを高める，あるいは低減する若者自身の戦略・行動であった．それをもと
に2軸（資源の多寡，エージェンシーの高低）でインタビューから得られた結果を
分類した．結論として，資源あるいはエージェンシーのいずれかが乏しいとき
幾分かのリスクが，両方が乏しいとき大きなリスクが生じることを明らかにし
た（Furlong et al. 2003）．ファーロングによるこれらの研究は，成人期への移行
に関する研究を，複合的な方法（質問紙・面接）を用いて，個人化論，そして新
資本理論（文化資本・社会関係資本に関する理論）という社会学的文脈に位置づけ
ようと試みた研究であった．

　若者期から成人期への移行パターンは「いくつかの分岐・隙間・逆転を含む，
非線形的で個人化されたもの」（Furlong 2013：10）になりつつある．日本にお
いても特に1990年代の経済不況以降，職業や教育などにまったく参加していな
いか，または不安定な参加にとどまる「移行の危機」（小杉 2004a：2）にある若
者が多く現れた．移行経験が個人化・非線形化することは，自らと同じ時期に
類似した問題を抱える者，又はその問題を既に乗り越えた者を近くに見出すこ
とをより困難にさせる．これは「経験の分断」（Furlong 2013：68）と呼ばれる．

（2）　Teesside Studies

　Teesside Studies は R. マクドナルドらイギリスの研究者グループによる研
究である．北東イングランドの Teesside という地域を対象に，第1期（1998年
〜2000年）と第2期（2003年）の2つの時期に行われた．それぞれの時期の調査
について，3冊の報告書が刊行された．*Snakes and Ladders*（Johnston et al.
2000），*Disconnected Youth ?: Growing Up in Britain's Poor Neighbour-
hoods*（MacDonald and Marsh 2005），そして *Poor Transitions: Social Exclu-
sion and Young Adults*（Webster et al., 2004）である．これらの研究は総称し
て Teesside Studies と呼ばれる．

　Teesside Studies の特徴は，社会的排除の深刻な地域に焦点化した「成人期
への移行」過程の研究である点である．そのような研究の原動力となったのは，

同時期にイギリスで盛んになったアンダークラス論であった．アンダークラスは，イギリスの伝統的な階級図式のなかでの労働者階級像とは異なる存在として位置づけられた．Murray（1999）は彼らの特徴として福祉への依存をあげ，モラルの問題を主張した．

アンダークラス論は，個人の責任を強く主張し，そして社会問題を社会状況ではなく人々の「文化」の問題と見なしたために，多くの反論を受けた．Teesside Studies の対象となった地域・調査協力者は，Murray（1999）が批判した「アンダークラス」と重なりあう．しかし，Teesside Studies を行った研究者グループは，そこに暮らす人の「成人期への移行」過程を詳細に検討することを通じて，Murray（1999）の提起した「アンダークラス」像を再検討した．

Teesside Studies の第 1 次調査は，15歳から25歳までの186人の男女（男性104人，女性82人）について行われた．第 2 次調査は，第 1 次調査の協力者のうち34人への追跡調査であった．方法は個人史的インタビュー（biographical interview）であり，次の 6 つの要素から成るキャリアについて尋ねた．① フルタイムの教育から労働市場へ（学校から仕事へのキャリア），② 定位家族からの相対的自立（家族キャリア），③ 親の家からの自立（居住［housing］キャリア），④ 非行への参加パターン（犯罪キャリア），⑤ 薬物使用行動（薬物キャリア），⑥ 自由時間の活動と友情の変化（余暇キャリア）である（MacDonald et al. 2012）．

調査結果から，失業や福祉給付を受けることは，「文化的」選択ではなく，個人の選択を制約する諸問題の結果により生じることが明らかになった．家族・自身の健康問題，家族との死別は，調査協力者がみずからの個人史を理解するうえできわめて大切な出来事であった．そして仕事・訓練の質が低いこと，その背景には二重労働市場の問題があり，決して若者だけの問題ではないことが明らかにされた．これらはたとえば P. ウィリスの『ハマータウンの野郎ども』（Willis 1977＝［1985］1996）で描かれたような労働者階級の世界とは様相の異なるものであり，また Murray（1999）の批判したような『アンダークラス』像とも異なるものであった．

（3）「成人期への移行」の支援のあり方

成人期への移行は，ただ多様化したのではなく，たとえばグローバル化に伴う労働市場の変化など，新しい社会問題と接続している．また，従来からの社会的不平等の問題とも，依然として強いかかわりをもっている．これらより，

「成人期への移行」をいかに支えるかは，社会的課題であるといえる．そして，移行プロセスの把握・分析だけでなく，それぞれの国・社会における支援のあり方について，その共通点・差異を把握する分析視角が求められている．

　たとえば，社会保障分野の研究者である T. シュバリエ（Chevalier 2016）はシティズンシップの 2 つの側面（社会的シティズンシップ・経済的シティズンシップ）の特徴を分類基準として，EU 諸国の成人期への移行を支える政策を類型化した．Chevalier（2016）は成人になることを「経済的に自立すること，すなわち収入を持ち，家族に頼らないこと」（Chevalier 2016：5）と定義したうえで，福祉国家は個人の成人期への移行に 2 つの方法で介入しうるとした．ひとつは，収入への援助を行うことであり，もうひとつは教育から職業への移行を容易にすることである．

　前者の意味での介入（収入への援助）について，「成人期への移行」の途上にある個人は 2 つの立場から理解されうる．「子ども」か，あるいは「成人」かである．彼らが「子ども」と見なされる国は，具体的には，親による子どもの扶養責任が学校卒業後も持続すると規定する法律があり，社会給付を独立して（世帯の子どもとしてではなく）受給する資格が発生する年齢が高く設定され，奨学金に親の所得に関する要件があるなどの特徴をもつ．他方，彼らを「成人」と見なす国は，家族による子どもに対する扶養責任を一定年齢までに制限する法律があること，社会給付を独立して受給する年齢が低く設定されていること，親の所得を問わず奨学金が給付されることなどの特徴を持つ（Chevalier 2016）．成人期への移行の途上にある個人を「成人」と見なし，さまざまなシティズンシップを付与することは「個人化されたシティズンシップ」（Chevalier 2016：6）と呼ばれた．一方で，成人期への移行の途上にある個人を「子ども」と見なし，シティズンシップの付与を猶予することは「家族化されたシティズンシップ」（Chevalier 2016：6）と呼ばれた．

　後者（学校から職業への移行）の意味での介入は，教育・技能水準が低い人々に関する政策について国により 2 つのパターンがあるとした．すべての人々にスキルの形成・維持へのアクセスを配分することは「包含戦略」（Chevalier 2016：7）と呼ばれた．一方でエリート主義的な教育システムを維持しながら，労働コストの削減により雇用へのアクセスを高めようとすることは「選抜戦略」（Chevalier 2016：7）と呼ばれた．この「包含戦略」および「選抜戦略」にもとづく経済的シティズンシップのあり方，つまり選抜的経済シティズンシッ

プと包含的経済シティズンシップの対比が，Chevalier (2016) による分類枠組みのもう１つの軸である．

　上記の２つの軸（個人化された社会的シティズンシップと家族化された社会的シティズンシップ，および選抜的経済シティズンシップと包含的経済シティズンシップ）により，Chevalier (2016) は以下の４つの類型を作成し EU の若者に関する政策を分類した．第１は「二級市民としての若者シティズンシップ」（個人化された社会シティズンシップ＋選抜的な経済シティズンシップ）類型であり，イギリスとアイルランドが含まれる．第２に「能力を与える若者シティズンシップ」（個人化された社会シティズンシップ＋包含的な経済シティズンシップ）であり，スウェーデン，デンマーク，オランダが含まれる．第３に「与えられていない若者シティズンシップ」（家族化された社会シティズンシップ＋選抜的経済シティズンシップ）であり，スペイン，ポルトガル，イタリア，ベルギー，ギリシャ，フランスなどが含まれる．第４に「監督される若者シティズンシップ」（家族化された社会的シティズンシップ＋包含的経済的シティズンシップ）であり，ドイツ，オーストリア，ルクセンブルクが含まれる．

第４節　日本における先行研究

　日本では，「成人期への移行」に関するパネル調査はほとんど行われてこなかった（乾 2010）．その先駆となったのは，乾彰夫らの研究グループによる調査であった．調査は大きく２つにわけられる．ひとつは日本教育学会の課題研究であった「若者の教育とキャリア形成に関する調査」であり，多くの大学の研究者らの参加した共同研究であった．全国規模でのランダムサンプリング（層化二段抽出法）にもとづいた回答者に対して，５年間継続的に調査を行った．回答数は初回1687名，最終回（第５回）では891名であった．この調査結果は最終報告書（若者の教育とキャリア形成に関する研究会 2014），そして乾・本田・中村編 (2017) にまとめられた．そしてもうひとつの調査は東京都立大（首都大学東京）の乾研究室を中心に取り組まれた高校卒業者への追跡調査「高卒者の進路動向に関する調査」であった．東京都内のＡ高校（偏差値中位校），Ｂ高校（下位校）に対して５年間のパネル調査を行った（2002年〜2008年，初回89人）．この調査結果は，乾編 (2006) にまとめられた．

　乾 (2010) は，上述の２つの量的調査・質的調査の結果から，日本における

「成人期への移行」の過程について考察した．量的調査（「若者の教育とキャリア形成に関する調査」）のデータより，「安定類型」「準安定類型」「不安定類型」という３つの類型を作成した．このうち「安定類型」と「不安定類型」について，両親の学歴・父親の職業との関連を検討した．両類型において，家族背景との有意な関連はみられなかった．しかし，質的調査（「都立大・首都大調査」）の結果からは，不安定類型のなかでの多様性が明らかになった．家族資源が豊富で若者自身が試行錯誤をしている「選択的人生経歴」（乾 2010：140）と，資源に恵まれず限られた選択肢しかないために不安定になる「危機的人生経歴」（乾 2010：140）がみられた．この危機とは，「仕事の不安定さ，家族の貧困，家族との葛藤などがただ折り重なっているだけでなく，相乗的に作用している」（乾 2010：231）ものである．

　乾（2010）は，調査から得られた知見について，特に若者の社会的ネットワークの特徴に１章を割いて検討した．調査協力者が高校卒業後も新たな社会的ネットワークを形成し続けている場合と，「高校時代からの趣味でつながっていた『地元ネットワーク』」（乾 2010：229）が中心である場合があった．後者の地元ネットワークは，家族の悩みや仕事の紹介など多様な機能を果たすが，仕事に関してみれば，高等学校時代からの友人との社会的ネットワークを通じて得られる情報は，たとえば危険を伴う仕事であるなどの「リスクを伴うこともある」（乾 2010：229）とされた．

　上の調査の終了後も，そこから発展して，杉田（2015）は首都大・都立大調査の協力者であったうちの４人（およびその１人のパートナー）に，高卒後10年，12年目に調査を行った．杉田（2015）は，乾（2010）などによって明らかにされた高等学校時代の友人のネットワークがその後の生活においても継続していること，そしてそれは重要な役割を果たしつつ，限界を持っている点を明らかにした．杉田（2015）の研究は東京都を中心とするものであったが，地域性にも注目した「成人期への移行」研究もみられる．都市間（大都市・地方都市）比較研究として，労働政策研究・研修機構が継続的に調査（「若者ワークスタイル調査」）を行い，それらの知見は労働政策研究・研修機構（2006, 2012, 2017）などにまとめられた．

　労働政策研究・研修機構（2004）は，「移行の危機」（小杉 2004a：2）とその多様性について分析を行った．同書は無業・失業・非典型雇用といった職業生活への移行の過程で生じる危機に注目し，その困難度が特に高い若者について検

討した．職業生活への「移行の危機」を主題としたが，同時に職業生活だけで
なく，彼ら・彼女ら若者の学校経験，家族の状況，そして形成する社会的ネッ
トワークなど多様な観点から「移行の危機」を捉えたのが特徴であった．

　日本における「成人期への移行」支援の特徴として，民間団体が支援だけで
なく，問題提起にも大きな役割を果たした点がある．高山（2008）は，不登校
の原因が子どもの怠けや病気ではなく学校側にあるという，不登校をめぐる社
会からの認識転換の過程において当事者，その親，そしてフリースクールなど
の団体が役割を果たしたことを指摘した．同時に，社会問題化の過程で，それ
ぞれの団体のスタンスの多様性が浮き彫りになることもあった．工藤（2008）
は，「ひきこもり」の捉え方について，「ニート」と同様に就労支援の文脈で捉
えようとする実践者がいる一方で，対人関係における不安を根拠に「ニート」
と異なる独自の問題として捉えようとする実践者もおり，実践者・団体のなか
でも多様な捉え方があったことを指摘した．なお，ひきこもり支援に関するこ
れまでの研究に関しては，第6章においてさらに詳しく扱う．

　もうひとつ，「公的」ということについて，日本の特徴として重要であるの
は「成人期への移行」を支える存在として学校の役割が大きかったことである．
苅谷（1991）は「実績関係」（苅谷 1991：20）などの日本における学校から職業
への移行の特徴を明らかにしたが，近年それらは変容をとげている．本田
（2005）は，「学校経由の就職」（本田 2005：1）をめぐり短い期間に急速に変化が
進んだことから，学校教育が職業に必要な能力を形成するために果たす機能が
依然として弱いまま，学校以外における教育・訓練の機会が非常に限られてい
ると指摘した．

　これらを受けて2つの方向に研究は進んできた．「学校から職業への移行」
急速な変容を遂げたのちの学校教育の新しい役割を再検討する方向であり，も
うひとつは学校の外における相談・教育・訓練の機会をいかに保証するかを検
討する方向である．前者，すなわち学校教育の新しい役割については日本にお
ける実績関係などの学校から職業への移行の特徴（苅谷 1991）やその変容（本田
2005）を経た現在のあり方（堀 2016）や，従来の高等学校だけでなく高等専修
学校（伊藤 2017），通信制高校（内田 2016）など多様な教育機関における実態が
明らかにされてきた．

　後者の，学校の外における相談・教育・訓練の機会に関しては，おもにサー
ビスの存立を支える財政的・制度的基盤という観点から，その課題が論じられ

てきた．樋口（2011，2013）が，日本における若者政策の問題点として，所得保障制度が整備されていないこと，サービスへのアクセスの保障が十分ではないことの2点をあげた．宮本（2012，2015a，2015b）は，2000年代以降の政策をレビューする中で，実際のサービス提供過程において利用者が非常に多様な問題を抱えて訪れる一方，政策枠組・評価基準はエンプロイアビリティの向上に焦点化しているため，結果として実践者・団体に葛藤が生じていることを明らかにした．

　移行の「個人化」・「非線形化」と，付帯して生じる「経験の分断」（Furlong 2013：68）のなかで「移行の危機」を乗り越えるために重要な役割を果たすものとして，若者が形成する社会的ネットワークを基礎とした社会関係資本が注目されつつある（沖田 2004；Furlong 2013）．その中にはインフォーマルなネットワークに注目した研究（Walther 2005；乾 2010；上原 2014）に加えて，政府や地方自治体が行う就労支援の重要性も指摘された（堀 2004；沖田 2004；筒井・櫻井・本田編 2014）．

　「成人期への移行」とその支援に関してもうひとつ重要な先行研究となるのは，教育における〈関係〉に注目した研究である．稲垣（2011，2017）は近代教育における関係・知識伝達のあり方の複層性を明らかにした．近代教育は学力向上を目指し，ストックの知の伝達を重視すること，そして教師・生徒の制度的な役割関係などを特徴とするものであった．これに対して，たとえばコミュニケーション能力の向上などを目指すポスト近代教育は，近代教育の特徴を批判的に摂取し，自らの特徴を近代教育の諸特徴と対置させることで自らのあり方を確立してきた．しかし，ポスト近代教育における議論で批判的に検討・摂取されてきた近代教育の「表層」に対して，稲垣（2017）は「深層」の存在に注目した．すなわち，学校教育の制度に担保された，限定的な教師・生徒の役割関係を超えて，「人格化された知」の伝達，「『師』の全体がモデルになる……感情的な思い入れをともなったトータルな関係」（稲垣 2017：156）が存在してきた．教育の制度化・個人化のなかで師弟の「〈原型〉的な関係と〈ツール〉的な関係が混在したタイプ」（稲垣 2011：262）の独特の師弟関係が現れた．制度的な役割関係を超えたトータルな関係は，「役割関係の中に織り込まれ，それが『近代教育』を下支えし安定化させてきた面」（稲垣 2017：153）があった．

　「成人期への移行」支援は，師弟関係の成立の基礎となる条件である，教師の個人的な権威やアカデミックな共同体の存在を前提としない．このため，必

ずしも教育と完全に重ね合わせることが出来るわけではない．しかし，「成人期への移行」支援について研究するためには現状・実態とその課題だけでなく，これまでの展開・歴史をも射程に入れなければならないのは，教育における関係と同様に「成人期への移行」支援における関係もまた，複層性を有しているためである．

第5節　本書の課題

　これまでの「成人期への移行」支援に関する研究のなかで，十分に検討されてこなかった点として制度を支える人的基盤（担い手）の存在がある．たとえば，日本であれば政策の実施について，実績のある各地の民間団体が委託を受け，実際の運営を担っている．成人期への移行にかかわる公的支援はこれまで形成されてきた実践，担い手が形成する社会的ネットワークと接点を有している．このため，公的な「成人期への移行」支援を理解するためには，フォーマルな制度の体系だけでなく，ミクロな社会的相互行為のあり方，そしてその集積としての地域の社会的ネットワーク形成のあり方も理解する必要がある．この特徴を明らかにするためには，現代に至るまでの継時的な変化を読み込む必要がある．特に担い手が有志あるいは専門職として活動に参加することを可能にする基盤はいかなるものであるかに焦点化した比較を行い，その特徴を明らかにする．

　本書では，上記のような問題意識にもとづいて，日英の「成人期への移行」の支援の形成と変容の過程を分析する．イギリスを比較対象とする理由は，①「成人期への移行」を支える文脈（移行レジーム）の類似性，②公的支援における理念型の類似性，③「成人期への移行」支援の人的な基盤の形成過程の差異の3点から説明される．

　①について，イギリスの政策は「二級市民としてのシティズンシップ」（Chevalier 2016：14）を与えるものとして特徴づけられている．すなわち以下のような社会／経済シティズンシップの特徴によるものである．Chevalier（2016）の整理によると，社会シティズンシップについては，保護者による扶養の法的義務は16歳までであり，また高等教育に在学する子を持つ親への税控除もない．奨学金は貸与中心であるが，親の経済状況に関する条件はない．また，失業手当（jobseeker's allowance）は18歳から請求できるが，実際の25歳以下の

受給率は低下している（Data. gov. uk 2015）．このように，イギリスにおける若者の社会的シティズンシップは，比較的早期に家族から独立した受給資格が生じるという点で「個人化された社会的シティズンシップ」であるものの，給付の実態からみると不十分な側面を持つ．

　経済シティズンシップについて，教育は伝統的にオックスブリッジ（Oxbridge）を頂点とするエリート主義的なものであった．竹内（1993a，1993b）は，イギリスの教育・大学進学と社会階級に関する分析を行い，パブリック・スクールからオックスブリッジへの進学が大きな社会的意味を持つことを明らかにした．かつてのように，子どもが生まれてまもなくハウス（寄宿舎）に，入学を希望する手紙を送るといったような慣行はすたれ，中間階級や上層労働者階級からパブリック・スクールに進学する者も確実に増えてきた．しかし，大学志願者とその出身階級に関するデータの分析（竹内 1993a）によると，依然として階級による差があった．

　他方で，中等教育，職業訓練からの中退者が多く，低水準の教育資格で労働市場に入る者も多かった．1970年代からの若年失業率の上昇を受けて教育・訓練体系の改革が行われてきたが，同時に規制緩和・若年労働市場のコスト引き下げ（最低賃金からの21歳未満の若者の除外）が行われた．これはブレア政権期に是正されたものの，現在でも若年者／徒弟には別の水準の最低賃金が適用されている．

　先に述べた Chevalier（2016）における対象は EU 諸国に限定され，日本を含めアジアの諸国は含まれていない．この分類図式に日本を位置づけると，どのようになるだろうか．

　たとえば扶養義務（生活保持義務および生活扶助義務のうち生活保持義務）に関する解釈について，日本の養育費に関する判例では親の資力・教育水準の影響を受け，長い場合では大学卒業までとされた（冷水 2011；早野 2015）．生活保護では一定の条件のもと高校・夜間大学への世帯内就学が認められる（牧園 2006）が，大学等への進学率は全世帯平均を下回る（内閣府 2017）．失業保険は15歳から加入できるが，加入してからの経過期間によって，給付を受けることのできる期間に差があるため，若年者の場合は給付額が少なくなる可能性がある．

　日本における「成人期への移行」の途上における社会的シティズンシップには，扶養義務，社会的給付の年齢規定などをみれば，早い場合では10代のうちに扶養義務から外れるという点で個人化されたシティズンシップであるといえ

る．しかし，実際には社会給付へのアクセスはそれほど容易ではなく，「成人期への移行」の途上にある若者が独立した立場を保障されているとはいえない面がある．

　日本における「成人期への移行」の途上における経済的シティズンシップに関して，学校在学中・学校卒業後のスキル形成・維持の機会に多くの問題点があることが指摘されてきた．特に卒業後に関しては，「学校経由の就職」（本田2005：1）の裏面として，学校・企業以外の公的なスキル形成・維持の場の整備が立ち遅れていることが課題とされた（本田 2005）．15歳から29歳の教育への参加率に関する OECD のデータをみると，日本はイギリス等（「二級市民」型）と同水準（49％）である（OECD, 2017）．日本は社会的シティズンシップにおいて「個人化」の特徴がみられ，経済シティズンシップにおいて「選抜的」である点で，EU 諸国のなかではイギリスに近い．

　また，②について先行研究（宮本 2012；Toivonen 2013）は，イギリス（なかでもイングランド）の「成人期への移行」に関する政策は日本の「成人期への移行」に関する政策の重要なモデルであったことを明らかにした．2000年代前半から中盤にかけて，イギリスの「成人期への移行」政策に関しての調査報告書が多く刊行された．たとえば日本労働研究機構（2003）や，労働政策研究・研修機構（2005），内閣府（2006）などである．Toivonen（2013）によると，この時期にイギリスを含め海外の「成人期への移行」政策に日本政府が注目した背景には，日本の政策は対象が学生・勤労青少年に大別され，教育・職業・訓練のいずれにも参加していない，あるいは不安定な参加である青少年向けの政策の先例が乏しかったことがあった．

　以上のように，移行レジーム（Chevalier 2016）という観点からみて EU 諸国のなかで比較的イギリスが日本に近いという点，そして2000年代日本の「成人期への移行」支援に関する政策においてイギリスが重要なモデルになった点が日英比較を行う理由である．

　③について，イギリスが比較対象として重要であると考える理由は，Chevalier（2016）やそれに先行する比較研究において見落とされてきたミクロ水準の差異，「成人期への移行」支援の担い手に関するものである．日・英において，「成人期への移行」支援を担う組織・人のあり方は異なる．先行研究は社会的・経済的シティズンシップのあり方というマクロな観点から国際比較が行われた．本研究は，そのなかで見落とされてきた「担い手」のあり方を手掛か

りとして，「成人期への移行」支援の基盤となる社会的ネットワークのあり方，
その特徴を明らかにすることを目的とする．

　以上の議論をもとに，日英比較を本書において行うことの意義は次の二点に
要約することができる．

　第1は，移行とその支援の国際比較のスキームが EU 諸国中心であったとこ
ろに，日本を加えることである．Arnett（2004）は東アジアの研究対象として
の重要性を指摘した．成人期への移行のプロセスに関する国際比較研究に日本
を位置づけることは，Inui（1993）や乾（2006）などにより轍がつけられつつあ
る．しかし，支援に関しては，樋口（2011, 2013）や宮本（2012, 2015a, 2015b）
らにより制度レベルでの特徴が明らかにされてきたが，歴史的文脈，そしてそ
れが現在の担い手（人的基盤）に与えている影響を射程に入れた研究は管見の
限りまだない．本書はこの点に取り組むことにより，日本の「成人期への移
行」支援の特徴を比較可能なかたちで解明することに寄与する．

　第2は，「成人期への移行」支援を支える人的基盤の，社会による多様性を
明らかにすることである．「成人期への移行」公的支援においては，若者ときめ
細かなかかわりを持つためには各地域において多くの人の参加が求められる．
同時に，「成人期への移行」における危機は多様な様相であらわれるため，担
い手の専門性をどう保障するかも重要である．この2つにどのように答えるか
は一様ではなく，多様な取り組みがなされてきた．この点に焦点化して研究を
行うことにより，日英双方の特色を浮かび上がらせることができると考える．

第6節　分析視角としての社会関係資本論

　日・英の「成人期への移行支援」の研究を行うために有効な分析視角は，社
会関係資本論であると本書は考える．その根拠，および依拠する理論に関して，
以下において検討する．社会関係資本にはいくつかの異なる定義があるが，こ
こでは J. コールマン，P. ブルデュー，R. パットナム，N. リンについてみる．

　Coleman（1988＝2006）は社会関係資本という概念を，以下のように定義し
た．

　　「社会関係資本はその機能（function）によって定義される．それは単一の
　　かたちをもつ存在ではなく，いくつかの異種があるが，それらに共通する

　要素が二つある．ひとつは，すべての社会関係資本は社会構造という側面を備えているという点である．もうひとつは，すべての社会関係資本が，個人であれ，団体という行為者であれ，その構造内における行為者の何らかの行為を促進するという点である」(Coleman 1988＝2006：209)

として，特に機能に注目して定義を行った．

　Coleman（1998＝2006）は，上記の定義における「社会構造」について，3項関係（トライアド）を用いて説明した．たとえばA・B・Cという3人がいたとして，互いに関係を持っている構造を「閉鎖性のある社会構造」(Coleman 1988＝2006：219)，AとB，AとCは互いに関係を持っているが，BとCは互いに関係を持っていない（各々別の人［D・Eとする］と関係を持っている）構造を「閉鎖性のない構造」(Coleman 1988＝2006：219) とした．コールマンは，規範は閉鎖性のある構造においてのみ出現すると考えた．それは，Aがマイナスの外部効果をもたらすような行為をしようとするとき，BとCのあいだに関係がある場合は互いに協力してそれを抑止することができるが，BとCのあいだに関係がない場合は抑止ができないためである．

　この規範と「閉鎖性のある社会構造」についての考えを，コールマンは教育（親‐子ども，子ども同士）にも応用した．子ども同士には「高レベルの閉鎖性」(Coleman 1988＝2006：220) が存在するが，子どもの親同士の関係は，「親同士も友人である」(Coleman 1988＝2006：221) 場合とそうでない場合がある．前者（親同士も友人である）の場合を世代間閉鎖性のあるネットワークと呼んだ(Coleman 1988＝2006：229)．この世代間閉鎖性のメリットは，「子どもの行動について話し合い，行動の規準や制裁について何らかの共通了解を作ることができる」(Coleman 1988＝2006：221) 点である．さらに，家族内の関係も社会関係資本として重要であるとした．「家族内の社会関係資本は，家族内に大人が物理的に存在しているかどうか，そして大人が子どもに対して注意を払っているかどうかにより決まる」(Coleman 1988＝2006：225) とした．

　Bourdieu（1980＝1986）は，社会関係資本を「相互認識（知りあい）と相互承認（認めあい）とからなる，多少なりとも制度化されたもろもろの持続的な関係ネットワークを所有していることと密接にむすびついている，現実的ないし潜在的資力の総体」(Bourdieu 1980＝1986：31) とした．Bourdieu（1980＝1986）による社会関係資本論の特徴は，社会関係資本の「戦略」としての側面に注目

したことである．社会的ネットワークはおのずから存在するのではなく，そこに参加して資源を生み出すという目的をもった個人により支えられていると見なしたことである．個人の経済的・文化的な投資の結果として社会的ネットワークが形成され，そこから個人は社会関係資本として機能する資源を引き出すと考えたのがブルデューの社会関係資本論の特徴であった（Portes 1998）．

Putnam（1993＝2001）は，社会関係資本を「調整された諸活動を活発にすることによって社会の効率性を改善できる，信頼，規範，ネットワークといった社会組織の特徴」（Putnam 1993＝2001：206-207）と定義した．パットナムの理論の特徴は，社会関係資本をコミュニティに利益をもたらすものとして捉えたことである．これはイタリアの各地方政府のパフォーマンスに関して検討を行ったPutnam（1993＝2001）だけでなく，米国社会におけるコミュニティを主題とした Putnam（2000＝2006）など彼の著作に一貫した理論的立場である．また，社会関係資本の定義に「信頼」と「規範」を含めたことも，パットナムによる定義の特徴である．

Lin（2001＝2008）は社会関係資本を「人が何らかの行為を行うためにアクセスし活用する社会的ネットワークに埋め込まれた資源」（Lin 2001＝2008：32）と定義した．また，先行研究（ブルデュー，パットナム，コールマンら）における社会関係資本概念について整理を行った．リンが整理において軸としたのは，「社会関係資本を集合財とみなすか，個人財であるとみなすか」，「社会関係資本と信頼・規範との関係をどのように考えるか」である．

Lin（2001＝2008）は社会関係資本に関する先行研究には，「集合財」または「個人財」という2つの観点が存在するとした．集合財的観点は「利益が集団のために生じるとみなす観点」（Lin 2001＝2008：27）である．他方，個人財的観点からの研究の焦点は，

　　「個人による社会関係資本の利用──すなわち，（よい仕事を探すなど）道具的行為から利益を得るために，あるいは表出的行為を通じて得たものを守るために，個人はいかにして社会的ネットワークに埋め込まれた資源にアクセスし，それを利用するのか」（Lin 2001＝2008：27）

ということにある．そして個人財的観点にたつ分析の問題関心は，「(1)個人がどのように社会関係に投資を行い，そして(2)利益を得るという目的のもと，個人がどのように関係に埋め込まれた資源を獲得するか」（Lin 2001＝2008：27）と

いうことである．しかし，この２つの観点は対立するものではなく，「多くの研究者は集合財でもあり個人財でもあるという見解で一致している」（Lin 2001＝2008：33）としたうえで，以下に述べる〈信頼・規範の位置づけ〉と〈定義のしかた〉において集合財的観点からの研究に問題点があると主張した．

　Coleman（1988＝2006）や Putnam（1993＝2001）における，社会関係資本の定義には，規範・信頼という側面が含まれていた．これに対し，リンは自らの理論的立場について，「社会関係資本を関係財として文化，規範，信頼などの集合財と区別しなければならないという視座に立っている」（Lin 2001＝2008：34）と説明した．リンが社会関係資本を信頼等と区別しなければならない，信頼等を社会関係資本の代替指標として用いてはならないと考えたのは，社会関係資本が「個々人の相互行為やネットワーキングからもたらされるという理論的ルーツから切り離され，社会統合や連帯の構築といった幅広い文脈で使用される単なる流行語の一つとなってしまう」（Lin 2001＝2008：34）ことへの懸念からであった．この「理論的ルーツ」について Lin（2001＝2008）のなかでは明言されなかったが，リン自身の研究を振り返ると，Granovetter（1973＝2006）の社会的ネットワーク論が大きな影響を与えた．

　個人財的観点に立つと，社会関係資本の基礎となるのは，コールマンのいう閉鎖的なネットワークだけではない．リンは，たとえばブルデューが扱った特権階級における資源の維持，コールマンの扱った子どもの安全確保などの状況を総称して「資源の維持」とし，そこでは閉鎖的なネットワークが「優れた効果を発揮する」とした（Lin 2001＝2008：35）．他方で「資源を探索したり獲得したりする」（Lin 2001＝2008：35）ためには，開放的なネットワークが必要であるとした．異なる場面・目的においては異なる構造のネットワークが役立つことから，二者択一的な見方よりもむしろ「緊密なネットワーク，あるいは開放的なネットワークがよりよい利益をもたらす状況はどのようなもので，その結果はいかなるものかを概念化すること」，そして「実証研究のために演繹的な仮説を導くこと」が求められると結論した（Lin 2001＝2008：35）．

　定義の仕方について，問題となったのはコールマンの「社会関係資本はその機能（function）によって定義される」（Coleman 1988＝2006：209）という「機能的見解」（Lin 2001＝2008：36）であった．社会関係資本をその機能から定義するのではなく，原因（社会関係資本）とその結果を切り離して扱う必要があると，リンは主張した．

　リンの示した個人財的観点からの研究に連なるものとして，Morrow（1999）によるコールマンの論文の批判的検討がある．Coleman（1988＝2006）は，上述の通り，子どもの教育達成に社会関係資本が与える影響を検討したものであった．家族に関しては親と子のかかわりの強さ，すなわち両親が居て，きょうだいの数が少ないほど中退する確率が下がる，すなわち子どもの教育達成にプラスの効果を持つという仮説であった．またコミュニティに関しては，親同士が知り合いであるほど，子どもの教育達成がよいという仮説であった．このような見方は「家族構造の効果に注目し，親から子どもへの影響というトップダウン的な見方をとり，子どもの幸福や将来に親が投資できる能力に焦点化された」（Morrow 1999 : 751）見方であると指摘した．そのうえで，このような議論は，「ひとりひとりの子どもが学校構造と家族から影響を受けるだけの存在であるという前提である」（Morrow 1999 : 752）と考える点が問題であると述べた．

　Coleman（1988＝2006）の視点に疑問を呈した Morrow（1999）は，集合財的な観点からの研究による知見を，個人財的な観点から再検討しうるという可能性を示したものであった．その後，実証研究においても，モローと共通の問題意識を持つ研究があらわれた．たとえば，教育達成ときょうだい数に関する議論がある．Coleman（1988＝2006）は，家族内に兄弟姉妹が多いほど，ひとりひとりの子どもへの大人からの関心が希薄になるため，教育達成にマイナスの影響を与えると考えた．Heath（2010）は，この見方は，兄弟姉妹相互の交流と，その結果としてのお互いへのサポートについて検討していない点が問題であるとした．兄弟姉妹のあいだだけでなく，子どもから親への影響もある．子どもが進学することで，親の進学への見方がポジティブなものになることがある．他方，子どもが大学でうまくいかなかった場合，ネガティブなものに変化することもある（Heath 2010）．

　社会関係資本は多くの研究が蓄積され，その定義は多様であるが，Lin（2001＝2008）の定義に本書は依拠する．Lin（2001＝2008）の定義の特徴は，個人が得られる利益に焦点化する点，そして社会的ネットワークの構造のあり方によって，異なる利益が得られると考える点である．このため，本書では，「成人期への移行」支援の実践をメゾ（社会的ネットワークの構造のあり方）とミクロ（個々人のあいだの相互作用）の2つの面から明らかにする．

第 7 節　本書の構成

　本書は，序章，第Ⅰ部（第 1 章～第 3 章），第Ⅱ部（第 4 章～第 6 章），そして終章の全 7 章から構成されている．序章では，本書で分析する「成人期への移行」とその支援，および分析視角としての社会関係資本について，先行研究を整理し，本論（第Ⅰ部・第Ⅱ部）の出発点となる基礎的な知見を提示してきた．第Ⅰ部は，イギリスにおける「成人期への移行」支援について，第Ⅱ部は日本における「成人期への移行」支援について扱い，終章において社会的ネットワークの観点からみた共通点・差異について考察する．

　第 1 章では，イギリスにおけるユースワーク（有志組織・地方当局・政府の協働により伝統的に行われてきた「成人期への移行」支援）を事例に，「成人期への移行」支援における専門職化がどのような論理で進められ，元来主要な担い手であった有志はどのように位置づけられたのかを明らかにする．先行研究は，ユースワーカーの歴史を「専門職化の歴史」として捉えた．しかし近年の研究は，有志を多く含む多様な複合が維持されてきたことを明らかにした．第 1 章は19世紀後半から1960年までの期間について，各時期の政府・有志組織の報告書を用いて，ユースワークの担い手（「ユースワーカー」）の位置づけに関する記述の比較を通じて，どのような論理のもとに有志・専門職が位置づけられてきたのかをみる．

　第 2 章は，イギリスにおいて1960年代から現在まで続く動きとしてのユースワーカーの専門職化について，養成課程のカリキュラムの分析を通じて専門性がいかなるしくみを通じて担保されてきたのかを明らかにする．先行研究は，高等教育機関におけるユースワーカー養成課程の成立は専門職化の重要な局面であったと指摘した．また雑多なカリキュラムが，認定機関の設立を経て比較的均一になったこと，依然アカデミックな基盤が弱いことが指摘された．第 1 章では，実際の養成課程の認定基準，認定を受けた大学のカリキュラム，学生・認定機関によるレビュー資料を通じて，ユースワーカーの専門職性を担保するメカニズムを明らかにする．

　第 3 章は，第 2 章でみた1960年代からのイギリスにおけるユースワーカーの専門職化とほぼ時期を一にして，ユースワークにおける有志の役割の積極的見直しという逆の動きも生じていたことを明らかにする．先行研究では，ユース

ワークの戦後の重要な展開のひとつとしてディタチト・ワーク（detached work）があげられた．これは活動拠点をもたず，街角にユースワーカーが出かけて若者とかかわる方法である（田中 2015）．

ディタチト・ワークの成立の背景には，1960年代後半から伝統的な形式のユースワークに「参加していない若者」（the unattached youth）の存在が問題化したことがある．第2章では，当時の地方当局や有志組織が提供したユースワークや実験的プロジェクトを地域別に網羅的に収録した報告書，およびディタチト・ワークの草創期に刊行された実践に関する報告書を資料として，地域における展開と担い手の役割の実態を明らかにする．

また，第3章では，特に2001年からイングランド全域において実施された公的な「成人期への移行」支援事業であるコネクションズ・サービスにおいてユースワーカーが期待された役割と実態についても明らかにする．先行研究においてコネクションズはその理念・運営・実践の各面から肯定・否定の相半ばした評価を受けた．第3章では，そのなかできめ細かな支援を実現するための人員確保と，担い手の専門能力の養成・保障との両立が困難であったという指摘に注目し，その実相を明らかにする．資料として，コネクションズ独自の専門職制度であったパーソナル・アドバイザー制度に関する政府発行の資料，およびユースワーカーの専門職団体とコネクションズを推進したブレア政権との交渉過程を詳報してきた専門職団体の月刊誌を用いる．

第II部（第4章から第6章）では，日本における「成人期への移行」支援に関して検討する．第4章では「地域若者サポートステーション事業」（厚生労働省2006年〜現在，以下「サポステ」と略する）を中心として，日本における公的な「成人期への移行」支援の，①構想，②展開（実施要項などにおける事業の方針）を通じて，制度的な枠組みを中心に日本の特徴を明らかにする．先行研究では，日本の「成人期への移行支援」は民間団体が1970年代から中心的な役割を担う一方，諸外国と比べ公共政策としての歴史が浅い点，民間団体ではたとえば「居場所」のようなアプローチが展開されてきた点，公共政策においては経済困窮者向きの政策がない点などが指摘された．それらを踏まえて，第4章では，日本における公的な「成人期への移行」支援の枠組みの特徴と変化を明らかにする．資料は，厚生労働省の発行の資料（議事録，事業実施要項，および事業申請時に受託法人が提出する事業企画書・手続きと変更事項を通達する書類）である．

第5章では，1つの地域の事業所を対象とした文書資料・面接調査による事

業開始からの展開過程の集中的な分析を通じて，日本における「成人期への移行」支援で形成されてきた社会的ネットワークの特徴を明らかにする．またそのなかで若者と職員との相互行為がいかに行われてきたのかを明らかにする．用いる資料は調査協力事業所の事業報告書と面接調査の記録である．

　第6章は，第5章において課題として示される，事業所単位での他機関との社会的ネットワークの形成の実態について明らかにする．資料は，筆者が2016年8月から10月にかけて全国のすべてのサポステ（160カ所）に発送し，うち81カ所から回答を得た質問紙調査と，質問紙調査に回答した事業所のうち協力を得られた17カ所，24人に行った面接調査である．質問紙調査には，活動・職員の資格・経験などの基礎項目に加えて社会的ネットワークの形成に関する項目がある．また面接調査では初回から進路決定に至る相談・支援に関して尋ねた．質問紙調査の依頼状，調査票，基礎集計表，および面接調査の日時，調査対象者の役職等の詳細に関しては井上（2018）に記した．

　第6章ではこれらの調査の結果を用いる．活動において〈内〉の活動，すなわち地域若者サポートステーションに所属する職員あるいは利用者が主導的な役割を果たす活動と，〈外〉の活動，すなわち企業・地域の人などサポステの外の人が主導的な役割を果たす活動の2つが混在している点に注目し，その実態を概観する．次にひとりの相談者とかかわるなかで〈内〉の活動と〈外〉の活動のそれぞれの位置づけ，サポステ単位で〈内〉の活動と〈外〉の活動の力点がシフトする例を中心に検討する．〈内〉の活動と〈外〉の活動がどのように位置づけられ，また互いに接続しているかという実態をみることで，サポステにおいて形成された他機関・団体・企業等との社会的ネットワークが相談者（利用者）とどう結びつくのかを明らかにする．終章は，第Ⅰ部および第Ⅱ部の結果を総合し，日本とイギリスの「成人期への移行」支援について，社会的ネットワークの形成過程からみた特徴を明らかにする．

第 I 部

イギリスにおける若者支援の専門職化と現在の課題

第1章
ユースワークのはじまり
──「熱意」と「献身」の時代──

第1節　問題設定と先行研究

（1）　ユースワークとは

　ユースワークは「学校や家族，同輩集団から独立して若者にかかわる問題に
取り組む……インフォーマルな教育の一形態である」（Furlong：2013：243），ま
た「若者がいる場所からはじめ，その出発点を超えて新しい経験や学習をして
ゆく助言と援助をすること」（Davies 2011：2）と定義された．これらの定義は，
若者のかかわる他の社会集団との差異性，活動の場（若者のいる場所），若者と
の協働にユースワークの独自性を見出すものである．

　実際にユースワークとして行われている活動は，スポーツや音楽，調理，手
芸などきわめてありふれた内容である．ユースワークのオリジナリティは，そ
れらのありふれた活動を手段として，目的を達成しようとするところにある．
ユースワークにかかわる活動，および政策の推進を目的とするイギリスの団体
である National Youth Agency（NYA と略記）は，「サッカーはいつユースワー
クになるのか」というコラムで，この点を以下のように説明した．

　　「ある人がサッカーに情熱を持っていて，若い選手のサッカーの技能を高
　めたいと思い，勝てるチームを作りたい，地域のリーグテーブルを勝ち上
　がりたいと考えているのなら，彼はサッカーのコーチである．もしサッカ
　ーが目的というよりもむしろ手段であり，最も大切な焦点が若者の社会
　的・感情的発達であるならばそれはよりユースワークらしい．チームの一
　員として活動し，リーダーシップをとり，行動に責任を持ち，結果を理解
　し，ジェンダー役割と多様性の問題を考えることはすべて，サッカーを手
　段として若者とともに探求することのできることである．若者がダンスや

料理，あるいは環境問題に関心があるなら，ユースワーカーはそれをきっかけに用いることもできる．」(National Youth Agency 2017a)

このような考え方にもとづけば，サッカーは多様な「スポーツ」のひとつとしてではなく「社会的・感情的発達」を目的とする多様な「ユースワーク」のひとつの手段として位置づけることができる．基本的に，目に見える活動ではなく，そのなかで伝えられること，学ぶことにユースワークのオリジナリティがあると考えられている．

　しかし，これらの定義は所与のものではなく，漸次的な発達を遂げてきた．A. ファーロングはユースワークを，そのペダゴジーにより 4 つの類型に整理した (Furlong 2013)．その 4 つの類型は「統制」「社会化」「インフォーマル教育」「市民権」である．この 4 類型に関して Furlong (2013) は明確な分類基準を示したわけではないが，以下に示す各類型の具体的な内容をみると，2 つの軸で分類される．ひとつは，若者の行動を統制するのか，あるいは若者の自発的な意思決定過程への参加を重視するのかというユースワークの「目的」による分類である．もうひとつは，すべての若者を対象とする普遍的なものなのか，それとも一部の若者を対象とする特殊的なものなのかというユースワークの「対象」による分類である．

　草創期である19世紀から第二次世界大戦までの時期に発展したユースワークの多くの基礎となったのが「統制モデル」である．「統制モデル」の基本的な考え方は，「若者は社会的秩序の脅威であり，若者組織は若者の行動を統制し若者の活動を監視する役割を果たすべきである」(Furlong 2013 : 245) というものである．若者を社会的秩序の脅威と見なすこの考え方は，イギリスにおいて19世紀から第二次世界大戦までの時期に発展したユースワークの多くを基礎づけた．若者の行動を統制する鍵は，若者の余暇にあるとした．当時の社会では若者の余暇時間が増加し，若者文化が台頭していた．しかし，構造化されていない余暇は，若者の反社会的行動に結びつくと考えた．ユースワークは，若者の余暇を構造化し，健全なものにする手段と見なされた．

　「社会化モデル」は，ユースワークを「若者が前向きな価値観を学び，責任感を持った社会のリーダーとなり，機会を探索し自らの潜在能力を発達させるための手段である」(Furlong 2013 : 245) と見なした．統制モデルと同様に，若者が余暇時間を建設的に使えるようさまざまな活動を行う．また，統制モデル

ほど明示的ではないが，若者の活動を統制する必要があるという考え方は共有されている．社会化モデルと統制モデルは多くの共通点を持つ．社会化モデルの独自性は，若者期のさまざまな制約・困難にも関心を示し，ユースワークが不利な状況にある者を救済する使命を持つと考える点である．

　現在のユースワークの活動の中心になっているのは「インフォーマル教育モデル」および「市民権モデル」である．インフォーマル教育モデルは，意思決定の過程に若者が参加することを通じて，若者の自信を育てることを目的とする．インフォーマル教育モデルは，P. フレイレの教育学の影響を強く受けている．このため，インフォーマル教育モデルでは，若者が積極的な役割を果たすことが期待される．若者の主体的な参加が重視される点が，若者の行動への統制を前提とする社会化モデルや統制モデルと異なる点である．

　市民権モデルは，保健サービス・社会的サービスへのアクセスを容易にすることで，若者の社会統合を促進しようとする．市民権モデルもインフォーマル教育モデルと同様に，若者が自発的に参加することを重視している．市民権モデルには，たとえば犯罪司法関係のプロジェクトや雇用関係のプロジェクトなど，社会的・経済的に孤立している若者を社会に再統合するためのプログラムが多く含まれる．そこでは，対象となる若者が予め限定され，参加はある程度強制的である点がインフォーマル教育モデルとのちがいである．

　Furlong (2013) は以上のような4類型による整理を行った．そしてそれらを通じて，ユースワークにおいてみられる変化を指摘した．若者の活動を統制するモデルから，自発的な参加を重視するモデル（インフォーマル教育モデル，市民権モデル）への変化である．また社会的・経済的に孤立している若者と共に行う活動について自発的な参加をどう保つかを今日の課題とした．しかし，Furlong (2013) においてはそのような変化や今日の課題がいかに生じたかについては十分に検討されていなかった．

（2）　先行研究

　研究で多く参照される基礎資料は，B. デイビスによる *A History of the Youth Service in England* (Davies 1999a) である．同書は，1939年から1979年までを扱った第1巻 (Davies 1999a) である *From Voluntarysm to Welfare State* と，1979年から1999年までを扱った第2巻の *From Thatcherism to New Labour* (Davies 1999b)，そして *The New Labour Years* (Davies 2008) か

ら成る．著者の問題意識は，「諸事情がなぜそのようであるのかへの洞察がなされてこなかったこと」(Davies 1999a：5)，そしてユースサービスについての[1)]歴史認識の隔たりのために，実践者や政策担当者が現在の計画や行動のための批判的な分析ツールを得られていないことであった．Davies (1999) は，現在に至るまでのユースワークに関する重要な出来事について，それ以前に刊行された記録・資料に拠りながら説明した．

　しかし，同時に Davies (1999a) は序文で，記述の対象に限界があると述べた．その限界とは，「これは『ユースサービス』の歴史であって『ユースワークの歴史ではない』」(Davies 1999a：x) という点である．ユースサービスは，イギリスにおいて「1939年以降，政府と民間による若者支援のための事業や施策をさして」(田中 2015：2) 用いられてきた言葉である．このため，「ユースサービス」の歴史は，地方教育当局が活動に参画する責任を持つことをはじめて定めた通達である Circular 1486 (Board of Education 1939) が出され，有志組織と地方教育当局の連携のもとに Service of Youth が各地に成立した1939年を起点とする．これに対してユースワークは，個々の活動を指す．1939年以前から，イギリスの各地域において有志組織が行ってきた活動も，ユースワークには含まれる．

　Davies (1999a) はユースサービス成立 (1939年) 以前の活動については，対象に含めなかった．そして1939年から1999年に至る60年間に関する記述は，「上からの歴史」(Davies 1999a：x) であった．つまり

> 「国家の諸政策と政策担当者の歴史であること……ローカルな経験は上からの影響 (top-down influences) を例示し，光を当てるために用いるが，(訳注：政府・地方当局のユースサービスに関する諸政策が) 現場のサービス・実践にどのような影響を及ぼしたかは検討しない」(Davies 1999a：x)

という姿勢にもとづいて書かれた歴史であった．

　この「ユースサービスの歴史」のみを対象にするという Davies (1999a) の姿勢は，資料の収集方針にも反映された．分析に用いられた資料は，ユースサービスに関する情報収集・公開を行っていた機関 (Youth Service Information Centre)，ユースワークの推進のための全国組織 (National Youth Agency) が刊行した資料，およびユースワーカーの組合の資料が中心であった．しかし，より広く「ユースワーク」の歴史からみると，これらの資料はごく一部分にすぎな

い．ユースワークに関する各分野からの著作の目録として1976年に刊行された
National Youth Bureau (1976) によると，ユースワークを行う有志組織が刊
行した多くの資料がある．それらの資料は，組織に関するオフィシャルな歴史
としての位置を付与されている場合もあれば，そうではない場合もある．たと
えば，YWCA (Young Women's Christian Association) の歴史に関する著作である
The Blue Triangle (Duguid 1955) は，序文において

> 「本書は私的で個人的な YWCA の女性たちへの謝辞であり，公式の歴史
> ではない．YWCA が世界を変えるために手助けする諸方法についての，
> 短く，それゆえに避けがたく不完全な説明である」(Duguid 1955：v)

として自著を位置づけた．このような見方は，先に見た「国家の諸政策と政策
担当者の歴史であること」(Davies 1999a：5) というユースワークの歴史への見
方とは対照的である．

（3）　担い手としてのユースワーカー

　このように，ユースワークについての歴史は「ユースサービスの」すなわち
政府・国家の政策の歴史としてみる視点，有志組織が自らの行ってきたさまざ
まな活動（多様な「ユースワーク」）を振り返る視点という2つの異なる視点から
書かれてきた．しかしいずれにせよユースワークを担ってきた〈人〉を中心と
して通時的に展開を追った研究は少ない．目録 (National Youth Bureau 1976) に
はユースワーカーに関する文書の一覧も掲載されているが，フォーマルな組織
により刊行されたものが多く，その全容は明らかではなかった．

　ユースワーク・ユースサービスの担い手であるユースワーカーに関しては，
これまでの研究における2つの視点，すなわち国家・地方の政策か，有志組織
の活動の展開のいずれに焦点をおくか，は有意味ではない．法に根拠をおく活
動 (statutory service) および有志の活動 (voluntary service) のいずれにも専門職
ユースワーカーそして有志のユースワーカーが関わってきたためである．

　またひとりの人が，有志・専門職・そして専門職教育の活動に順にかかわる
こともあった．先行研究において触れた Davies (1999a) の著者であるデイビ
スの経歴は，イギリスにおけるユースワーカーの職業能力形成メカニズムの特
徴を非常によく示したものである．13歳からユースクラブ，および有志組織
(Jewish Lad's Brigade) の成員となり，組織のなかでの年長役割（シニアメンバー，

パートタイムのユースリーダー[2]）を経て専門教育に進み，歴史学の学士を取得したのちにユースワークに関する養成校（スウォンジー大学）の 1 年間のコースをとった．1960年代にユースワーカー養成の拠点（National College for the Training of Youth Leaders）のチューターになり，教員養成校の教員とユースワーカー養成を併設した課程（teacher-youth worker course）の運営を行った．その後は専門職団体，委員会等の運営に携わり，また多くの教科書・基本書の執筆を行った．

　上の著者の経歴は，第 1 は当事者（子ども・若者）として有志組織の活動に参加したことが出発点になったこと，第 2 に有志として組織内で年長役割を果たす時期があったこと，そしてこのような活動への参加形態を経たのちに高等教育機関における専門職教育を受けたことが特徴である．そして核となった高等教育機関の指導者がこのようなキャリアを経てきた実務家中心であったことも特徴である．

（4）　第 I 部の課題

　有志性原則[3]は活動と，担い手，若者との関係，および社会的特徴を考えるうえで重要な概念であり，各研究で共通して言及されてきた．Bright（2015）はユースワークにおける有志性原則の伝統の起源を検討した．同書によると，ユースワークがヴィクトリア朝期（1837年から1901年）にさかんになった．背景には，産業革命により若者の労働力化がすすみ，大規模な都市への人口移動が生じ，若者と家族や地域共同体との紐帯が希薄になったこと，そして当時のミドルクラスの人々の，恵まれない人々のために行動するという態度があった．このような考え方は，「同時期に設立されたユースワーク組織の多くの哲学においてもみられる」（Bright 2015：7）ものであった．

　実際に，Young Men's Christian Association（以降「YMCA」と表記）が1844年，Young Women's Christian Association が1853年と，いずれも19世紀半ばから後半に誕生した（Bright 2015）．これらの組織は，予算のほとんどが寄付などを含めた自主財源であり，また携わる者のほとんどは無報酬であった（Board of Education 1944；Ministry of Education 1960＝1972）．

　これら有志組織の多くは，若者が身体的・社会的・精神的に良好な状態になることを目標に掲げ，音楽・演劇・スポーツ・ボランティア（慈善活動）など多様な活動機会を提供してきた．そして個人が自らユースワーク組織の活動へ

の参加または離脱を決定するという有志性原則（Secretary of State for Education and Science 1982）は，現在も維持されている（Bright 2015）.

　金澤（2008）は，「民間非営利の自発的な弱者救済行為」（金澤 2008：3）と定義されるチャリティ，フィランスロピが，福祉国家の確立後も依然として社会的影響力を有していることを指摘した．チャリティをたとえば救貧法のような公共政策のたんなる補完物としてではなく，実際に活動を担った人々とその動機，すなわち「なぜかれらは，チャリティという方法で，他人の悲惨を和らげることにかくも大きなエネルギーを注ぐのか」（金澤 2008：10）に注目することで，チャリティの社会的意味を明らかにした．人々の「参加する動機」に注目してチャリティを捉えた金澤（2008）の視点は，非常に示唆的である.

　ユースワークの〈担い手〉が重要なのは，そのあり方や課題が，現代の「成人期への移行」諸政策と深くかかわるためである．第3章において詳細に検討するが，ユースワークと，その担い手としてのユースワーカーは決して過去の存在ではなく，現在でも「成人期への移行」政策の決定過程や，実践に影響を与えている．ユースワークにかかわる人々からの意見は必ずしも取り入れられたわけではない．しかしその葛藤は第Ⅱ部で検討する日本における「成人期への移行」公的支援の展開を検討するうえでの論点を提供する．ユースワークに関する研究は，「国家あるいは地方の政策」，「有志組織の活動」，そして「両者の連携」というマクロな次元からの検討が中心であった．本書ではよりミクロな次元として「成人期への移行」支援の担い手に光をあてる．それにより，現代の日英の「成人期への移行」政策において共通して重要な「担い手」の参加のメカニズムと，その課題を明らかにする.

（5）対　象

　本書の第Ⅰ部で検討の対象とする地域は，United Kingdom（UK：グレートブリテンおよび北アイルランド連合王国）のうち，とくにイングランドである．UKはイングランド，スコットランド，ウェールズ，北アイルランドから成る．このうちスコットランドおよびウェールズは自治政府を持つ．特にウェールズ国民議会の設置が住民投票で決まった1997年，スコットランド議会の設置が決まった1999年以降，**表1**のようにそれぞれ異なる「成人期への移行」に関する政策が展開されてきた.

　第Ⅰ部で扱う「成人期への移行」に関する政策（政府・地方自治体）は，基本

表1　UK のなかでの「成人期への移行」政策の多様性

	基本枠組み	管轄省庁	ユースワークの担当部局
イングランド	Children Act (2004年)	Department for Children, Schools and Family	統　合
スコットランド	national youth work strategy (2007年)	Department of Education and Lifelong Learning (Scottish Executive)	Looked after Children and Youth Work Division
ウェールズ	Extending Entitlement (flagship policy)	Department for Children, Education, Lifelong Learning and Skills (Welsh Assembly)	統　合
北アイルランド	Children and Young People's Unit Strategy (2006-2016)	Department of Education	Children and Young People's Unit

出所：Council of Europe and European Commission, 2010 から作成.

的にイングランドにおける管轄省庁の実施した政策のみを指すものとする. イギリスの「成人期への移行」政策について，イングランドのみを対象とする理由は，第Ⅱ部（日本における「成人期への移行」政策）との関連によるものである. 日本において2000年代の「成人期への移行」政策で特に参照されたのが，コネクションズ・サービスであったが，これはイングランドの教育技能省（1999年当時の名称）が実施したものであり，UK の他の領域では別の政策が行われていた. 比較の観点から，政府・地方自治体の実施する政策に関してはイングランド以外に関しては本書では扱わない.

　政府・地方自治体の実施する政策は UK のなかで各々が異なるが，有志組織の活動と，ユースワーカーの養成に関してはより多くの交流がある. まず有志組織の活動に関してみると，1970年代において，YMCA や YWCA など多くの有志組織がイングランドだけでなく UK の各国に活動拠点を持ち，表1 のような政策上の境界をまたいで活動してきた. 他方で，たとえばウェールズの文化に関する活動を基本とする Welsh League of Youth (URDDGOBAITH CYMRU) のように，UK 内の特定の国に根差した活動もあった (Youth Service Information Centre 1971). この状況は現在も継続しており，British Youth Council のように，UK 全域で活動する有志組織もあれば，Youthlink Scotland のように UK を構成するいずれかの国に根差した有志組織もある (Council of Europe 2010).

　ユースワーカーの資格・養成制度は，UK のなかで互換性が保たれている．イングランドの専門職ユースワーカーの資格を付与できる養成課程の認定（詳細は第 2 章）を行う National Youth Agency（NYA と略記）の案内（National Youth Agency 2017b）によると，NYA が直接認定を行うのはイングランドにある高等教育機関のみであるが，ウェールズ・北アイルランド・スコットランドとも相互に認定協定が結ばれている．UK 内のある国で取得したユースワーカーの資格は，UK 内の各国にて認められる．

（6）　対象とする年代

　時期の区分として，第 I 部はアルバーマル報告書（正式名称：*The Youth Service in England and Wales*）にもとづいて行われたユースワークの推進のための「10 カ年計画」（1960〜1970年）の初年度以前と以後とを区切りとした．第 1 章は前半（ユースワークの草創期から1959年まで），第 2 章・第 3 章は後半（1960年以降）を扱う．第 3 章 7 節は，ブレア政権における「成人期への移行」支援の基本的な方針を示した *Bridging the Gap*（Social Exclusion Unit 1999）が刊行されてからを扱う．そのなかで，第 1 章〜第 3 章 6 節までに検討するユースワークによる「成人期への移行」支援と，ブレア政権期の「成人期への移行」支援との連続性・断絶について論じる．

　第 I 部がアルバーマル報告書[4]にもとづく10カ年計画の初年度（1960年），および *Bridging the Gap* 報告書の刊行された年（1999年）を区切りとして採用したのは，両者がイギリスの「成人期への移行」支援の担い手のあり方を考えるためにきわめて重要な年であったからである．

　1958年に提出，1960年に公表された *The Youth Service in England Wales* は，ユースワークの拡充を提案し，政府から受け入れられた．同報告書では1960年からの10年間，とくに拡充に取り組むものとした．1960年については，予算・活動拠点の拡充とあわせて，運営のための人員（ユースリーダ：のちのユースワーカー）の拡充が報告書で提言され，10カ年計画の時期にすすめられた．田中（2015）によると，そのなかで，常勤ユースリーダーの増員（700人から1300人へ），緊急養成課程（1 年制）の設置，ユースリーダーの資格制度・給与体系・勤務条件を検討するための機構の設置・非常勤ユースリーダーの研修体制の拡充・実験的事業及び調査に対する補助金の支給などが提言，実施された．このうち，最後の実験的事業および調査への補助金は担い手のあり方とは直接

関係がないように見えるが，実際には重要な局面となった（この点に関しては第3章で検討する）．ユースワーカー（当時は「ユースリーダー」と呼ばれた）の養成・各地の拠点への配置は「1960年代のユースサービス発展の要」（田中 2015：166）と評価された．先行研究では，以前から提唱されていながら，行政からの予算・運営面でのバックアップを受けられずにいたユースワーカーの専門職化が，1960年以降の10年のあいだに大きく前進したと評価されてきた（柴野 1974）．

　またイギリスにおける「成人期への移行」支援にとって1999年が重要な年であるのは，*Bridging the Gap*（Social Exclusion Unit 1999）が発表されたためである．Social Exclusiton Unit (1999) は NEET（Not in Education, Employment and Training）を取り上げた報告書として，イギリス国内だけでなく日本でも参照されてきた．つまり，「成人期への移行」を支える担い手のあり方にとって，転換点となった報告書であった．

　Social Exclusion Unit（1999）において，ユースワーカーは，他のさまざまな専門職とともに若者の相談・支援を担うコネクションズ・サービス，統合的な専門職（Personal Adviser: PA と略記）の一角とされた．一定水準以上の職業資格を持っていることが PA となる条件と見なされた．また活動内容も，職業的発達に焦点をおいた活動が中心であった（詳細は第3章）．

　イギリスにおける「成人期への移行」支援を検討するにあたり，対象とする年代を遡ったのは，以下のような理由による．日本の「成人期への移行」政策が検討される過程で，イギリスの政策であるコネクションズ・サービスに関心が寄せられた．コネクションズ・サービスの存立を支える根の部分には，それ以前からのユースワークなどの実践があったが，それらは十分に検討されてこなかった．このため，改めて検討する意義があると考える．

　第1章は，ユースワークを事例に，専門職化がどのような論理で進められ，そこに有志がどのように位置づけられたのかを明らかにする．

　日本におけるこれまでの先行研究は，ユースワーカーの歴史を〈専門職化の歴史〉として捉えてきた．田中（2015）によると，ユースリーダー（後のユースワーカー）の養成は，1939年から1944年にかけての時期と，1960年以降の時期[5]に急速に進んだ．イギリスにおいて19世紀に始まったユースワークは当初は無給の有志が行っていたが，第一次世界大戦時から，一部の大きな民間青少年団体の管理部門やユースクラブは専任のユースリーダーを配置するようになった．1930年代からこれらの団体は，ユースリーダーの養成コースを設立した．1939

年の教育局通達1486号により，民間のユースクラブの施設や指導，そして指導者確保のための補助が定められた．また，1942年の通達1598号（Board of Education 1939）において，緊急リーダー養成コースを提供する機関や団体に対して生徒数に応じた財政援助を与えることが表明された[6]．

　専門職としてのユースワーカーの養成制度の基礎は，アルバーマル報告書により作られた．同報告書では常勤ユースリーダーを700人から1300人に増員すること，そのために緊急指導者養成の1年間コース，及び長期養成計画としての専門養成機関（1年以上のコース）の修了者と5年以上の実務経験者にユースリーダーの資格が付与された．また，ユースリーダーの資格制度，給与体系，勤務条件を定めるための機構の創設を決定した．1970年に，常勤リーダーの養成期間は2年に延長された．さらに，非常勤リーダーの養成コースについても，1962年のベッシー報告書により内容が定められ，全国に普及した（田中 2015：177-183）．

　田中（2015）はこれらの過程を踏まえ，イギリスのユースリーダーの専門性が確立された時期を1970年前後とし，その根拠として「① リーダー養成専門コースが2年に延長され，専門性を保障するのに必要な養成期間が確保されたこと，② ユースリーダー専門養成機関からのユースリーダー採用が定着したこと，③ 給与や勤務条件が教員と同等に保障され，昇進構造が明らかになったこと」（田中 2015：182）の3点を指摘している．

　また柴野（1974, 1990, 2009）は，イギリスのユースワークの内容およびその基礎をなす理念に関する社会学領域における分析を行った．元来ユースワークはYMCAやボーイ・スカウトのように「ユニークな創始者の個性と信条が活動のバック・ボーンとなり，青少年をこの『団体の精神』に一体化させる」（柴野 1990：185）ために，「人格形成と精神的な訓育」（柴野 1990：185）に重点がおかれた．しかし，政府による政策のひとつとしてユースワークが位置づけられたことで，多様な需要を持つ若者に対応するために，グループ・ワークが適用されるようになった．これにより，ユースワーカーは「メンバーそれぞれと自分自身との関係，およびメンバー相互の関係についての深い洞察と理解」（柴野 2009：29）という基本的技法を，専門的訓練方法により習得することが求められる．柴野は大学における専門職ユースワーカー養成について，専門的技能の3つの柱として「専門的知識の習得」と「実際的技能の習得」，「自己理解・自己表現方法の習得」を挙げた（柴野 2009：29）．

　しかし，社会学分野における専門職に関する先行研究と照らし合わせると，ユースワーカーの「専門職化の歴史」には多くの検討の余地が残されている．竹内 (1971) は専門職を「体系理論を応用する職業で，応用に際しては単なる機械的応用ではなく創造，判断の転轍工房を持つ職業あるいは体系理論そのものを純理論的に追及する職業」(竹内 1971：61) と定義した．そして非専門職と専門職を，連続体として捉えた．竹内 (1972) は 1 次要件と 2 次要件から専門職性を定義した．1 次要件とは「理論・技術的高度さ，代替不可能性」「職業機能の緊急性」「理論・技術の利用性」「応用に際しての創造性」である．また 2 次要件とは，「報酬」「社会的地位」「専門職団体の性格」「オートノミー」のことである．竹内 (1972) はこれらの要件に照らして，教師の専門職性に関して検討を行った．その結論として，教師は「準専門職 (セミ・プロフェッション)」として位置づけられた．

　天野 (1969, 1972) は教師・看護師の専門職化に関する研究を行った．これらの研究は Millerson (1964) に依拠し，専門職化を「ひとつの職業が専門的職業 (profession) にむかって変容していく過程」(天野 1969：140) と定義した．そのうえで，正看護婦・准看護婦などの問題の検討を通じて，「代替性の強い，すなわち専門性を必要としない単純作業的部分をその業務の中から分離して非専門的な労働者群に委譲し，本来の職務によって地位の確立をはかる」(天野 1972：40) という看護婦の事例における専門職化のあり方を明らかにした．このように多くの職業は専門職化を完成されたものではなく，その途上にあるものとして，その過程・メカニズムが注目された．また，竹内 (1972) が検討した教師と教育委員会や教職員組合の例，あるいは天野 (1972) の検討した看護婦と准看護婦の例のように，専門職内・外からのオートノミーへの制限は，専門職について検討する重要な分析視角であった．

　現在に至るまでの専門職としてのユースワーカーの歴史について体系的な検討を行ったのが Bradford (2015) である．専門職化を「権力実践」(Bradford 2015：24) として捉え，現状について専門職ユースワーカーは「仕事のフィールドについて完全な閉鎖あるいは統制を達成することは出来ておらず，たとえば教師や学校などの職業・機関と競争している」(Bradford 2015：25) と結論した．Bradford (2015) の議論の中心は，ユースワーカーの専門職化が国家からの要請と結びついて展開されたという点であった．

　ユースワーカーは，専門職にのみ認められた権限 (たとえば業務に関する指示を

行うなど）が明確にはなく，有志が単独，主導権をもって運営している組織が多く存在する．また，ユースワーカーはもともと「職業」ではないところから出発し，現在でも有志がかなりの重要性を持っている点が特徴である．

第2節　本章の課題

　現在，イギリスにおいてユースワークは地方当局および多様な有志組織の手により運営されている．Bradford（2015）によると，もともとは地方当局により運営されるユースワークは存在せず，宗教的使命・政治的使命をもとに若者にそれぞれの教育理念にもとづいた活動を行う有志組織の集合体であったが，第一次世界大戦から第二次世界大戦の時期を転換点として，ユースワークは社会的な承認を得て，地方当局は連携及び活動予算等の助成を行う必要があると認識された．

　さまざまな有志組織による活動のばらばらな集合体であったユースワークが，その一部を公共の責任において取り組まれるようになったのは，第一次世界大戦から戦間期に至る時期であった．その背景には，有志組織によるユースワークの活動に対して政府および社会全体からの関心が高まったことがあった（Bradford 2015）．

　少年非行の件数が増大したこと，動員によりフルタイムの教育を離れた少年・少女が増加したにもかかわらず，彼らの社会的身体的発達の場が少なかったこと，そして従来彼らの社会的身体的発達を支えてきた有志団体のクラブが人員や設備などの面で戦争の影響を受け継続が困難になっていたことから，ユースワークおよびその成人の担い手であるユースワーカーの意義が社会的に認知された．緊急措置ではあったが，各地方当局が運営の責任を負う Service of Youth が1939年より設立され，従来の有志組織と協力するかたちで運営が行われた（Bradford 2007, 2015）．1944年教育法により，ユースワークも補充教育の一部分として，地方教育当局の責任により提供される教育としての立場を得た[7)]．

　ユースワークの担い手をみるとき，「有志性原則」と専門職化の関係は重要である．先行研究においては，さきに「問題設定と先行研究」においてみたように，マクロな視点（政府・地方教育当局・有志組織の三者の関係）から検討が行われてきた．しかし，活動の歴史の中での「有志性原則」が立ち上がる基盤——なぜ，地域共同体の若者および成人が自らユースワークの活動に参加するのか

——の実態および変化については十分に検討されてこなかった．現在でも，ボランタリー・ベースで多くの組織が活動し，また，若者自身を含めたイニシアチブにより行われる活動・プロジェクトも多くある．この「有志性原則」が立ち上がる基盤——なぜ，地域共同体の若者および成人が自らユースワークの活動に参加するのか——の実態および変化を分析することを通じて，ユースワークの有志性原則の課題と可能性を明らかにする．

第 3 節　ユースワークの 3 つの時期と用いる資料

　戦前から戦後にかけてのユースワークに関する重要な出来事を，先行研究を通じて概観してきた．以降では，ユースワークを草創期（19世紀後半から1930年代まで），改革期（1940年代から1950年代まで），拡大期（1960年代から1970年代）の 3 つの時期に区分する．各時期における若者およびユースワーカーの活動への参加の実像を知るために，おもに次の 3 つを資料として用いる．

　第 1 に，最も長い歴史を有する有志組織である Young Men's Christian Association の活動史として1896年に刊行された *The Founding of the Association, 1844-1855* (Doggett 1896) であり，本章第 4 節においてその内容を検討する．第 2 は，「教員およびユースリーダーの供給・採用方法・および養成に関する将来の指針となる原則を提示すること」(Board of Education 1944 : 5) という政府の諮問事項について，1944年に提出されたマクネア委員会の *Teachers and Youth Leaders* という報告書 (Board of Education 1944) である．同報告書は，一般に「マクネア報告書」と呼ばれている．本章第 5 節においてその内容を検討する．第 3 に，「変化する社会と産業界の現状，および，他の分野の教育的サービスの趨勢に照らして，ユースワークが，地域社会生活の中で青少年の果たすべき役割に対して，どのような貢献をしているかを検討し，今後の措置として，どこに重点をおいた施策を行うことがもっとも適切であるか，について助言をすること」(Ministry of Education 1960＝1972 : 序文 1) という政府からの諮問事項への回答として1958年に提出された *The Youth Service in England and Wales* (Ministry of Education 1960＝1972) である．同書は諮問委員会の委員長の名前から「アルバーマル報告書」と呼ばれている．本章第 6 節においてその内容を検討する．

　第 1 の資料である *The Founding of the Association, 1844-1855: History of the Young Men's Christian Association*（Doggett 1896）は Leispic 大学社会学部に提出された博士論文が公刊されたものであり，草創期の YMCA の年報および創立者（George Williams）を知る YMCA のメンバーからの聞き取り調査にもとづいて執筆された．また第2の資料および第3の資料は，ユースワークに関わる多くの有志組織への聞き取り調査（第3の資料はさらに地方教育当局への聞き取り，および学卒後の若者への余暇時間利用に対する聞き取り調査の2次資料も含まれる）にもとづくものであり，いずれも活動に関わった人々の実像を知るうえで重要である．なお先行研究において，第2の資料は「マクネア報告書」，第3の資料は「アルバーマル報告書」と呼ばれたため，本章でも以下はその呼称を用いる．第2の資料および第3の資料は先行研究においても用いられてきた（柴野 1974, 1990；Bradford 2007, 2015；田中 2015など）が，本章では，両資料より以前の有志団体の活動史である第1の資料も加えることにより，有志性原則の基盤の成立・変化の過程を明らかにする．

第4節　ユースワークの草創期

　YMCA の起源は，創立者の George Williams が，自身の若者期に，職場の同僚と共にはじめたごく小規模な宗教的サークルであった．寮や喫茶店などに集合して，夕刻の礼拝を行うことや，教会の日曜学校に準ずる活動を行うようになった．これが職場の友人・知人関係を通じて徐々に拡大していった．また，銀行家・教会関係者・経営者等の関心を集め，寄付を受けることができたため，当初は職場や公共空間を一時的に借りるかたちで行われていた活動が，自前の拠点をもち行われるようになった．ただし，この活動は「すべての商業活動の場に神のための祭壇がたてられる日はそう遠くはない」（Doggett 1896：46）という当時の考えから明らかなように，明確な宗教的動機にもとづく活動であった．

　しかし，YMCA の活動にはキリスト教徒ではない若者も参加していた．彼らキリスト教徒ではない若者の存在は，YMCA の活動内容が礼拝や教義を学ぶ集まりから，社会的・知的・身体的発達を支えるさまざまな活動（Mutual Improvement Society の開催や，読書室などを備えた施設の整備など）へと拡大・多様化する過程で顕在化した．協議の結果として，キリスト教徒ではない若者は，少額の料金を支払うことで，「メンバー」と区別される「アソシエイト」と位

置づけられ，運営を除くすべての活動に参加権を得た．キリスト教徒ではない
若者の活動への参加を認めたものの，YMCA にとって活動を通じて彼らをキ
リスト教徒にすることは重要な課題であり，実際に当時月毎に刊行された報告
書には各月の新たにキリスト教徒になった参加者の数が記載された．ただ，
YMCA において行われた多様な活動は，若者を新たにキリスト教信仰に招き
入れる手段としてだけではなく，それ自体が若者の精神的・身体的発達にとっ
て価値あるものと見なされていた（Doggett 1896）．

　YMCA の活動地域は当初ロンドンに限定されていたが，国内の他地域，お
よび海外へ普及する契機となったのが1851年のロンドン万博であった．期間中
のロンドン各街区での YMCA のメンバーによる遊説，そして聖書の紹介と巻
末に YMCA の活動案内を付した小冊子の配布が成功をおさめた（Doggett 1896）．

　Doggett（1896）に最も多く登場するのは設立者である George Williams と，
草創期の仲間である．しかしその他にも，資金調達や他地域への活動の紹介な
どに特に貢献した活動者，そして各地域の支部の長に関しても記述がみられる．
支部の長には，銀行家や経営者，あるいは司教などの教会の職にある者が就い
ていた．活動者に対する評価として多くみられる表現は「熱意」（zeal）と「献
身」（devotion）である．YMCA の当時の活動は，「人間全体の救済，信条を問
わないサービスのための異なる宗派の連帯，キリスト教活動におけるひとつの
要素としての『若者』の認知」（Doggett 1896：51）という当時の教会の新しい
動きを反映したものであった．

第5節　ユースワークの改革期

　本章第1節で検討したように，第一次世界大戦後から第二次世界大戦の終戦
までの時期は，地方当局と各地域の有志組織とのあいだに財政援助を伴う連携
関係を形成したという点で，ユースワークが変化した時期であった．

　同時期のもうひとつの変化として，ユースワーカーの専門職化が提案された
ことがある．Bradford（2015）によると，1942年に既存の高等教育機関5校に
ユースワーカーの養成課程が設置され，その設置費用や奨学金に関しては政府
が援助を行った．また，設置時は一時的措置とされた上記の養成課程は1944年
から恒常的に設置されることになった．また，同年の教育法によりユースワー
クは，公教育とならんで教育の一部分として認められた．同1944年刊行された

マクネア報告書（Board of Education 1944）は，専門職としてのユースワーカーの必要性について初めて説明を行うとともに，具体的な提案を行った．

　マクネア報告書の内容は，財政逼迫を理由に実現されることはなかったが，それまで「献身」，「熱意」として語られてきた有志ユースワーカー[9]による活動を相対化する視点がみられた．たとえば下記の

> 「彼（訳注：ユースワーカー）自身も，人間としての発達をとげることが……重要である．彼自身の私生活をそっちのけにして若者との活動に専念することは，彼らを悩ませる誘惑である．彼の受ける教育は，若者のことに没頭しすぎる危険性を最小にする．ユースリーダー自身の人生を等閑視することは……自身にとってだけではなくかかわる若者にとっても有害である」（Board of Education 1944：99）

という引用にはそれが顕著である．活動への熱意とユースワーカー自身の生活とのバランスを保つことが求められ，活動に過度の熱意を注ぐことは戒められた．高等教育機関における教育は，若者とかかわる活動と自身の生活とのバランスを保つために有効であると見なされた．さらに，専門職化のメリットとして，同時期の教員やソーシャルワーカーと比べて大幅に劣っていた給与や社会保険の状況を改善することが挙げられた．

　ただし，マクネア報告書においては，従来からの有志ユースワーカーも「ユースワークの貢献の重要な源」とされた．当時の各地域におけるユースワークの活動状況は「有志の努力の高潔な伝統によるもの」であり，「専門職の増加によっても有志の需要が損なわれることは決してない」と結論された（Board of Education 1944：96）．そして有志ユースワーカーの活動の意義として次の3つの点があげられた．1点目は「現代生活における多様な経験をもたらすこと」，2点目は「有志での仕事は利他的な関心という特徴を持つことから，若者に無報酬での奉仕の先例を与え，のちに若者がその真価を知ることが期待されること」，そして3点目は「過度の専門職化を予防すること」（Board of Education 1944：96）であった．

　以上のように，マクネア報告書は，特に活動を支える人の有志性原則を検討した．活動の時間的・精神的負荷の大きさを負の側面として指摘し，一部を専門職化することで改善を図ろうとした．他方で，従来からの有志による活動も，先にみた3点の意義を認めた．このように，ユースワークの草創期からの伝統

であった有志性原則が相対化された.

第 6 節　ユースワークの拡大期

　これに対して戦後, 1960年に刊行されたアルバーマル報告書 (Ministry of Ed-
ucation 1960＝1972) は, 特に当時の若者をめぐる社会状況の変化, そして若者
自身の変化に重点をおいて, ユースワークのあり方を再検討した. 指摘された
変化のひとつは, 若者の宗教的価値観, 政治的価値観の変化である. 有志組織
の活動理念について, 以下のような問題が指摘された.

> 「多くの記述の中に……『キリスト教的価値を伝達すること』の必要性が
> 述べられているということである……特定の信条を持つ団体においては
> ……自由に表明できなければならない. しかしながら, ……ユースサービ
> スの場合には, このような形でその目的をうちだすのは間違っていると思
> う. ……こんにち, 『精神的価値』や『キリスト教的価値』について論議
> することは, 多くの青少年に疑問を抱かせるばかりである.」(Ministry of
> Education 1960＝1972 : 39)

キリスト教的価値観は, YMCA を含め, ユースワークを行う有志組織の多く
で中心的な位置を占めていた. これに対してアルバーマル報告書は, それらの
価値観が若者にとって以前ほど重要ではないことを明らかにした. また, シテ
ィズンシップに関しても, 改革が提案された. たとえば, 次の 2 つの引用文に
はそれが顕著である.

> 「シティズンシップのはじまりは, 良いシティズンシップについての直截
> な討議の中ばかりでなく, たとえ問題の多い地域であっても, 良いユース
> クラブにおける社会関係の巧みさや手腕の中にも見出されるものである.」
> (Ministry of Education 1960 : 39)
> 「『奉仕』……といったような言葉が……有効な通貨のように使われている
> のに驚きを覚える. ……多くの青少年は『奉仕』を求められると顔をそむ
> ける傾向にあるが……彼らはしばしば, 対人関係のなかで『奉仕』を実行
> する.」(Ministry of Education 1960＝1972 : 40)

「シティズンシップ」という言葉を, 単なる理念として若者に伝達するのは有

効ではなく，むしろ若者が生活における経験を通じてシティズンシップを理解することを重要とした．このように，アルバーマル報告書は，若者の宗教的・政治的価値観の変化を指摘し，その変化に照らして，有志組織が活動の中心としてきた価値観，およびその伝達の方法の再考を促した．

　一方で，アルバーマル報告書は，若者をめぐる社会状況の変化を検討し，それに応じたユースワークの新しい意義を示した．「全日制教育を終えて，賃金を得ている人の娯楽のために，公共の金は使われるべきではない」(Ministry of Education 1960＝1972：35) という当時の批判的見解に端的に見られるように，ユースワークの意義に関する社会的承認は乏しく，ユースワークの活動が若者にもたらす意義を明確にする必要があったためである．

　このような状況のなかで示されたユースワークの新たな価値は，教育・職業選抜過程の複雑化のなかで，すべての若者が力を発揮し，承認を受ける機会を創出することであった．たとえば，義務教育を修了してすぐに就職した若者と，進学した若者のあいだでは，学卒後の余暇時間において利用可能な資源に大きな差があった．高等教育機関には学生向けの施設・課外活動が豊かにあるのに対して，進学せず就職した者が利用可能な施設・活動は乏しかった．各地域におけるユースワークの活動基盤の整備，活動内容の充実が，この格差を縮小させると考えられた (Ministry of Education 1960＝1972：35-38)．ユースワークが教育・職業選抜によるのとは異なる方法で，若者が社会的に承認を受ける機会をつくり出そうとしていたことが以下の引用から明らかである．

　　「選抜制度によって学校から勤労生活への移行がされるのは，われわれの社会が，実績によってその社会構造をつくりあげようとしていることの表われに他ならない．……選抜は……有能な男女にとっては，のぼることのできるひとつの段階となっていても，失望落胆に冷静に対処する心の準備のできていない青少年にとっては，とり残されたという感じを与える結果になる．そうした人びとの中には，より広汎な機会が与えられれば，知的な資質以外について，活力と指導性とを大いに発揮できる人がたくさんいるはずである．ユース・サービスの課題は，すべての若い人びとが，それぞれ異なった能力を発揮できる機会を与えるだけでなく，かれらが社会に対してなすことのできる貢献を，社会が認識するようにしなければならない．」(Ministry of Education 1960＝1972：25-26)

ユースワークは，たとえば宗教的社会化のような従来の文脈より広い「学校から勤労生活への移行」（Ministry of Education 1960＝1972：25）とその問題に寄与するものとして位置づけられた．そしてユースワークの担い手であるユースワーカーについても人員の拡充，そのための高等教育機関における専門職養成課程の拡充が勧告された（Ministri of Education 1960＝1972）．次節では，ユースワークの改革期と拡大期のそれぞれの報告書の記述から，ユースワーカーの専門職性とその意義の変化を捉える．

第7節　ユースワーカーは「一生の仕事」たりうるか

　ユースワークの改革期の報告書であるマクネア報告書（Board of Education 1944）は，フルタイム職員が必要であることに言及しながらも，ユースワーカーを一時的なキャリアとして捉えた．ユースワーカーは，教師やソーシャルワーカーなどの専門職資格を有する人が，人生のある一時期にする仕事と位置づけられた．象徴的なのは，仕事を続ける年限に言及されたことであった．具体的には，活動における身体的な負担が大きいことを理由に「ユースリーダーとしての職業人生は教師の職業人生より短いと考えられる」（Board of Education 1944：99）と述べた．また「平均的な職業生活を15年から20年程度と考えることは道理に合わないことではない」（Board of Education 1944：99）とした．そして他の職業との移動可能性を担保するためのしくみについても考えられた．養成課程のなかに，教師やソーシャルワーカーなどの資格保有者のための再教育課程を設けること，また教師とユースワーカーの合同任命ポストを創設することなどである．
　マクネア報告書は，ユースサービスが相当のフルタイムの職員を必要とする活動であることを示し，その養成の方法にも言及した点で，専門職ユースワーカーとその養成のあり方の原型を示したといわれる（Bradford 2015）．しかし，当時実際にフルタイムで働いている人たちが，教師やソーシャルワーカーと比べて低い給与・社会保険水準におかれていることを指摘してはいるが，有志と比べたときのフルタイムの独自の性格・活動には言及されなかった．
　これに対して，ユースワークの拡大期の報告書であるアルバーマル報告書（Ministry of Education 1960＝1972）は，当時国内に700人程度であったフルタイムのユースワーカーを1300人に増員すること，そして養成と雇用のために必要

な財源の確保について提言を行った．養成課程に関しては，４つの類型の課程
(教員養成課程に併設したもの，ソーシャルワーカー養成課程に併設したもの，既に教員や
ソーシャルワーカーの資格を取得済みの人を対象としたもの，既に一定の年数ユースワーク
にかかわってきた人を対象としたもの)，および喫緊の需要に対応するための１年制
の訓練課程の創設を提言した．

　アルバーマル報告書（Ministry of Education 1960＝1972）の特徴は，職員配置と
訓練に関する章の冒頭に「１．何故にフル・タイム・リーダーが必要なのか」
(Ministry of Education 1960＝1972：73) という節を設け，詳細な説明を行ったこ
とである．前置きとして，報告書作成において次のような葛藤があったことを
打ち明けた．

　　「これら二種類の計画（筆者注：ユースワーカー養成の長期的計画と緊急計画）を
　　勧告する前に，われわれは『何故にフル・タイム・リーダーでなくてはい
　　けないのだろうか？』，『ボランタリーな努力では間にあわないような特別
　　なものを，フル・タイムのリーダーは与えることができるのだろうか？』，
　　『担当するクラブが開店休業の昼間の時間に，フル・タイムのリーダーは
　　いったい何をするというのだろう？』，また，『一生をかける仕事にはなり
　　そうも思えない仕事に，有能な（intelligent）男女を誘いこんで訓練するな
　　どということは，許されること（reasonable）だろうか？』と自問した．」
　　(Ministry of Education 1960＝1972：73)

　上記の引用の二重括弧のなかに示された疑問は，いくつかの重要な論点を含
んでいる．ひとつは有志ユースワーカーとの関係（「ボランタリーな努力では間に
合わないような特別なものを……与えることができるのだろうか？」）である．また活動
の内容（「開店休業の昼間の時間に……いったい何をするというのだろう」），そして担い
手のキャリア（「一生をかける仕事にはなりそうも思えない仕事に……許されることだろ
うか？」）である．

　これら３つの論点を集約すると，冒頭の疑問（「何故にフル・タイム・リーダーで
なくてはいけないのだろうか」）になる．それでは，これらの問いに対してアルバ
ーマル報告書はどのように答えたのだろうか．まず，フルタイムの仕事の多様
性に言及し，従来の仕事を整理した．

　　「地方教育当局が管理している極めて大きなユース・センターの所長（war-

den）や，青少年だけの夜間レクリエーション施設の所長のような人もい
れば，コーヒー・バーのテーブルの陰で仕事したり，街角や戦災跡で10代
のグループに接触しているソーシアル・グループ・ワーカーなどもこの範
疇に入る．こうした両極端の中間層として街の中にあるていどの大きさの
建物をもっている昔ながらのクラブのリーダーがあげられる．」（Ministry
of Education 1960＝1972：73-74）

　上記の整理から明らかなように，ユースワーカーの仕事場は多様であった．
これら多様な仕事場における仕事内容の共通要素が，「管理運営」・「計画」・
「個人的接触」の３つに分類された．これらの仕事は重要な職務であり，自由
に従事できなければならないとした．

　ただし，アルバーマル報告書は，これら「管理運営」，「計画」，そして「個
人的接触」の３つに分類される仕事をすることだけがフルタイムの意義ではな
いと述べた．その根拠は青少年問題が複雑化・多様化していることであり，
「新らしい青少年相手の仕事の形態や方法を実験し，また，インフォーマルな
集団活動によってもたらされる成果をはっきりとつかむ」（Ministry of Educa-
tion 1960＝1972：74）ことのできる人材が求められていることだった．これは，
以下の３つの特徴を通じて具体的な説明が与えられた．

　　「第一に，青少年の実態を研究する者として，第二には，新らしい手段や
　　方法を開発する人（innovator）として，さらに第三に，各種の環境要因が
　　もつ可能性をひきだす人（demonstrator）として，そのリーダーは，自分の
　　クラブ以外にも大きな影響を及ぼすことになるだろう．ユース・サービス
　　の水準を向上させるためには，こうした有能な職員（skilled worker）の陣
　　容を強化することが絶対に不可欠である．」（Ministry of Education 1960＝
　　1972：74）

　上記の３つの特徴，すなわち調査研究と新しい手段・方法の開発が，フルタ
イムのユースワーカーの雇用を正当化する論拠として示された．また，この２
点はただ示されただけではなく，具体的に活動（「実験的事業」）を行うための独
立した財源が確保された（この実験的事業と，そのなかでのユースワーカーの活動の展
開については第３章で詳しく述べる）．

　このように積極的な意義を提示する一方で，多くの留保条件があったことも

見逃してはならない．「一生をかける仕事にはなりそうも思えない仕事に，有能な（intelligent）男女を誘い込んで訓練するなどということは，許されること（reasonable）なのだろうか？」という問いに対して，「われわれは，青少年指導を一生の仕事としてそれに専念するのは，ごく少数の人のやることだという結論に達した」（Ministry of Education 1960＝1972：75）とこたえた．そして「教育やソーシャル・サービスの分野の他の専門的な仕事に容易に転職できるような態勢を作り上げないうちは，有能な男女をこの仕事に誘うのは公平ではない」（Ministry of Education 1960＝1972：75）と述べた．ユースワーカーの養成課程に関する構想のうち，教師・ソーシャルワーカーの養成課程にユースワーカーの養成課程を併設する案は，このような考え方の反映であった．

　ここで「教育やソーシャル・サービスの分野の他の専門的な仕事に容易に転職できるような態勢」（Ministry of Education 1960＝1972：75）の構築は，以下のような方法で行われた．ひとつは教師やソーシャルワーカーの養成課程にユースワーカーの養成課程を組み入れることであり，もうひとつは現職の教師やソーシャルワーカー向けの短期の課程をおくことであった．両者のうちとくに主要な人材の源と考えられていたのは教師であった．これは，非常勤として当時すでに多くの教師が活動に参加していたことが理由であった．

　「一生の仕事」としてのユースワーカーは，アルバーマル報告書でもそれほど前向きに捉えられたわけではない．しかし，人生のある一時期に限って最も良い仕事ができるものとしてユースワーカーを捉えたマクネア報告書に対して，僅かではあるが発展がみられる．それは「ごく少数」はユースワーカーを一生の仕事にすること，そして教師やソーシャルワーカーなど他の仕事との往来をしながらも人生のなかで時期を問わずユースワーカーとして働く可能性を示したことであった．

第8節　考　察

　ここまで，ユースワークにおける有志性原則の基盤の成立および変遷を，草創期・改革期・拡大期のそれぞれについて検討してきた．ユースワークの草創期（第4節）は，若者の労働力化，都市への移動を通じて生じた家族・地域共同体からの若者の分離を背景として，若者におけるキリスト教的価値観の衰退への懸念が広がった時期であった．そのなかで，職場など彼らの生活世界を基

盤に，さまざまな活動を通じてキリスト教的価値観を涵養しようとする有志組織の活動は，若者および年長者の参加を促した．それは，「活動なき信仰は死んだ」（Doggett 1896：52）という言葉に象徴されるように，信仰により強く動機付けられたものであり，「熱意」や「献身」として表象されるものであった．他方で，本章第4節で述べたような，ユースワークの草創期におけるYMCAの多様な活動は，キリスト教徒ではない若者も引き寄せた．YMCAは彼らが活動に参加することを認めたが，運営への参加権においてはキリスト教徒の若者とのあいだに差異を設けた．

　ユースワークの改革期には，ユースワークにおいて若者とかかわる年長者の「熱意」や「献身」が相対化された．マクネア委員会報告書の内容から検討した通り，1944年の時点ではユースワーカー自身の生活を侵すほどの過剰な熱意は，彼・彼女自身および若者の双方の利益に照らして戒められた．また，労働条件や社会保障が劣悪であることが指摘され，職業としてのユースワーカー（専門職ユースワーカー）の養成が提言された．これは「熱意」や「献身」にもとづく従来のユースワーカーのあり方を転換する重要な局面となった．

　さらに，ユースワークの拡大期では，キリスト教的価値観が以前ほど若者に受容されなくなっていると指摘された．若者が成人期への移行において経験する職業・選抜の結果，進学した若者と義務教育修了後就職した若者とのあいだで，利用可能な成長の機会に格差があることから，義務教育修了後就職した若者に成長の機会を保障することが，ユースワークの新たな課題として提起された．

　ユースワークの草創期から改革期を経て拡大期へと至る時期にも，ユースワークにおける有志性原則は一貫していた．しかし，かつて草創期に「熱意」や「献身」として記述され曖昧であった，参加者の活動へのかかわり方は，改革期に負の側面（過度の没入）と正の側面（利他の精神の伝達など）に峻別された．負の側面はユースワーカーの一部を専門職化することにより解決がはかられる一方，正の側面は有志性原則の特徴として明確化された．ただし，専門職ユースワーカーは20代から30代の一時期の仕事であることが望ましく，教師やソーシャルワーカーなどとの転職が容易であるような制度案であった．

　ユースワークの拡大期には，教育・労働への参加によってすべての若者が必ずしも自ら考え行動する機会が与えられるわけではないこと，特に義務教育修了後すぐ就職する若者においてそれが顕著であることが指摘された．ユースワ

ークの活動の各場面において若者が主体性を発揮する機会を提供することが活動の意義とされた.

　また，拡大期に刊行された報告書（Ministry of Education 1960＝1972）では，ユースワーカーが人生の一時期だけの仕事という記述がなくなり，「なぜフルタイムの職員が必要なのか」について説明が試みられた.「青少年の実態を研究する者」,「新らしい手段や方法を開発する人（innovator）」「各種の環境要因がもつ可能性をひきだす人（demonstrator）」という3つの観点から根拠づけが行われた. 高等教育機関の養成課程などの人材育成，そして'innovator'としての活動を支える「実験的事業」に対する補助金を含めユースワークの予算が拡充された.

　本章は有志性原則の成立の基盤と変化を検討してきたが，そこから上のような現在の課題についていえるのは，以下のような点である. 草創期から拡大期までのユースワークにかかわる若者と年長者は，同じ地域共同体・職場・教会組織に所属しているというような共通点を持ち，有志性原則はそれらの紐帯に支えられて成立してきた. 改革期から拡大期には専門職ユースワーカーの養成のあり方が検討され，特に拡大期には基盤の整備が行われた. そのような過程を通じて，有志性原則の負の側面（対象への過度の没入など）の克服が試みられ，有志性原則の特徴（多様な人々の参加，互酬性規範の伝達，過度の専門職化の防止）が明確化された.

注

1 ）柴野昌山の定義によると，ユースワークは「青少年グループに対して，青少年と共同して行う活動（working with youth groups）の方法」（柴野 1990：184）である. また，ユースワークは「具体的な活動場面における集団の発展やリーダー・シップのあり方にかかわるグループ活動を通しての援助方法」（柴野 1990：184）である. これに対して，ユースサービスは「青少年の余暇における健全育成のための援助政策一般を包括する概念」（柴野 1990：184）である. 田中治彦は，現在はユースワークの用語が広く用いられるとしてユースワークを「若者に関わる事業と活動一般を指す用語」（田中 2015：2）として用いており，本書もこの用語法を採用して若者に関わる活動の提供主体および提供される活動を総称して「ユースワーク」を用いた.

2 ）本章で資料としたマクネア報告書ではユースワークに携わる人について「ユースリーダー」（youth leader）と表記されている. 先行研究においても「英国のユースワークを支えているのがユースリーダー（youth leader）ないしはユースワーカー（youth

worker）と呼ばれる指導者たちである」（田中 2015：171）としてほぼユースワーカー
と同義に扱われているため，引用文中を除いては「ユースワーカー」に表記を統一した．

3 ）本章において参照した文献では，この理念について 'voluntary principle'（Bright
2015：2 ）や，'voluntarism both in membership and to a large extent adult workers
role'（Secretary of State for Education and Science 1982：34），'the basis of vol-
untary attendance'（Board of Education 1944：93）などのようにいくつかの異なる
表現が用いられているが，本章では 'voluntary principle' を統一して用いた．また日
本の研究において，たとえば「民間有志団体」（柴野 1990：178）や「有志リーダー」
（田中 2015：172）のように 'voluntary' について「有志」という訳語が用いられてきた
ことから，'voluntary principle' について「有志性原則」と訳出した．

4 ）1960年のアルバーマル報告書［正式名称：*The Youth Service in England and
Wales*］（Ministry of Education, 1960＝1972）と同様に政府の諮問事項にもとづき結
成された調査委員会による報告書として，1944年の McNair 報告書（正式名称：
Teachers and Youth Leaders），1969年 YSDC 報告書［正式名称：*Youth and Com-
munity Work in the 1970s*］（Department of Education and Science 1969），1982
年トンプソン報告書［正式名称：*Experience and Education Report of the Review
Group on the Youth Service in England*］（Secretary of State for Education and
Science 1982）がある．

5 ）この背景には同時期の少年非行の急増があった．起訴された犯罪において有罪とされ
た少年（インフランドおよびウェールズ）は，1941年は1939年より42％高い．その後第
2 のピークは1945年である．多くの場合は男子が関わっているが，1939年から1941・
1942年にかけて女子の犯罪も倍加している．原因として，灯火管制による暗闇の増大，
家庭生活の混乱（疎開，空襲による住居の破壊・シェルターでの長時間の生活），行方
不明の親類・空襲・経済状況・交通，そして将来への若者の不安，学校の閉鎖（および
フルタイム雇用への移動）があげられている（Bathurst 1944）．

6 ）5 大学（うち 2 校が教育学部， 1 校が社会科学部， 2 校がユニバーシティ・カレッ
ジ）にユースリーダーの養成課程が設置された．ブリストル大学，ダラム大学，スウォ
ンジー大学，ユニバーシティ・カレッジ・ノッティンガム，キングス・カレッジ・ニュ
ーカッスルであり，学生数は302人（男子158人，女子144人であった）．また，YMCA
の提供する 1 年のフルタイムのコース，およびダラム大学，リバプール大学，ガールク
ラブ全国協議会（National Council for Girls Clubs）の運営するコースも 1 年のフル
タイムのコースとして承認された（Bradford 2007）．

7 ）1944年教育法は，「教育の学制は初等教育，中等教育，および補習教育として知られ
る 3 つの累進的諸段階に組織されなければならない．そしてその権限が及ぶ限りにおい
て，その地域の住民の需要に適合し得る，諸段を通ずる効果的教育を確保することによ
り，地域社会の精神的，道徳的，知能的，および身体的発達に寄与することは，あらゆ

る地域における地方教育当局の義務とする」（第7条）として補習教育も教育の学制に含めた.

　特に補習教育に関しては，「以下に規定するところに従い，その管轄地域のために，次のような補習教育のための適当な施設を提供することは地方教育当局の義務である.すなわち，(a)義務教育年齢をこえた者に対する全日制および定時制教育，(b)義務教育年齢を終えたもので，文化的訓練やレクリエーション活動のための施設を利用することができ，また利用したいと欲する者に対して，その要求に適するように組織された文化的訓練およびレクリエーション活動の形による余暇利用の作業」（第41条）として，補習教育実施を地方教育当局の義務とした（文部省調査局 1953）.

8）マクネアー（McNair）委員会は1942年4月17日から始められた.実際に教員及びユースリーダーの養成機関の訪問調査が行われ，報告書はその結果にもとづいて編集された.調査実施委員は大学教員（教育学部），ユースクラブの職員，教育委員会職員などである.報告書は4部構成（うち1部が教員養成，2部がユースリーダー養成，第3部はテクニカルカレッジと学校，第4部はウェールズの特別な事情その他の重要な問題）であるが，本章では2部10章（The Service of Youth）の部分を用いた.

9）有志ユースワーカーについて，先行研究では「1939年まで約1世紀にわたるユースワークのボランタリズムの時代には，当然のことながら青少年指導者のほとんどは無給の有志リーダーであった」（田中 2015：171-172）と指摘したうえで，第一次世界大戦ごろより専任の有給ユースリーダーを配置する有志団体が現れ，また財団等の助成を受けて独自にユースリーダーの養成を行う有志団体が現れたことを指摘した.ユースワーカーには資格の有無のほかにも，給与形態（有給と無給）および雇用形態（フルタイムとパートタイム），雇用主（地方教育当局あるいは有志団体）などさまざまな分類軸が存在するが，本章では高等教育機関におけるユースワーカー養成課程を修了した者を「専門職ユースワーカー」とし，その他は給与形態・雇用形態を問わず「有志ユースワーカー」と表記した.

第2章
「ユースワーカー」の専門職化という特徴

第1節　高等教育機関におけるユースワーカー養成に関する先行研究とその課題

　第1章からは，ユースワークの目的が草創期（19世紀後半）から1960年代までの間に政治的・宗教的社会化から「移行」支援の性格を帯びたものに変化したこと，ユースワーカーに求められるものが「熱意」や「献身」から「専門知」へと変化したこと，そして同時に多様な人々の参加，互酬のチャネルとして有志が位置づけられ，維持されたことが明らかになった．

　ここで，「専門知」の内容はいかなるものであったのだろうか．アルバーマル報告書は，1年制の緊急養成課程の内容案を示した．カリキュラム案は，「実習」・「個人的な技能」・「基礎学習」・「リーダーシップの学習」の4つの柱が提言された（Ministry of Education 1960＝1972：120）．この4つの柱のうち，「実習」は実際のユースワークを行う，さまざまな場所で行うものであった．たとえば青少年グループや少年審判所，保護観察施設などにグループで訪問することや，街場に集っている若者とかかわることなどである．

　また「基礎学習」は，「青年心理」，「青年の身体的福祉」，「現代英国の経済・社会構造」，「19世紀と20世紀の英国社会史　特に，家族と近隣社会の変化に重点をおいて」，「変化する社会と文化のパターン」，「現代文学」，「英語および英文学」，「現代社会の背景にあって西欧文明の底を流れている宗教・政治・哲学思想についてある程度の学習をすること」，「若い人々に関する研究と，若者の福祉に対する，社会科学の貢献を批判的に研究すること．批判的にという語を強調したい」，「時事問題の解説と討論」（Ministry of Education 1960＝1972：120-121）のなかから選択するものとした．

　そして「個人的な技能」には，音楽や美術，運動などの特技を身に付け深め

ることと，個人研究のテーマを決めて短い論文を書くことが含まれた．最後の
「リーダーシップの学習」には，ユースサービス・ユースワーク自体のこと，
すなわち社会の中での位置づけやグループワークの方法，管理と会計などを学
ぶことがある．

　上記の 4 つは，「全日制緊急訓練 1 年課程」の教育内容の案として Ministry
of Education（1960＝1972）に示された．同書は緊急養成課程を応急処置的なも
のとして，3 年制の養成課程をおくことを最終的な目標とした．しかし，実際
には 1 年制の緊急養成課程を 1 年延長した 2 年制課程が主要な専門職ユースワ
ーカー養成課程として定着した（田中 2015）．

　各高等教育機関において，アルバーマル報告書（Ministry of Education 1960＝
1972）で提言された教育内容はその後どのように発展してきたのだろうか．1990
年に刊行された *Initial Training for Professional Youth and Community
Work: Overview Report on Reports Publishd during 1985-1990*（Department
of Education and Science 1990）は高等教育機関におけるユースワーカー養成課
程への調査報告書であった．この報告書は結論として，当時の養成課程が，仕
事につく最初の準備としてはよいが，専門職養成課程としては不十分であると
して改善を求めた．同報告書は，調査から明らかになった，ユースワーカー養
成のカリキュラムの良い点と問題点を指摘した．

　問題点は，まず，「基礎学習」に相当する部分であった．具体的には，社会
学に重点を置きすぎ，「社会問題について社会学的な観点から教えることに集
中し過ぎている」（Department of Education and Science 1990：1）ことであった．
社会学がカリキュラムの中で「諸題材を検証する際に単一の，最も強い影響を
もつ傾向が共通してみられ，教授と学習において社会学的研究からのエビデン
スが突出している」（Department of Education and Science 1990：13）と指摘され
た．他の研究領域，たとえばカウンセリングなどについては，学校によってか
なりのばらつきがあるとして，改善を求めた．

　また，「実習」に関しても問題点が指摘された．当時，各大学とも実習に多
くの時間を割き，総授業時間数の約40％程度が実習であった．しかし，その質
に関しては問題があった．たとえば実習において，長期間にわたり，限られた
範囲の，質の低い仕事をしている場合や，多くの勤務地・プロジェクトを同時
に兼任している場合があることが報告された．このような学生の実習の状況を
踏まえて，2 年間のあいだに少なくとも 3 つのまとまった実習期間を持つこと，

そしてすでにユースワークの経験を持つ学生が多いことを踏まえて，学生のそれまでの経験をさらにひろげることのできるような実習になるように改善を求めた．

「基礎学習」と「実習」が報告書（Ministry of Education and Science 1990）で改善を求められた一方で，高い評価を受けたのが「個人的な技能」および「リーダーシップの学習」に相当する部分であった．これらの教育は，個別のチュートリアル[1]を通じて行われていた．

この個別のチュートリアルは調査対象となったすべての養成課程において共通して見られた特徴であった．報告書は，それらチュートリアルが「難しい内容について鋭敏さと豊かな感受性をもって取り扱っている」ことを評価した．チュートリアルの具体的な題材については言及されなかったが，チュートリアルのなかでの学生とチューターのやりとりが，学生の成長に与える影響について，以下のように説明された．

> 「学生がチュートリアルの内容に責任を持つこと，つまり学生が座学あるいはフィールドワークから得た，議論したい問題について，準備をしてくると普通期待されている．さらにチューターもそれ（訳注：学生が準備してきた内容）に加えて問題を示すことがあり，同じ養成課程の他の授業よりも，チュートリアルを難しいものにしている．チュートリアルは学生が，課程の他の諸要素を統合するための主な手段である．たとえば理論的な事柄がいかにフィールドワークで発展させられるかについてなどである．また個人の全体的な進歩や強さ，弱さをみつけたり，学びの新しい目標を定めることも，チューターと学生の双方により行われる」（Ministry of Education and Science 1990 : 10）

このように，チュートリアルが教育内容全体を通じて意義を持つことが指摘された．

これらの教育課程の問題・評価に加えて，Ministry of Education and Science（1990）はもうひとつ，課題を指摘した．それは各大学によりカリキュラムがあまりにも多様なことであった．それぞれの地域の関係機関などの要請に応えるかたちでカリキュラムが発展してきたため，専門職としてのユースワーカー養成について，共通の基礎となるもの不明瞭であった．

これらの指摘を受け，専門職ユースワーカーの養成課程の改革が1990年代以

降行われてきた．そのなかで高等教育機関の養成課程を Joint Negotiating Committee（JNC と略記）が審査・認定するしくみが成立し，現在に至っている．労働党政権期およびそれ以降におけるユースワークの役割を分析した研究として，Davies（2008），平塚（2012），Sercombe（2015）などがある．また，立石（2012）は，ユースワークの活動に関して National Youth Agency（NYA と略記）が定めた質的評価指標の内容について分析した．しかし高等教育機関の養成課程のあり方，いかに専門性を担保しているのかに関しての研究は少ない．

第2節　現在の概要

ユースワーカーの採用は，地方当局やボランタリー組織など各々の団体で行われる．雇用主が JNC による専門職ユースワーカーの資格を求めることが多く，専門資格の有無が待遇に反映される[2]（Prospects 2015）．たとえば，下の図1のような募集広告が掲載された．

専門職ユースワーカーの資格は，採用時の能力を知る指標として機能している．そして専門資格は，認定を受けた高等教育機関のコースを修了することによって得られる．高等教育機関を経ない試験等による代替ルートはなく，ユー

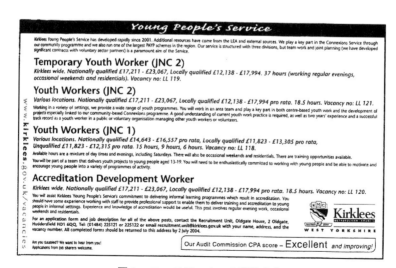

図1　ユースワーカーの募集広告

出所：*Young People Now*［2004. 6. 16-22］p. 44 より抜粋．

スワーカー養成は高等教育機関と強い結びつきを持つ．本章は，このようなユースワーカーの養成のしくみに注目し，高等教育機関がどのような教育内容により，ユースワーカーの能力を養成，保障をしているのかを明らかにする．第3節では，分析に用いる資料について概説する．第4節は，専門職ユースワーカーの養成課程についてみる．具体的には，高等教育機関に対して専門職資格を授与するのに十分な教育内容かを審査する，「専門認定」の過程を中心に検討する．第5節は実際のカリキュラム，また第6節は課程に学ぶ学生像について，そして第7節は現職のユースワーカー向けの短期の訓練コースの実態について検討する．第8節は，これらの各節の結果を通じて，イギリスにおけるユースワーカーの専門性を担保するメカニズムの実態を検討する．

第3節　分析に用いる資料

本章では，認定要件，およびそれに則ったコースの教育内容について明らかにする．用いる資料は主に次の4つである．

① *Guide to Courses and Training* (National Youth Agency 2006)

② *Professional Validation and Curriculum Requirements* (National Youth Agency, 2015)

③ マンチェスター・メトロポリタン大学のユースワーカー養成カリキュラム (Manchester Metropolitan University, 2015)

④ *Annual Monitoring of Youth and Community Work Programmes* (National Youth Agency, 2015)

上記の4つの資料のうち，①と②と④の発行元である NYA はユースワークの振興のための全国組織である．ボランタリー組織や地方当局[3]といった異なるセクターを横断して，ユースワークに関する全国会議の開催，雑誌 *Young People Now* (2007年9月号より *Children and Young People Now*) の発行，次に述べるユースワーカー養成コースの専門認定の審査などの活動を行っている．同誌は，政府の若者向け政策の動向や，住宅・教育・薬物等若者をとりまくさまざまな問題の特集，投書，インタビュー，そしてユースワーカーの採用情報を掲載する月刊誌 (166号 [2003年] より週刊誌) である．

①は年に一度刊行された冊子であり，主にこれからユースワーカーを志す人，

および訓練を受けたい在職者のために，養成を行う高等教育機関の一覧や入試情報，短期養成訓練の一覧を紹介するものである．②はユースワーカーを養成し，修了時に資格を付与する高等教育機関について専門認定の要件を定めたものである．③は②の認定要件を満たして教育活動を行うユースワーカー養成課程の3年間のカリキュラムについての資料である．④は専門認定の要件を満たした各高等教育機関に対して毎年行う年次監督の結果である．次の第4節では資料①および資料②を，第5節では資料③を，第6節では資料④を，第7節では資料①を用いた．

第4節　ユースワーカー養成課程の専門認定

（1）　審査機関の構成

　ユースワーカーの資格は，JNCから認定を受けたイギリスの高等教育機関のコースを修了することで得られる．他の取得方法（試験等）はなく，高等教育との結びつきが強い．専門認定の目的は，「ユースワーク教育と専門実習の高い水準を達成すること」（National Youth Agency 2015：3）である．専門認定について最終的な責任はJNCが持つ．ユースワークに関して質の高い訓練と資格の提供を保障するとともに，ユースワーカーの賃金と雇用契約条件について労使交渉を行う責任を持つ．

　NYAは，JNCを代表して，専門職地位を授与する訓練・資格プログラムについて認定を行う．専門認定の過程においては「高等教育プログラムにおける専門認定の要件」に従って，各高等教育機関のユースワーカー養成のためのコースプログラムを精査する．この精査の作業はNYAのなかに設けられた教育訓練基準委員会（Education Training Standard Committee：ETS委員会と略記）が監督する．この教育訓練基準委員会の構成員はユースワークの各部門（地方当局やボランタリー組織など）の代表である．専門認定の基準・課程・参加はETS委員会内のワーキンググループにより行われる．専門認定を受けた高等教育機関のプログラムは，JNCの年次レポートにおいて公開される（National Youth Agency, 2015）．

（2）　審査の過程

　ユースワーカーは，ユースワークの目的（第1章第1節(1)）を実現するため

にさまざまな機会を提供する．ユースワーカーの仕事に不可欠な要素として，「人間関係の構築，メンタリング，権利の擁護，グループワークなどさまざまな対人技能を用いること」（National Youth Agency 2015：5），そして「貧困，社会的不正，不平等などの関連するテーマや問題を取り入れること」（National Youth Agency 2015：5）がある．これら2つの不可欠な要素に必要な知識やスキル，態度を獲得させることが，「すべてのユースワーカー教育・訓練プログラムの礎石」（National Youth Agency 2015：5）である．ユースワーカーはインフォーマル教育の担い手ではあるが，「インフォーマル教育者として働く人が適切に訓練され準備のととのった人であることを保障する必要がある」（National Youth Agency 2015：5）と考えられている．高等教育機関における養成コースの専門認定のプロセスは，それを保障するための方法である．

　専門認定には新規のコースプログラムについての認定と，既存のコースプログラムについての再認定の2種類がある．新認定は新たにユースワーカー養成のコースを創設した機関を対象とする．再認定は既存のコースが5年に1度受けるものである．新認定の場合のみ，教員や実習先の確保等基本的な状況を確認するための第1段階の審査がある．第2段階の審査は提出書類，及び各教育機関の訪問と関係者による聞き取りを通じて行われ，新認定のコースも再認定のコースも同一の手続きにおいて審査を受ける．認定は5年間有効であるが，コースの内容に変更があった場合には通知しなければならない．認定手続きに加えて，「年次監督」および「無作為抽出による訪問」を行う．年次監督においては，認定教育機関各校に，入学・卒業・進路・学生の人口学的プロフィールについて，及び教員の人数や資格について毎年統計データの提出を求める．「無作為抽出による訪問」においては，毎年認定校から無作為に3校を選び，訪問により基準が充足されているかを確認する（National Youth Agency 2015）．

（3）　授与学位に関する要件と養成課程の設置状況

　2010年の9月から，専門職ユースワーカーとして働くための高等教育資格の最低要件はNYAにより認定を受けたBA（Hons）degree（優等学士学位）となった（PROSPECTS, 2015）．以前は基礎学位（Foundation Degree）や高等教育ディプロマ（Diplomas of Higher Education：Dip HE）であった（National Youth Agency, 2015）が，最低要件が引き上げられた．[4]

　高等教育資格の最低要件が変更される以前，2006年時点でのユースワーカー

に関する高等教育機関については，National Youth Agency（2006）において公開された．同誌によると，2006年時点でイギリスでユースワークを学ぶことができるのは合計81校であった．このうち，学位を取得できる高等教育機関は37校（43コース），基礎学位や高等教育ディプロマ等その他の高等教育資格を取得できる高等教育機関が44校（81コース）であった．ユースワーカーの専門職養成コースとして JNC から認定を受けたのは合計52コース（学位21，その他高等教育資格31）であった．

　履修形態にはフルタイム・パートタイム・遠隔学習の 3 つがある．このうちフルタイムは全日の学修を前提とする．パートタイムの課程は 1 日の一部あるいは週の数日を学修にあてる．学位取得のコースでは，フルタイムのみが12コース（28%），パートタイムのみが 4 コース（10%），フルタイム・パートタイムの両方開講が26コース（62%）であった．その他の高等教育資格が取得できるコースでは，フルタイムのみが 7 コース（ 9 %），パートタイムのみが49コース（60%），両方開講が25コース（31%）であった（National Youth Agency 2006）．

（4）　専門認定とカリキュラムの要件

　ユースワーカー養成コースの専門認定においては，定められた要件を各高等教育機関が満たしているかにより認定の可否を判断する．NYA（2015）では，17の認定要件を定め，各々について具体的な基準を設定し，また審査時にエビデンスとして示す必要のある事柄について説明している．この17の要件は「機関の状況」「資源」「教育と学習カリキュラム」「専門実習の編成」「評価・質保証と発展」の 5 つのカテゴリーにより大別される．ここでは，特にユースワーカーを目指す学生の学生生活と最も直接的に関連する，「教授と学習カリキュラム」および「専門実習の編成」について，具体的な各基準の内容を検討する．

教授と学習カリキュラム，及び専門実習の編成に関する要件

　「教授と学習カリキュラム」は 2 つの要件からなる． 1 つ目の要件は「専門への焦点化，一貫性と構造」であり，具体的には下のような基準が含まれる．

● プログラムを通じて，ユースワーク専門職を養成するための一貫した論拠があること

● 論拠を満たしたうえで結果を保障するために，プログラムのすべての要素が相互に関連しあうものであること

- JNC 等の枠組みを取り入れたプログラムであること
- 若者に関連する法や社会政策の変化や展開に応じて，プログラムを再検討すること
- 専門実習の要素が全体に統合され，対人技能や介入技能の発達に活用されること
- 上記のすべての要素が網羅された包括的で，最新の学生用ハンドブックを準備し隔年始業時にすべての学生がそれを利用することが可能であること

である．2つ目の要件である「プログラムの提供」においては，ICT 機器へのアクセスを保障すること，資源を適切に使用すること，省察（reflection）の実践を多く取り入れること，さまざまな障害を持つ学生のニーズに配慮することなど，より詳細な実施要件を説明している．

「専門実習の編成」においては，教育機関の外で行われる職場実習等の学習活動に関して，プログラムの質を保障するための要件について説明しており，「専門実習の構造」および「職場実習のマネジメントと監督」の2つの要件からなる．「専門実習の構造」要件には，次に示す基準が含まれる．

- 少なくとも24週または800時間（フルタイム，3年コース［学士］の場合），16週または400時間（フルタイム，1年コース［修士］の場合）の専門実習が必要である．
- 上記の時間の少なくとも50％において，13歳から19歳の若者と直接かかわりを持つ．
- 実習では，学生がマネジメントを含めたさまざまな能力を発揮する
- 少なくとも2つの異なる場での専門実習を行う．第2実習では，第1実習とは異なる仕事のモデルや組織文化，マネジメントスタイルについて学ぶ．
- 第2実習は少なくとも6週または222時間（学部），4週または148時間（大学院）行う．

また，「職場実習の運営と監督」の要件には，次に示す基準が含まれる．

- 実習の質を保障するために十分なマネジメントを行う．
- 雇用ベースの実習の場合，明確かつ詳細な書面における協定を作成する．
- 行政部門，ボランタリー組織，宗教を基盤とする組織などを含めたさまざまな場での実習機会を提供する．
- 実習期間を通じてチューターやプログラム・チームから指導を受け，また実習先でも監督やサポートを受ける．
- 実習監督者は次の所定の要件を満たす．すなわち，JNC の資格をもち，か

つ若者との活動経験を有すること，インフォーマル教育について理解していること，非断定的であること，理論と実践の結びつきについて学生が理解するのを手助けすること，振り返りを支え発展させること，監督者役割についての訓練を受けること，評価ツールの使用法についてガイダンスを受けることである．

● 実習は，目的が達成されなかったと見なされる場合は再び受けることが可能である．

　これらカリキュラム，実習に関わる4つの要件，および各々に設けられた基準からは，次のことが明らかである．まず，ユースワークを行う職場における実習に，相当の時間を割くこと，またその50％を必ず若者との直接かかわる経験に費やすことを義務付けている．また，複数の実習先で相当時間の実習を行うことを義務付けている．これらから，実習において，多様な場で若者と関わることが，ユースワーカー養成の重要な要素として位置づけられていて，このため養成コースは地域のユースワークの場となる機関との強い関係が要求されることがわかる．また，講義等における学習では，カリキュラムの一貫性をになう理論的基盤が求められるとともに，実習等について振り返りを行う教育時間を確保することが求められている．実習においては，職場での監督者にユースワーカー資格保有者等の条件を設け，省察（reflection）の時間を設けることで，実習の最中においても，教育活動を継続して行うことを求めている．

　しかし，これら要件で，教室での座学に関する要件，及び職場実習の要件の双方に共通してみられる「省察」（reflection）あるいは，「省察的実践」（reflective practice）とはどのようなものなのだろうか．

　省察的実践について理論的検討を行ったのが Schön（1983＝2007）である．同書は，ポランニーの暗黙知概念に依拠しながら，専門職による実践のなかでの，省察について検討した．D. ショーンは，専門職の重要な特徴のひとつを「混沌とした状況」における知の働きに見出した．たとえば何かが，専門的見地から「おかしい」と感じるとき，「おかしい」と判断した基準を言葉では説明できないものの，基準からずれているという直観をもつことがある．このような行為のなかにある暗黙の知が実践のなかではたらいている．

　省察は，とくに「予期せぬ結果」（Schön 1987＝2017：42）が生じたときに重要であるとした．行為の中にある暗黙の知が，立ち行かなくなるような場面に遭遇することがある．ショーンはこれを「驚き」（Schön 1987＝2017：42）と表現し

た．このような驚きに直面したとき，専門職は２つの選択肢をとりうる．慣れ親しんだやり方を押し通すか，省察を行うかである．省察は，その最中には言葉にされることはないが，あとから言葉になることもある．しかし，ショーンは言語による表現は，省察とは別個の，新たに構成されたものとして捉える．

　Schön（1987＝2017）は，専門職教育における省察的実践の役割について分析した．建築，精神療法，都市計画，そしてマネジメントという多様な専門職教育の場を対象としている．たとえば建築の専門職教育に関しては，建築学のスタジオでのフィールドワークを行い，建築学を学ぶ学生と指導者との相互行為のあり方を分析した．学生は，デザインすることがどのようなものであるのかがわからないまま，デザインを学び始める．指導者との相互行為のなかで，よいデザインとはどのようなものかを徐々に学び，自らの行うデザインについて，問題点がどこにあるのかを省察できるようになる．

　しかし，すべての学生が上記の過程をたどるわけではない．問題の所在，指導者から期待されているものが不明瞭である状況は，学生に大きな不安をもたらす．指導者に対して過度に防御的になるなど，両者のコミュニケーションが相互的な省察に至らない事例も，Schön（1987＝2017）のフィールドワークの過程では見出された．このような困難を乗り越えてはじめて，省察は可能となる．

　ショーンによる省察的実践は，学校教育の領域（佐藤 1997，秋田 1998，柳沢 2011，2013，石井 2013），看護教育の領域（前川・原田 2005，三輪 2008，前川 2017），社会教育領域（倉持 2009，中村 2011，三輪 2011），医学教育領域（山口 2007）など多くの領域において応用されてきた．本章の検討の対象であるユースワーカーの養成においても，省察的実践は専門職性の核のひとつとして捉えられていることがわかる．実施要件ではこれ以上詳細な内容については不明であるため，実際に JNC から認定を受けた高等教育機関を例に，次節にて検討する．

第5節　ユースワーカー養成コース
──マンチェスター・メトロポリタン大学の場合

　ここでは，学位（BA Hons）と JNC によるユースワーカーの専門資格を取得することのできる大学のひとつの例として，マンチェスター・メトロポリタン大学をあげる．同大学教育学部内にある「ユース・アンド・コミュニティ・ワーク」という学科[5)]がある．ユースワーカー養成においては60年近い歴史を有し

ている大学である．

３年間のスケジュール

　第１学年では学生は大学での講義を受けるほか，短期間のワーク・ベースト・ラーニング，そしてその混成形態での学習をする．第２学年・第３学年では，１月からワーク・ベースト・ラーニングおよび職場実習を行いながら，秋学期に集中する形式か全期に分散する形式で講義を受ける．さまざまな場でのワーク・ベースト・ラーニングが，コースの重要な部分を占める．職業実習の機会はさまざまな場で与えられる．たとえば伝統的なユース・アンド・コミュニティセンターや学校や大学での活動，街頭でマージナルな若者と関わる活動，芸術を基盤とする活動（ユースシアター，ダンス，音楽など），難民や難民申請者と協働する機関での活動等である．これらは将来的な雇用に結びつく可能性がある．また，すでに関係する仕事についている人の場合，平日週１日（３セッション）と一部の日曜日の出席により，３年で学士（BA）を取得する道筋がある．評価は実施期間に数回，大学のチューター，および職場の監督者の共同で行われる．

　第１学年のカリキュラムのうち，講義は次の５つのコア・ユニット（各々が30単位に相当）を学ぶ．(1)インフォーマル教育とコミュニティの発展　(2)参加学習と行動　(3)人権・民主主義・コミュニティ　(4)学習へのアプローチである．(1)「学習へのアプローチ」ユニットでは図書館や情報機器の利用方法など，研究の基礎的な技能を学ぶ．(2)「インフォーマル教育とコミュニティの発展」ユニットでは，ユースワークとコミュニティ教育における専門職実践の基礎を紹介する．これらの実践に関する鍵概念を紹介し，インフォーマル学習とコミュニティ活動への参加の時期として，「ユース」（若者期）の重要性をさぐる．(3)「人権・民主主義とコミュニティ」ユニットでは普遍的な人権とデモクラシーについて議論する．民主社会におけるコミュニティの政治力学，そしてそのなかでのユースワーカーとコミュニティワーカーの役割を検討する．(4)「参加学習と行動」ユニットでは，学生が，倫理的なジレンマを含め，活動を振り返る実践を継続して行うことができるようにする．「学習と実践のポートフォリオ」の製作も統合的に行われる．

　第２学年では，１年次よりも焦点化した専門領域について学ぶ．「皆が異なり平等／独立学習」(All Equal All Different / Independent Study) では，実践者がコミュニティを基盤とするインフォーマル教育を通じて差異を認め，尊重し，

不平等に取り組む役割と，その際に直面する問題群について検討する．「若者およびコミュニティと行うインフォーマル教育」(Informal Education with Young People and Communities) では，さまざまな状況で包摂的なインフォーマル教育を行うことの複雑さと過程を探索する．「省察的実践とコミュニティに基盤をおく共同探究」(Reflective Practice and Community Based Collaborative Enquiry) では，学生のユースワークおよびコミュニティワークの状況における監督つき実践の準備及び支援を行う．

　第3学年は以下のコア・ユニットを履修する．「ユースおよびコミュニティワークの批判的・反省的実践」「批判的実践者／ユースおよびコミュニティワークにおける独立的な研究」「研究と卒業論文」である．これらのコア・ユニットのほかに，「紛争解決」「理論と実践」「ジェンダーと参加」等を選択することができる．また，他のコース（ソーシャルワーク）のユニットからも選択することができる．

　ユースワーカーを養成する3年間のカリキュラムについて見てきたが，この内容からは，「省察」についてより具体的に把握することができる．省察は，本章第4節の「専門認定とカリキュラムの実施要件」で，共通して見られたものである．1年次「参加学習と行動」ユニットで，実践を振り返る基本的姿勢について学ぶ．2年次「省察的実践とコミュニティにもとづく共同探究」においては，職場実習の経験を積みながらほぼ同時進行的に教員や学生仲間とともに議論し，振り返る機会を継続して持つ．また3年次からは「批判的実践者／ユースおよびコミュニティワークにおける独立的な研究」として「省察」だけでなく「批判的」側面も加わる．

　カリキュラムを通じて，コミュニティの規範的な面だけでなく社会的不平等などの課題を学ぶこと，そしてそれが実際にユースワークにおいて現れる場面に関して，座学および実習等での経験の省察により学生が取り組むことが目的とされる．定まった解決策を学ぶことではなく，日々生じることから課題をみつけ，それについて教員や職場実習先の監督者，あるいは学生仲間どうしで絶えず議論するという態度が，カリキュラムの要素として含まれている．

第6節　ユースワーカー養成課程に在籍する学生の特徴

　ユースワーカー養成課程の専門認定の要件，および大学におけるカリキュラ

ムについて検討した．本節ではユースワーカーの養成課程を履修する学生の特徴と，学生がカリキュラムに参加する上での課題を検討する．NYA は，認定を受けた各大学に対して，学生の実態に関する調査を行っている．同調査では，ユースワーク養成を行う各機関からの回答を集計しており，イギリスにおいてユースワーカー養成課程（学部・大学院）で学んでいる学生の全体像をみることができる．本節では，公開された資料のうち最も近年のものである National Youth Agency（2014a）を資料とする．

　学生の特徴として，女性・黒人・エスニックマイノリティの学生の比率が高いことと，学生の年齢層が多様であることが挙げられた．ユースワーカー養成課程に在籍する学生の構成を性別からみると男性33％，女性67％であり，またエスニシティからみると白人学生が64％，黒人およびエスニックマイノリティの学生が33％（その他および無回答が計３％）であった．何らかの障害を持つ学生は17％である．年齢からみると21歳以下の学生は約40％であった．

　これに対してイギリスの大学（学部・大学院）の学生全体における構成をみる[6]と，男女比は男性56％，女性44％であった．またエスニシティをみると，白人学生が77％，黒人及びエスニックマイノリティの学生が21％（不明２％），何らかの障害を持つ学生は11％であった．年齢構成をみると，20歳以下の学生は46％である（Higher Education Statistics Agency 2015a, 2015b）．以上から，ユースワークの養成課程には，イギリスの大学の学生全体と比べて女性の比率が高いこと，年齢層が高いこと，多様なバックグラウンドを持つ学生が多いことがわかる．

　National Youth Agency（2014a）は，学生の特徴のうち，年齢層において近年顕著な変化がみられると指摘した．近年，特に若い学生の比率が増加した．実際に，2004年度には21歳以下の学生は約20％であったが，2012年度には約40％であり，学生全体に占める比率が倍増した．

　この若い学生の増加が，課題をもたらした．それは，特に１年生から２年生にかけて学生を維持することの困難であった．１年生を終えなかった人は23％であり，このうち16％は，別のコースへと変更した．学生が１年生を終えない理由として，大学から NYA へのフィードバックでは次の２つが挙げられた．ひとつ目は，高等学校卒業後すぐ18歳で入学する場合に，１年生の実習で自分と同じ年齢集団の若者と協働するのが難しいということであった．そして２つ目は，若い学生は入学以前の経験が乏しく，ユースワークが自分に向いていな

いと思うことであった．若い学生においては学業における資格要件は満たすが必ずしも実際のユースワークの活動経験を持たないことが問題とされた．彼らが「夜に働きたくない，自分と同じくらいの年齢集団と協働することができない，若者の行動が挑戦的すぎる」（National Youth Agency 2014a：24）といった理由でコースから離れていた．

　これら問題の背景には，「学生がコースを志願時に限られた経験しかもっておらず，ユースワークに間違った期待を持って入学する」（National Youth Agency 2014a：24）ことがあると指摘した．このため，学生が養成課程に入学する以前に，ボランティアなどを含めなんらかのかたちでユースワークにかかわることを推奨した．具体的には，200時間程度の経験を入学以前に義務付けることを提案した（National Youth Agency 2014）.

　このような学生の特徴から，ユースワーカーの養成課程においは，多様なバックグラウンドを持つ学生が学んでいること，ただしそのなかで特に高等学校卒業後すぐに入学した学生に関しては，経験の乏しさや実習を通じて年齢の近い若者とともに活動することに困難を感じ，途中でコースから離脱するケースが比較的多いことが指摘された．本章第5節でみたようにユースワーカーの養成課程では実習に多くの時間を配分するが，さらにそれに先立つ形で入学以前にユースワークの経験を積んでいることが期待され，このため18歳から21歳ごろまでの若い学生はカリキュラムへの適応に困難を抱えやすいことが課題であった．

第7節　短期の訓練コースについて

　本章第4節から第6節においては，高等教育機関によるユースワーカーの養成に関して検討した．学生は，コースを修めることにより資格を取得し，専門職のユースワーカーとしてユースワークにかかわるさまざまな組織で活動を行うことが可能となる．しかし，これらユースワーカーに携わる高等教育機関，ユースワークを行う組織は，現職のユースワーカーを対象とする短期訓練コースも実施している．これは，学術資格とは結びつかないが，各地において実施されている．National Youth Agency（2006）では，これら短期の訓練課程について一覧表を掲載した．短期の訓練コースは，大学等の養成課程よりもより個別的な問題に焦点化される．具体的には「アルコール・薬物」「紛争」「障

害」「健康とメンタルヘルス」「若者に影響を与える諸問題」「LGBT」「社会的養護にある若者」「マネジメントとコミュニケーション」「参加」「人種と差別」「性教育と性的健康」「司法」「ユースワークの実践とスキル」等に分類される.

　これら短期の訓練コースは上で検討した養成コースに比べて日程や実施場所といった点でかなり柔軟性がある．日程に関しては，特定の日時に1回限り実施されるものもあるが，多くは複数日程を組むか，あるいは希望者の都合に応じて日程を決める．また実施形態についても，複数組織から参加者が集まって行う場合もあるが，1つのユースワーク組織だけが研修として利用することも可能である．運営主体は，ユースワーカー養成を行う高等教育機関が実施する場合と，薬物問題などを専門に扱うボランタリー組織が実施する場合があるが，前者の場合もその教育機関の卒業生以外でも参加することができる．期間は数カ月から1日のものまでさまざまであるが，養成課程に比べて時間面・経済面での負担は少ない (National Youth Agency, 2006).

　National Youth Agency (2006) では各短期課程の利用者についての記述はないが，短期課程の提供団体へのインタビューから，どのような短期課程が人気であるのかを部分的に明らかにした．短期の訓練コースを提供するあるボランタリー組織のリーダーは，

　　「少女・若い女性に関するコースは非常に人気がある．いじめへの対応も
　　多くの関心が寄せられている．若い男性と怒り，若い女性と自尊心につい
　　てのコースは次第に人気が高まっている．これらのコースは2日間にわた
　　るものであり，人気がある理由は，それがツールや技術の共有に関するも
　　のであるからであり，それが仕事に有用であると考えられたからである」
　　(National Youth Agency 2006：8)

と述べた．短期のコースでは非常に焦点化されたトピックについて扱われ，それが現職のユースワーカーから評価された.

　ユースワーカーの養成課程におけるカリキュラムの要件，そしてそれに則った教育内容では，コミュニティ成員のあいだにある互いの差異や不平等を理解することが求められた．そしてそれらの問題に取り組むための重要な力として省察が要求された．一方で，現職のユースワーカーを対象に行われる短期の訓練コースでは，より個別的な若者を取り巻く問題，具体的には薬物や性，エスニックマイノリティや障害を持つ若者との協働を学ぶ機会が提供される．短期

の訓練コースについては，厳しい認定要件はなく，異なる機関・ユースワーカーの実践について知ることのできる機会として活用される．これもまた，省察的実践を重視することのあらわれであると考えられる．

第8節　考　察

「インフォーマル教育者として働く人が，適切に訓練され，準備のととのった人であることを保障する必要がある」(National Youth Agency 2015：5) という考え方は，イギリスのユースワーカー養成を支えるものである．しかし，ここでいう「訓練」をフォーマルな知の伝達に限定してしまうと，矛盾が生じる．ここに，インフォーマル教育の担い手の養成に特有な困難があると考えられる．

専門職養成コースの認定要件，そして実際の養成コースにおける教育内容は共通して，座学と職場実習の両方を重視し，そして両者を架橋する重要なカリキュラム要素として省察を位置づけていた．3年間を通じて，省察的実践をこころみることがインフォーマル教育の担い手養成に特有の困難を解きほぐす手がかりとなっていた．講義・実習・チュートリアルなど複数の集団のなかで経験することで，「成人期への移行」の途上にある若者とかかわるのに必要な力を身につけようとしていた．

注
1）チュートリアルは「チューター (tutor) と学生 (pupil) が1対1〜4の割合で行われる個人指導のことで，学生が書いてきたエッセイに対し，チューターが批評を行い，その後チューターと学生の間で議論が行われる」(竹腰 2008：371) ものである．竹腰 (2008) によると，チュートリアルの起源は13世紀のオックスブリッジであり，学生とチューターがカレッジの共同生活において学問研究と教育を行っていた．その後20世紀に他大学へと伝播していった．

2）ユースワークに携わる職員は，「プロフェッショナル・ユースワーカー」と「ユースサポートワーカー」に区別される (National Youth Agency 2014b)．本章で扱った「ユースワーカーの専門職資格」およびその養成課程は，前者の「プロフェッショナル・ユースワーカー」についてのものである．ユースサポートワーカーは主に実際の職業経験（雇用・ボランティアの両方含む）にもとづき得られる職業資格であり，レベル2と3がある．「雇用されているか，ボランティアとしてユースワークを行ってきたもので，補助的あるいはサポートの役割にある者」(PROSPECTS 2015) を対象とする．

「プロフェッショナル・ユースワーカー」となるためには，高等教育機関の特定のコースを修了し学位を取得することが必要である．すべての高等教育機関コース（プロフェッショナル・ユースワーカーの養成コース）において，大学入学に必要な教育資格（GCSE など）がない場合でも，ユースワークに関する職業経験がある場合には歓迎される（National Youth Agency 2015）．実際に，高等教育機関におけるユースワーカー専門職養成コースに入学する人のほとんどが，ボランティアなどの経験を持ち，ユースワークに関する職業資格を持つ（PROSPECTS 2015）．

3 ）地方当局について，内閣府の報告書では「地方当局（localauthority）は，イングランドにおける州カウンシル（County Council）やディストリクト・カウンシル（District Council）などを指す．全国には388のカウンシルがあり，一層制（Single-tier）当局と二層制（Two-tier）当局とに大別される．二層制とは州（county）とディストリクト（district）という，日本で言えば『都道府県』と『市区町村』に当たる2階層で，それぞれの階層に応じて機能を分担している自治体のことを指す．全国では，34の州の下に238のディストリクトが置かれており，そのうち青少年施策に関連する教育や社会福祉の業務は，州カウンシルの管轄である」（内閣府，2009）と説明した．

4 ）イングランド，ウェールズ，北アイルランドの高等教育資格枠組みにおいては，高等教育資格は5つのレベルに分類される．昇順に「サーティフィケート（Cirtificate）」，「中級（Intermediate）」，「優等（Honours）」，「修士（Masters）」，「博士（Doctoral）」である（吉田 2001）．現在の専門職ユースワーカーの高等教育資格の最低要件である優等学士学位（Ba Hons）は「優等（Honours）」レベルに含まれる．以前の専門職ユースワーカーの高等教育資格の最低要件であった基礎学位（Foundation Degree）や高等教育ディプロマ（Dip HE）は，「中級（Intermediate）」レベルに含まれる．ただし，2010年9月に高等教育資格の最低要件が変更される以前に取得された学位についてはそのレベルにかかわらず専門職資格として維持される（National Youth Agency 2014b）．

5 ）2018年現在，「コミュニティ教育」に改称されている．調査時点のカリキュラムと比べて新しく付加された点に，社会的企業（Social enterprise）に関わる内容の増加がある．背景にはユースワーカーの働く場の変化（緊縮財政により，地方当局などにおけるポストが減少傾向にある）があるが，紙幅の関係もありこれらの点の詳細については今後の課題として検討したい．

6 ）ユースワーカー養成を行う高等教育機関に関する調査（National Youth Agency 2014）がフルタイムの学生とパートタイムの学生の両方を含むデータであるため，イギリスの高等教育機関の学生のデータである Higher Education Statistics Agency（2015a，2015b）に関してもフルタイムの学生とパートタイムの学生のデータを合計して用いた．

第3章
専門職化のジレンマ
──「参加していない若者」とのかかわりをめぐって──

第1節　本章の課題

　第2章では，ユースワーカーの専門職性がどのようなしくみで担保されているのかを検討してきた．専門職養成課程の拡充を提言したアルバーマル報告書では「基礎知識」・「個人的技能」・「実習」がカリキュラムの柱とされたこと，しかしその後の展開のなかでそれぞれの柱の関連性，および各大学であまりにも多様であったことが課題として浮上した．そして各大学の養成課程の現在のカリキュラムは社会学・教育学・心理学などの基礎知識に加えて，省察性（reflectivity）の獲得を目標に設計されていた．「省察性の獲得」は，ユースワーカーの専門性の核としてカリキュラムの認定評価基準に位置づけられていた．

　第2章ではおもに，ユースワーカーの専門職性を担保するための高等教育機関の役割をみてきた．フルタイムのユースワーカーの必要性を裏付ける根拠として，革新者（innovator）であり，呈示者（demonstrator）であり，研究者（researcher）であるべきというユースワーカーの理想像が示されたことを明らかにした．そのようなユースワーカーを養成する重要な方策が，第2章で検討した高等教育機関における養成であった．そして，もうひとつの重要な方策が，本章で検討する，「実験的事業」である．実験的事業とは，これまでユースワークが取り組んでこなかった課題に取り組むプロジェクトに対して助成するしくみである．

　実験的事業は非常に多様な課題，領域について行われた．そしてアルバーマル報告書，「10カ年計画」に伴う施策には10年という年限があったものの，この時期の「実験的事業」に端を発して恒常的な青少年施策，「成人期への移行」支援として地方当局の予算に位置づけられたものも多い．なかでも「ディタチト・ワーク」はこの時期に誕生し，現在まで続く活動である．現在のユースワ

ークは非常に多様な場所で行われているが，この契機となったのがディタチト・ワークであった．これは活動拠点をもたず，街角にユースワーカーが出かけて若者とかかわる方法である（田中 2015）．成立の背景には，1960年代後半から伝統的な形式のユースワークに「参加していない若者」(the unattached youth) の存在が問題化したことがあった（Whelan 2015）．そしてこのディタチト・ワークは「若者がいる場所から始める」(Davies 2011 : 2) というユースワークの重要な特徴を形成した．2002年度・2003年度に行われた調査の結果では，564のディタチト・ワークのプロジェクトが行われ，それらがかかわった若者は 6 万5325人に上る（Joseph Rowntree Trust 2004）．

　「実験的事業」とその助成は，ユースワークの多様化と充実に寄与したと先行研究では評価されている．しかし，この「実験的事業」は，ユースワーカーの専門職化にどのような影響を与えたのだろうか．「実験的事業」や，それを契機に普及した活動が，フルタイムのユースワーカーの意義づけに寄与したのかは明らかではない．本章ではまず実験的事業の概要を確認し，そして一地域を事例に，1960年〜70年代に地域のユースワークの構造がどのように変化し，実験的事業はどこに位置づけられたのかを検討する．さらに実験的事業の担い手はどのような人々であり，またどのような役割を担い，どのような評価を受けたのかについて明らかにする．

第 2 節　「参加していない若者」向けの事業の成立

　ユースワークにおける有志組織と地方教育当局の関係を初めに規定したのは，イングランドおよびウェールズの全地方教育当局に対して1939年に発表された1486号通達 *In the Service of Youth* (Board of Education 1939) である．同通達により，学生だけでなく，フルタイムの教育を離れた14歳から20歳の若者も含めて，教育庁が若者の福祉に直接の責任を負うことが示された．14歳から20歳の若者（youth）という対象が明確にされ，またユースワークが若者の福祉として位置づけられたのがこの通達の特徴であった（柴野 1974）．

　この有志組織と地方教育当局の協力関係に制度的・財政的基盤を与えたのが，1960年から10年間に実施された「10カ年計画」であった．同計画は，前述のアルバーマル報告書の勧告により実現したものである．アルバーマル報告書では，政府・地方教育当局および有志組織の1486号通達の下での連携の概要とその問

題点・改革案を報告した.

　まず地方教育当局について, 地方教育当局は「ユースサービスに対する主要な地方の責任を負っている」(Ministry of Education 1960＝1972：52) ものであり「執行権は, 教育法によって, 明らかに地方教育当局に与えられている」(Ministry of Education 1960＝1972：46) として, 戦後形骸化しつつあった実施責任を, 改めて履行するよう求めた. 履行すべき内容は, ① 直接地方教育当局が行うべきものと, ② 有志組織への助成を通じて間接的に行うものに区分された.

　ユースサービスに関する責任のうち, ①直接地方教育当局が行うべきものは, 地域の若者にかかわる諸組織・諸機関の活動計画・活動内容の調整であった. 各地方教育当局には, 具体的な内容は,

> 「若い人びとを対象にした種々の教育的または社会的事業で働いている人びと, つまり, 教員, 青少年指導者, 保護観察官, 社会事業家, 青少年雇用担当官……といった人々の間に, 必要な密接な関係を確実につくりあげる」(Ministry of Education 1960＝1972：52)

ことが求められた.

　ここで「必要な密接な関係」とは具体的には, 教育委員会内にユースサービスの小委員会を設けること, 地方教育当局に事務局をおく有志組織を代表した諮問機関を設けることであった. また地方教育当局の作成する継続教育計画において「新しい町・困難な (tough) 地域の特殊なニード, ならびに, 放置されている人びと (the unattached) との間につながりをもつ方法などに, 特に注意を払うこと」(Ministry of Education 1960＝1972：47) を求めた.

　ユースサービスに関する責任のうち, ② 地方当局から有志組織への助成を通じて間接的に行うものは, 有志組織が設けたユースワーカー訓練課程の学生への補助・有志組織の雇用するフルタイムの指導者の給与補助・管理運営費の補助であった. アルバーマル報告書においては, 地方教育当局の「自治に介入する意図は全くない」(Ministry of Education 1960＝1972：98) としながらも, 有志組織への助成額について「下ってはならないような水準」(Ministry of Education 1960＝1972：98) として, 費目により総額の50％から100％の助成を求めた.

　政府には, ユースサービスに関する根拠法令の運用の見直し, 地方教育当局の継続教育建築計画の認可額の引き上げを求めた. 政府からユースサービスへの支出の根拠法令である「社会的身体的訓練に関する法律」(1939年制定) は,

有志組織の本部への助成を規定しているが，その計算方式について上限金額を定める方式から上限比率を定める方式へ変更すること，教会を基盤とする有志組織における宗派間での国教会系組織に偏った交付格差を是正することを求めた．また，もうひとつの根拠法令である「身体的訓練とレクリエーションに関する法律」（1937年制定）も含めて，実験的・先駆的活動に適用することを勧告した（Ministry of Education 1960＝1972）．

　アルバーマル報告書の勧告は，地方教育当局に対しては有志組織の各地方の支部への助成・および地域における活動の内容の調整を求めた．政府に対しては有志組織の本部への助成・建築計画承認などのインフラ整備を求めた．他方，実験的事業については，地方教育当局と政府の両方に予算を組むように求めた[1]．

　しかし，その対象である「参加していない若者」（the unattached youth）については，具体的な社会状況に即した記述はみられない．報告書における問題意識はあくまでも「ユースワーク」に参加していない若者を，どうやって参加させるかということであった．また，「参加していない若者」の具体像が欠けていただけでなく，具体的な活動の内容や方法についての提案も「放置されている人びとへのアプローチは，クラブの構成員自身によってなされることが最善である」（Ministry of Education 1960＝1972：51）という提案にとどまった．

　実験的事業の実際の展開は都市部を中心に事業が行われ，その多くが「ハコ」（活動拠点）をもたず，若者のいるところに職員が出向いて活動を行う「ディタチト（detached）・ワーク」という形式をとった．この方法が採用された過程は明らかではないが，ある都市の報告書では，対象すなわち「参加していない若者」，方法（ディタチト・ワーク），および性格（実験的）のそれぞれが，国内およびアメリカ合衆国の先行する若者に関する諸活動の影響を受けたことを指摘している（Smith et al., 1972）．

第3節　若者とかかわる公共機関・有志組織の分布構造と変化

　アルバーマル報告書の勧告は採択され，1960年から1970年にかけてユースサービスの分野で10カ年計画が行われた．この計画の初盤と終盤に，イングランド・ウェールズにおけるユースサービスの概況についての2冊の調査報告書が刊行された．

　Youth Organisation of Great Britain（Cooke, 1962 以下資料1と表記）は10カ

年計画の実施のために，全国におけるユースワークを行う有志組織に関して，活動内容に関する調査を行い，各機関からの回答を報告書として刊行したものである．*Year Book of the Youth Service in England and Wales 1970/1971*（Youth Service Information Centre, 1971 以下資料2と表記）は調査の領域をさらに広げ，ユースワークを行う有志組織，およびすべての地方教育当局，その他若者に関する諸組織に調査票を発送し，各機関の回答を報告書にまとめて刊行したものである．

　各有志組織からの回答（資料1・資料2）には有志組織の拠点についての情報が掲載されており，そこから各地域においてどれだけの有志組織が活動していたのかを推計した．また，地方教育当局からの回答（資料2のみ）には，基本的な方針・ユースワークに対する助成状況，地域の課題，プロジェクトの実施状況が含まれる．この2つの資料の記述を照合することで，各都市における10カ年計画の前後でのユースワーク関連諸組織の活動の状況，および実験的なプロジェクトについて知ることができる．本章ではリバプールを例に[2]，ユースワークを行う諸組織・地方教育当局・関連組織の結びつきの10年間における変遷を概観し，そのなかで「参加していない若者」のためのプロジェクトがどこに位置づけられ，どのように展開したのかを明らかにする．

（1）　1960年の状況

　図2は1960年当時のリバプールにおけるユースワークにかかわる地方教育当局・有志組織およびそのほかの若者にかかわる組織の分布を示したものである．図2のうち，二重線の内側が有志組織の活動，実線の内側が地方当局の活動，点線の内側がユースワークではないが，同様に成人期への移行にかかわる活動を行っていた公的機関である[3]．多様な若者を対象とする有志組織がリバプールにおいて活動していた．またユースワーク以外の若者に関する問題を扱う機関として，主に職業相談・職業斡旋を担う機関である Youth Employment Service と社会給付等を担う Social Service，少年司法関連の組織が活動していた．対して，地方当局に若者担当官（Youth Officer）が配置されていたことが記されているものの，その他の活動に関しては記述がみられない．

（2）　1968年の活動状況

　次に，資料2における有志組織からの回答・リバプールの地方教育当局から

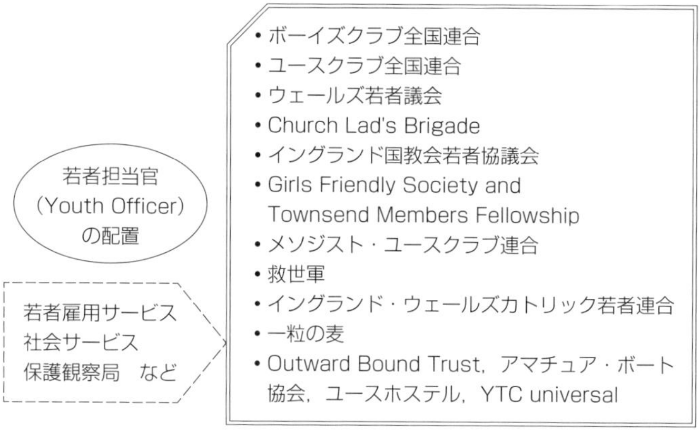

図2　リバプールにおけるユースワークの状況（1960年）

出所：Cooke（1962）の記述をもとに作成.

の回答をもとに，ユースサービスの10カ年計画の終盤である1968年時点での地域における活動の状況について検討する．リバプール地方教育当局は，ユースサービスに関する基本的な方針は，有志組織の活動の補完，パートナーシップであるとした．すなわち，

> 「リバプールにおいてさまざまなボランタリー組織により提供されるユース・コミュニティ施設を補完すること．行政が活動の一部を担い，またリバプールのユース・アンド・コミュニティサービスにかかわる諸ボランタリー組織と財政援助を伴うパートナーシップを結ぶ」（Youth Service Information Centre 1971：505）

ことが地方教育当局の役割であった．従来から同地域において展開されてきた有志組織の活動を補完するかたちで新たな活動を展開した．

　1960年から1968年までにおける大きな変化は，ユースワーカーの人員の拡充・施設の拡大・実験的事業の開始である．ユースワーカーに関しては，地方当局の直接雇用と，ボランタリー当局への人件費の助成により合計36名が雇用された．またユースワーカーとは別に事務系の担当職員も5名（管理・補佐および北部・南部・中央部の各エリアに担当職員1名ずつ）が配置された．また，施設に関しては，地方当局により新設されたもの8カ所とボランタリー組織所有のものが少なくとも16カ所と推計される（図3）．図3の二重線の内側は有志組織に

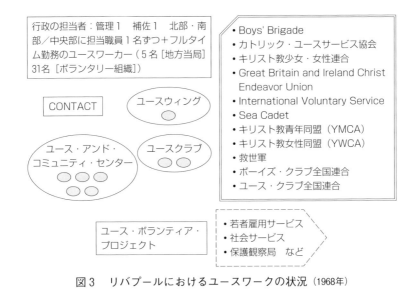

図3　リバプールにおけるユースワークの状況（1968年）

出所：Youth Service Information Centre［1971］の記述をもとに作成.

よる活動，実線（四角形）の内側は地方当局の活動，実線（丸）の内側は地方当局と有志組織のいずれかによる活動（内側の丸はうち地方当局によるものの数をあらわす），点線はユースワークではないが，同様に成人期への移行の過程とかかわる公的機関である.

　図3にある各有志組織・地方当局の教育・雇用・社会サービス等の各部門は，相互に連携を形成しつつあった．ユースワークを行う有志組織の集合体としてリバプール若者組織委員会があった．またユースワークに限らずリバプールにおいて活動する有志組織の集合体として，リバプール近隣組織委員会があった．これに，教育委員会，社会サービス協議会を加え，リバプール域内における若者の問題を定期的に協議する場として，コミュニティ発展合同委員会が1966年に発足した（Youth Service Information Centre 1971：506）.

　有志組織はもともと，各有志組織のなかでの全国単位での委員会，および各有志組織の代表の集合体としての委員会（全国有志若者組織代表会議・地方代表会議，1936年創立）を有していた．リバプールでは，これらに加えて，上に見たような地域内における有志組織同士，あるいは地方教育当局および他の若者にかかわる機関との連絡の場が形成されていった.

　また，ユースワークにおいて若者とともに活動を担う職員（ユースワーカー）

の養成において近隣地域との連携がみられた．有志ユースワーカーに関しては，リバプールおよび隣接都市（Birkenhead, Bootle, Wallasey）の教育当局がマージーサイド・ユースサービス訓練センターを共同で設立した．また，フルタイムのユースワーカーに関しては，リバプール大学成人教育部（構外教育部）とボランタリー組織との協力により 2 年制の養成課程が設けられた（Youth Service Information Centre 1971：507, 627-630）．

　これらの活動に対する地方教育当局からの予算の使途は「建物」（ユースセンターなどの建設）と「人」（職員の雇用や育成）に大別される．「建物」については，新規の建築に加えて，有志組織の所有する建物の家賃・光熱費，および急を要する修繕の費用について50％を助成した．ユースワークの活動に携わる専門職員（ユースワーカー）は，1968年時点で39人であり，このうち地方教育当局が直接雇用しているのが 7 人，有志組織に対して人件費を助成しているのが32人（フルタイムのみ，パートタイム別）であった．有志組織を通じた間接雇用の場合は，人件費の75％と保険料を地方教育当局が負担した．またユースワークについて学ぶ学生の奨学金も，地方教育当局の予算から拠出された（Youth Service Information Centre 1971：507-510）．

第 4 節　「参加していない若者」(the unattached youth) との関わり

　上記のようなユースワーク・ユースサービス全体の活動基盤が整備されるとともに，地域の若者の問題に関する実験的プロジェクトが行われた．資料 2 には当時のリバプールの若者にかかわる問題として，① 都市内に存在するさまざまな人種共同体の併存，② 再開発地区における混乱，人口の流動，③ 特別な社会的・教育的ニーズを有する地域があげられた．そしてそれらの問題に対応するため，ボランタリー組織への助成等の事業とは別に，新たなプロジェクトが立ち上げられた．これは「CONTACT」プロジェクトと呼ばれるものであり，従来の活動に「参加していない若者」(the unattached youth) ためのプロジェクトであった．各地域を訪れ相談等を行う巡回ユースワーカーがこのプロジェクトを担当した．

　ここまでの部分でリバプールにおける若者支援の10カ年計画期における展開を概観してきた．1960年（10カ年計画の序盤）においてすでに多くの有志組織がリバプールに拠点をおき，活動を行っているが，キリスト教各宗派の信仰を基

盤としたものが多数を占める．1968年（10カ年計画の終盤）では，ユースワークに
関連する諸施設が拡充されただけでなく，若者問題に関する，ユースワーク・
教育・社会サービスなどの領域横断的な委員会が新たに形成された．同時に，
「参加していない若者」(the unattached youth) のためのプロジェクト（「CON-
TACT」）もみられた．

　本節では，この「CONTACT」プロジェクトが他の組織とどのような関係に
あり，また「参加していない若者」とどのようにかかわっていたのか，そして
アルバーマル報告書においては漠然とした像が示されるにとどまっていた「参
加していない若者」と，どのような活動を通じてかかわるようになったのか，
またその担い手はどのような人であったのかについて検討する．

　リバプールにおける「CONTACT」プロジェクトは，教育科学省のユースサ
ービス開発協議会，およびリバプール教育委員会から2000ポンドずつ，計4000
ポンドの財政援助のもとに行われた．リバプール若者組織委員会（本章第3節）
が活動の監督を行った．当時の教育科学省が示した，実験的プロジェクトに対
して予算を拠出するかの判断基準は，「プロジェクトを記録する能力があるか
ということと，適切な分量の最終報告書を出すことができるかということ」
(Youth Service Information Centre 1971：16) であった．提出された報告書は多く
の場合出版され，また他の地方教育当局は無償でそれらの報告書を借り受ける
ことができた (Youth Service Information Centre 1971)．

　この条件にもとづき，CONTACT プロジェクトもその終了時に，*Contact:
A Report on a Project with Unattached Young People in an Area of
High Social Need in Liverpool* (Denis 1971) という報告書（以降 CONTACT 報告
書と表記）を刊行した．本章の以下の内容は，この CONTACT 報告書の内容に
もとづくものである．

　CONTACT プロジェクトは，1966年10月から3年間実施され，計122名の若
者とかかわった．その内訳は男子が64人，女子58人，平均年齢は男子17.7歳，
女子16.2歳であった．活動の地は「完全な労働者階級の地域」(Denis 1971：6)
であり，アイルランドからの旧移民，アイルランド以外の国・地域からの移民
が多く暮らしていた．プロジェクトがかかわった若者の多くは，大規模賃貸住
宅に暮らすアイルランド移民の第3世代・第4世代であった．男性は港湾労働
者，工夫，大企業の非熟練労働者，運転手，荷役夫の仕事をしていることが多
かった．また女性は小規模な工場勤務，または店員が多かった．

　CONTACT プロジェクトに雇用されたワーカーは男性 1 人，女性 1 人であり，いずれも20代前半で，若者とかかわった経験があった．2 人とも地元出身ではなく，最初の数カ月は地域をよく知ることに費やされた．具体的には，①関係者（ユースリーダー，教員，司教，ソーシャルワーカーなど）に会うことと，②若者が余暇時間によく行く場所（喫茶店や酒場，街の通り，その他諸々の自然発生的に会う場所）を訪れることであった．

　CONTACT プロジェクトにおける活動の基本方針は若者の暮らしている場所で若者に会うことと自分が何者であるか，および活動の性質について隠さないことであった．当初は若者から疑いの目を向けられることが多く，また嫌がらせに遭うことも多かった．

　報告書にはこのような困難をいかに乗り越えたかが記されている．女性のワーカーは，訪れる店の店主の紹介をうけてある少女のグループと知り合った．そしてそのグループの成員の少女たちに彼女たちの知り合いを紹介してもらうことを通じて，次第に多くの若者とかかわることができるようになった．いったん知り合いになってからは，若者たちは活動をよく理解し，友好的であったことが記されている．若者はワーカーに会いたいとき，行きつけの酒場や喫茶店の店主に伝言を預けた．この伝言を受けて，店や，あるいは若者の家，プロジェクトの拠点，時にワーカー自身の家などで話をした．

　CONTACT プロジェクトの報告書においては，若者の生活世界，すなわち学校・仕事，あるいは余暇時間の各々におけるインフォーマルな人間関係（家族・友人）影響力の強さについて指摘された．

　まず仕事に関しては，少女の場合，「学校を出るときに最も大切なことは友人と一緒に仕事を得ること」（Denis 1971：49）であり，「少女たちの一部はリバプールの中心街で事務の仕事を得るが，結局友人と一緒にいられる地域の工場の仕事に戻ってくる」（Denis 1971：49）と指摘された．小さな工場への就職の多くは親族の口利きによるものである．これらの若者のうち30％という，「無視できない少数派」（Denis 1971：49）は，年に 2・3 度の頻繁な転職を繰り返していた．友人とのつきあいは，口論になった次の日に欠勤するなど勤務態度にも影響していた．職場での学校時代からの友人関係がこのように重視される一方，経済的報酬にはそれほどこだわらない．他方，少年の場合には経済的報酬が最も重視されるが，夏は仕事を辞めて失業給付と日雇い仕事などをして過ごす．フォーマルな職業あっせんを面倒がり，知人の口利きを通じて肉体労働

につくことが多かった．

　学校に関しては，教師との軋轢やその背景について言及された．学校でふざけることで注意されたり，たとえば家でする場所がないのに，それを顧みない量の宿題が出ることに不満を抱いたりするなど教師との折り合いは悪かった．義務教育以降の進学は「異なる階級のもの」（Denis 1971：48）と見なされており，ほとんどなかった．男性の場合，徒弟訓練を受ける者は少数ながらいるが，徒弟訓練を受けないで非熟練労働をしている友人と同水準の金を持てないため，「友人をとるか，訓練をとるかのジレンマ」（Denis 1971：48）に直面した．彼らの中で同輩集団への忠誠圧力がとても強いため，ためらいなく徒弟訓練をやめて稼ぎの良い非熟練の仕事に就く傾向があると指摘された．

　余暇時間に関してユースワーク，およびそれ以外の場所の両方が検討された．多くの若者は，在学中に散発的にユースワークに関連する場所（クラブなど）を訪れたことがあり，ユースワーカーについてもたとえば何年そこの担当をしているかなどの情報を知っていた．しかし，ユースワーカーは「いつ何をするか命令する権威的な人物」（Denis 1971：46）と見なされており，悩みを打ち明けられる人，助けを求めることのできる人とは見なされていなかった．

　これに対して酒場（pub）は彼らの社交の中心であった．特に若者男性にとって一般的なパターンは，平日の夜は毎日酒場に集まり，ひと晩を過ごし，週末に異性に会うというものであった．それぞれが特定の酒場に忠誠心を持ち，酒代だけでなく，少額のくじの購入などを通じて酒場の持つサッカーやダーツなどのチームにも援助していた．店主や，店主の妻との関係が強いことも特徴であり，彼・彼女は酒を供する人にとどまらず，友人と見なされ，秘密を打ち明けることができると考えられた．また客の若者の経済的困窮の折に少額の金を貸し付けたり，一時的な仕事を斡旋してやったりすることがあった．ディスコなどその他の盛り場の店員も客の顔と名前を覚えていて，手が空いているときには雑談するのが常であった．

　CONTACT 報告書は，若者が街（リバプール）の外に出ること，知らない人に会うことに対して抱く強い忌避感について「新しい人と場所への『恐れ』は，ワーカーのかかわった若者の大多数に見だされた最も説得的な特徴であった」（Denis 1971：19）と指摘した．さらに結論部分でも，かかわった若者の「孤独・不安・自信・希望のなさ」（Denis 1971：71）を報告している．

　このうえで，既存のユースワーク諸活動に「参加していない若者」を参加さ

せるという活動目的に疑問を出している．元来「参加していない若者」に関するプロジェクトは，ユースワークに参加していない若者に対して，ユースワークは何ができるかを検討するものであった．しかし，この報告書の結論は，既存のユースワークの枠組みの限界を指摘するものである．すなわち，

> 「華やかで，居心地がよく，活気があり，愛想がよく歓迎的なパブや商業諸施設を利用可能であるのに，単調で退屈で設備の貧弱な，そして時に非常に愛想の悪いユースクラブに余暇時間を費やすだろうか．自分の直近のニーズのために稼いだ金から支払いをするのがやっとであるときに，現在を犠牲にして将来のために先の計画を立てるよう勧めることが，本当に実現可能であろうか．『社会的に受け入れられる方法で振る舞う』ことをほぼ完全に無視している，拒絶している大人の文化の中で生活し働いている若者に，そのように振る舞うようすすめることが本当に実現可能であるだろうか」(Denis 1971：2)

として，ユースワークの範疇を超えたより広い問題領域に取り組むことが，「参加していない若者」とかかわるうえで不可欠であることを示した．

　このCONTACTプロジェクトの報告書において提案された内容のうち，まず実現されたのは「参加していない若者」とかかわる職員を「ディタチト・ワーカー」として恒常化することであった．「ディタチト・ワーカーは今後，実験的なものとしてではなく，あらゆる努力を以て通常のユースワークのひとつの特徴として確立されるべきである」(Denis 1971：74) と提言され，実際にこの提言は受諾された．その後2014年に至るまで，CONTACTプロジェクトの対象となった地域およびリバプールの他の町でも，ディタチト・ワークが続けられた．また，ディタチト・ワーカーの恒常化はリバプールだけでなく，他の都市でもみられた．10カ年計画が終了した後の1977年の時点で，全国99カ所で活動が行われており，うち82は活動期間の定めのない継続的なものであったと報告されている (Marks 1977)．

第5節　「実験的事業」がユースワーカーのあり方に与えた影響

　アルバーマル報告書 (Ministry of Education 1960＝1972) において説明された「実験的事業」の原案の時点では，若者の「クラブへの」参加率を高めること

が基本的な方針であり，「参加していないが参加すれば利益を得られる存在」
として若者を想定していた．しかし，実験的事業の報告書は，「クラブへの」
参加よりもいっそう重大な問題として教育・雇用への参加をめぐる問題，また
若者にとって大切でありながらかつ職業選択などを制約する存在としての家族
や友人とのインフォーマルな諸紐帯の存在に言及した．これはリバプールだけ
でなく他の地域において実施されたプロジェクト報告書にも共通した傾向であ
る．このようにプロジェクトの「意図せざる結果」として顕在化した教育・雇
用への参加をめぐる問題に対して，プロジェクトは，資金・人員面での制約か
らほとんど有効な手立てを打てなかった．

　しかし，プロジェクトを通じて，若者とかかわる方法を編み出すことについ
ては進展がみられた．若者とかかわるなかで見えてきた諸問題（たとえば非常に
狭いコミュニティに閉じこもり，出ようとしないことや，敵意を向けられること）に対し
て，活動の中で働かせる機知や「作戦変更」の有効性を指摘している．たとえ
ば不審な大人として敵意を向けられることについては，若者が常連客であり，
すでに信頼関係のある酒場の店主の紹介を通じて若者と知り合うことや，若者
から他の仲間を紹介してもらうことなどを通じて回避することに成功した．ま
た活動の拠点をミニバスにしてしまうことで，交通手段や費用の心配なしに気
軽に各地に出かける行事を出来るようにし，若者の狭いコミュニティに閉じこ
もる傾向を何とかしようとしている．この活動方針の柔軟さにより，多くの若
者が活動に参加をすることができた．ただし，この柔軟さゆえにワーカーは
「無定形で曖昧な役割」（Denis 1971：2）を担わねばならなかった．

　ディタチト・ワークは，「ユースセンターやユースクラブなどの施設に青少
年を集めてユースワークを行うのではなしに，青少年がまさに生活している街
角・喫茶店・パブなどにユースワーカーの方が出かけてゆき，青少年にかかわ
ろうとする」（田中 2015：188）ことである．ディタチト・ワークはユースワー
クの拡大期にひろまった．ディタチト・ワークの意義は，参加していない若者
（the unattached youth）のことを知り，彼ら，彼女らにあった活動を模索するこ
とであった．

　ディタチト・ワークが各地域で活発になった時期は，第1章第6節でみた
「ユースワークの拡大期」であり，高等教育機関の養成課程が拡充されユース
ワーカーの専門職化が進んだ時期でもあった．しかし，ディタチト・ワークは，
専門職化の流れとは逆に，従来の活動より多くの有志に支えられた．またディ

タチト・ワークに携わるフルタイムの職員の活動する時間や仕事の内容は従来の活動より非定型的なものであった．

　また，ディタチト・ワークにおける有志の性質，および活動との関わり方はユースワークの草創期や改革期とは異なるものだった．草創期や改革期の有志は，活動「自体」の運営・補助を行った．他方，ディタチト・ワークにおける有志は活動への「入口」と「出口」において重要な役割を果たした．

　ディタチト・ワークにおける「入口」とは，どのようにして「参加していない若者」とかかわりを持つかということである．ディタチト・ワークはこの「入口」における課題に取り組むため，あえて従来のような定まった活動場所をつくらず，若者のいる場所において活動を展開した．そしてこれには，多くの活動従事者を必要とした．そのため，多くの有志が登用された．地域の成人が，ユースワーカーからの伝言を預かったり，若者にユースワーカーを紹介したりするなどの活動を通じて，ディタチト・ワークを支えた．彼らは活動人員に名を連ねたわけではなかったが，明らかに活動の一端を担った存在であった．

　ディタチト・ワークにおける「出口」とは，どのようにして「参加していない若者」の抱えている問題にともに取り組み，彼ら・彼女らの成長を保障するかということである．従来のユースワークにおいては所定の年齢（多くの場合18歳から21歳ごろ）になると活動から抜けるか，指導的立場に移動することが一般的であり，「出口」は自明のものであった．しかし，ディタチト・ワークの場合，かかわる若者の抱える問題が，従来型のユースワークよりもはるかに多様，かつ複雑であった．このため，ワーカーは，若者が差し迫った問題を抱えている場合，まずそちらを優先的に解決する手助けをしなければならなかった．そして問題を解決するために必要な知識・技能は，多くの場合ユースワークの範疇を超えたものであった．そのため，雇用教育少年司法などの多くの関係他機関の職員がディタチト・ワークの活動に協力した．当時は多くが，ボランタリー・ベースであった．

　「実験的事業」，とくに参加していない若者（the unattached youth）を対象としたディタチト・ワークの独自性は「入口」と「出口」の問題が浮上したこと，そしてその問題を解決するために再び有志の役割が拡大したことである．「入口」は学生・地域住民，出口は他機関の専門職，という異なる陣容であったが，いずれも従来のユースワークの活動とはかかわりが薄かった人材であった．専門職ユースワーカーの意義づけ（革新者・呈示者・研究者）の一環として始まった

「実験的事業」は，意図せざる結果として，活動のなかで避けがたく生じる「無定形で曖昧な役割」(Denis 1971：2)，そして依然として幅広い有志の協力が重要であることを浮き彫りにすることになった．

第6節　専門職／有志ユースワーカーをめぐる近年の動向

（1）　ユースワーカーへの免許制の導入をめぐる議論

専門職ユースワーカーに関する近年の動きには，① ブレア政権期の新しい「成人期への移行」支援事業および「成人期への移行」支援に関する専門職（パーソナル・アドバイザー）への参画に関するもの，② 学歴要件の引き上げ，免許制導入の賛否に関するものの2つがある．

免許制の導入に関して，ユースワーク・ユースサービスの推進を目的として多様な活動を行う National Youth Agency (NYA) が発行する雑誌である *Young People Now* の記事を手掛かりとして検討する．免許制は，前述のユースワーカーについて NYA が推進したものである．「適切な免許を持つ者だけがユースワーカーとしての実践を認められるべきだ」(National Youth Agency 2008) という考え方にもとづく．ボランタリーセクターを含むすべてのセクターについて，若者と共働する者はみな，学位等の高等教育資格をもつことと，犯罪記録局 (Criminal Records Bureau) の審査を受けることを求めた．ユースワーカーを免許制にすることにより，ユースワーカーの専門職化，子どもの保護，ソーシャルケアなどの他の専門職との協働に貢献することが期待された (National Youth Agency 2008)．

しかし，ユースワーカーへの免許制の導入について反対意見もみられた．反対意見は，「多数のボランティアにとって妨げとなり，セクターにとってマイナスになる」「登録制度はシステムの二層化につながり，労働力の質低下を招く」こと，「ユースワークは少なくとも50万人のボランティアを抱えており，彼ら彼女らに免許取得を強いることは多くの人びとを排除することになる」ことなどであった (National Youth Agency 2008)．ボランティアが活動を支える重要な基盤であり，登録制の導入によりそれを失うことへの懸念が表明された．最終的に，2010年8月，政府はユースワーカーについて職業免許を導入する意図はないことを明言した (National Youth Agency 2010a)．これについて NYA は，専門職ユースワーカーのための自発的な登録を続けていくことになった (National Youth Agency 2010b).

（2）　専門職ユースワーカー養成課程の最低修学年数をめぐる議論

　学位要件の引き上げについて，イギリスでは専門職ユースワーカーの認定課程には，学位を授与する課程だけでなく，多くの基礎学位を授与する課程も含まれていた．2010年より，専門職ユースワーカーの認定を学位（Degree）を授与する3年制の養成課程にのみ限定することになった．このことは専門職ユースワーカーの学歴要件の引き上げを意味した．

　この背景にあったのは，若者とかかわる他の専門職との学歴要件の差であった．ソーシャルワーカーや教員の養成課程は，以前から学士学位授与課程（3年制）であった．これに対して，ユースワーカーには2年制の課程が含まれていた．専門職ユースワーカーの資格を取得するのに最低必要な期間は2年であるのに対して教師やソーシャルワーカーは資格を取得するのに必要な期間が3年であり，差があった．

　教育内容の充実の観点からも，3年制の養成課程が支持された．*Young People Now* 誌には，フルタイムの職員の多くがスタッフの管理などの役割を担っていることを根拠として，マネジメントなどを学ぶのに充てる時間を増やすべきであるという意見が掲載された．3年制課程の利点としては，コミュニティ開発の哲学やポリティクスを学び，予算申請・確保ができるようになることや，スタッフへのサポートや監督なども含むより幅広い仕事に応募できるようになることなどがあった．また実習により長い時間を割けるようになるのも利点であった．3年制において学術的内容，実習など各方面でより深い内容を学ぶことで，高等教育のプログラムの中で専門性を身につけることが可能になると考えられた（National Youth Agency 2005a）.

　しかし，パートタイムで学ぶ学生の負担増大を懸念する意見もあった．パートタイムの学生はフルタイムの学生よりも1年長く在籍するため，3年制のみになると4年在学することになる．このため学費などの経済的な負担・時間的な負担が増加することになる．またパートタイムの学生の多くはユースワーカーとして働きながら，雇用主が学費を負担して学んでいたため，修学年数の引き上げは，雇用主にとっても負担の増加を意味した（National Youth Agency 2005a）.

　Young People Now 誌には，現職のユースワーカーの賛成意見・反対意見

を紹介した記事が掲載された（National Youth Agency 2005b）．そのなかでは，専門職ユースワーカーの資格を取得するのに必要な学歴要件を引き上げることに関して賛否が分かれた．

　賛成意見は，3年制課程となることで若者に関するより広汎な知識を学べるようになるというものであった．「我々の犯罪への関心でいえば，ムスリムの若者とかかわりたいと考えているし，彼らを原理主義から遠ざけたいと思っている．彼らが直面しているより広い社会問題を知らない限りそれは困難である」，また「今日のユースワーカーの仕事は前線での仕事だけではない．社会サービスや住宅サービス，カウンセリングなどパートナー機関との協働も仕事である」といった意見が寄せられた（National Youth Agency 2005b：12）．反対意見は，若者に近い立場からの活動が難しくなるのではないかという懸念に関するものであった．ある有志組織で働くユースワーカーは，

　　「私はものを書く作業が苦手で，（訳注：自分自身が）とても排除されていると感じた．それが First Class Youth Network（訳注：寄稿者の勤務する有志組織）を設立した理由である．この組織の目的は排除された若者にサポートを提供することであり，43人のユースワーカーを擁するが，学位を持つ者はいない．（訳注：First Class Youth Network のユースワーカーの）大多数はインナーシティエリアの出身である．同有志組織はウエスト・ミッドランドの1000人近い若者のデータベースを持ち，その登録数は増えている．我々がふさわしい（訳注：学位）証書をもたないからといって仕事を妨害されるならばそれはばかげたことである」（National Youth Agency 2005b：12）

と述べた．また同じく反対意見のなかで，ユースワーカーとして働きながら学んでいる人の場合，若者とかかわる時間が制約されることについて，

　　「私は手の届きにくい子どもを支えることに関心がある．（訳注：ユースワークの現場の仕事では）『そこに行っていなければ話題の端緒をつかむことができなかった』という経験がよくある．そして学位を取りに（訳注：高等教育機関へ）行っていると，そのような経験が難しくなるだろう」（National Youth Agency 2005b：12）

という懸念が表明された．

　上の懸念は，ユースワークという仕事に特有の両立の難しさを示したもので

あった．基本的な仕事以外にも近隣を訪れることなど多くの仕事があり，一見余剰に見える時間のなかに，若者を知り，かかわるのに重要なことが埋め込まれているという難しさである．

　以上のような賛成意見・反対意見の中間に位置する意見として，ユースワーカーへの社会的認知の向上のための学位の重要性を認めつつ，学修への道筋をより柔軟にするよう求める意見もあった．

　　「多くのすぐれたユースワーカーは資格をほとんど，あるいはまったく持たない人々であり，資格のかわりに多くの才能や経験に依拠してきた．彼らは学位をないことを理由に過小評価されてきたし，それが時として彼らの意欲をそいだ．学位の地位は過小評価されてきた職業の正当性を担保する．学修への道筋をより柔軟にすることで，コミットメントのある人は誰でもユースワーカーの学位をとれるようにすべきだ」(National Youth Agency 2005b)

　これは，ユースワーカーをめぐる社会からの過小評価を乗り越える手段として学位と結びついた資格を評価しながらも，学位取得の道筋への配慮を求めた意見であった．

　このようにさまざまな意見があったものの，最低修学年数の引き上げは，2010年度に実施された．ユースワーカーの免許制の導入と，専門職養成課程における最低修学年数の2年から3年への引き上げは，同じ2000年代に議論され，その是非について議論がなされた．そして前者は頓挫し，後者のみが実現した．免許制の導入が頓挫したことで，多様な人が活動に参加する回路は維持された．しかし専門職ユースワーカー養成課程の最低修学年数が2年から3年に引き上げられたことにより，有志のユースワーカーから専門職ユースワーカーになる道筋はより狭くなったのではないかと考えられる．

　そしてユースワーカーへの免許制の導入，専門職ユースワーカー養成課程の最低修学年数の引き上げという2つの改革の是非をめぐる議論を通じて，専門職ユースワーカーと有志ユースワーカーの関係性が改めて問い直された．依然として活動が多くの有志によって担われており，完全に専門職化することは難しく，またユースワーカーから必ずしも望まれていないことが示された．しかし，社会からの活動への評価を高めるためには専門職としての認知が必要であることも指摘され，依然として多くの課題があるのが現状である．

第 7 節　政府の「成人期への移行」政策とユースワーク

（1）　エンプロイアビリティへの関心と焦点化

　ここまで，イギリスにおける「成人期への移行」支援の展開について，ユースワークと，その担い手であるユースワーカーを中心に検討した．1980年代から，活動を取り巻く状況は大きく変化してきた．なかでも，シティズンシップの捉え方に関する変化は重要である．本書の序章で検討したように，シティズンシップはさまざまな権利と義務から成る．そして若者は完全なシティズンシップを得ていない存在と見なされてきた．「形成途上にある市民」(Marshall 1950 [1992]＝1993：37) や，「若者は未熟な市民であり，明日の市民であり，今日の市民ではない」(Hall, Williamson, and Coffey 2000：426) という理解である．

　1980年代，特にマーガレット・サッチャーが首相になり，改革を行うようになってから，シティズンシップのなかでも特に働く義務が強調されるようになった．そして，若者への教育・訓練を通じて，エンプロイアビリティをいかに高めるかということが，重視されるようになった．また，ブレア政権期の「若者のためのニューディール」（イギリスで1998年から実施された18歳から24歳の若年失業者向けの政策）や，「コネクションズ・サービス」（イギリスで2001年から実施された13歳から19歳向けの教育・職業・社会給付・保健などの総合的な相談サービス）にも受け継がれた．

　エンプロイアビリティとは，人が「最初の雇用を得る能力」「雇用を維持し，同一組織の中で異なる役割間を移動する能力」「必要に応じて新たな仕事を得る能力」などの総称である (Hillage and Pollard 1998)．エンプロイアビリティが最初に用いられたのはベバリッジの1909年の著作であるが，当時は「雇用されている／雇用される可能性がある者」と「雇用され得ない者」の二分法的に用いられる語であり，これはより長い歴史を持つ「救済に値する貧者／救済に値しない貧者」という見方の再定式化であった．現在の定義が浸透したのは近年のことであり，背景には工業経済からサービスおよび知識を基盤とする経済への変化により職業世界への準備の見直し，生涯教育の普及，そして新自由主義と，福祉国家の縮小があった (Gazier 1998)．

　このような方策について批判的な検討もなされてきた．そのひとつは「働く義務」が「有償労働」に限定されたことである (Smith, Lister, Middleton and

Cox 2005).若者には，パートタイム，あるいは有償労働以外の仕事，たとえば家事労働などを行う者も多い．しかし，これらの活動に携わる若者は十分に義務を果たさない存在として排除された（Jones and Wallace 1992＝1996）.

（2） ニューレイバーの「成人期への移行」支援政策

ブレア首相期の労働党政権（1997年から2007年）は，それ以前に成立した労働党政権とは政策などの特徴が大きく異なるため，前者は「ニューレイバー」，後者は「オールドレイバー」と呼ばれる.

Sercombe（2015）はこのニューレイバーを，労働党のブランド修正の戦略であったと評価した．党首で，首相であったトニー・ブレアは，党綱領から社会主義的な要素（たとえば生産手段・分配・交換の国有化など）を破棄した.

ニューレイバーが推進した一連の政策は「第三の道」と呼ばれる．近藤（2005）によると，ブレア首相期の労働党政権の政策について「個人主義的な発想を基本としつつも，単に個人間の競争によってではなく，諸個人間の集合性・連帯性を再構築することによって問題の解決を目指している」（近藤 2005：41）という点で，サッチャリズムおよびオールドレイバーの両方と連続性を有し，また同時に両方と対抗性を有する．サッチャー政権期からの保守党の政策とも，連続性をも有していた点は特に留意する必要がある.

教育政策に関する先行研究は，ブレア政権期の政策について次のように評価してきた．サッチャー・メージャー期の保守党政権時代の政策の一部を廃止したものの，学校や地方教育当局のアカウンタビリティを強調する点は継承していた（大田 2004）．さらに，地方教育当局への査察や教育相の地方教育当局への介入権限を設定したことにより，アカウンタビリティを強化した（清田 2005）.

ブレア政権は若年失業の問題を，教育・訓練への参加の問題と連続的に扱った．NEET（Not in Education, Employment and Training）という言葉は，そのあらわれである．NEET は，1999年の報告書 *Bridging the Gap*（Social Exclusion Unit 1999）の中心テーマとなった．現在失業中の若者だけでなく，働いているがフォーマルな教育・訓練に参加していない者も問題があると見なされた．教育・訓練への参加を保障し，離脱を予防し，また再参加（re-engagement）を促進することが，若年失業の問題に取り組む効果的な手段と考えられた．教育・訓練への参加を達成するための取り組みは，フォーマル教育におけるカリキュラム改革や，E2E の立ち上げなど多岐に渡った．そのなかで，政策の中心は

「コネクションズ・サービス」であった（Hutchinson et al., 2016）.

（3）　コネクションズ・サービスとその背景

　イギリスは若年失業者向けの失業給付や職業訓練などの政策が実施され，修正・変更が繰り返されてきた．その過程で，義務教育を修了する年齢である16歳以降で，10代において教育・職業・訓練に参加していない若者が存在することが，20代以降の失業の問題に結びつくことが明らかになった．

　1980年代に高等教育への進学率が上昇したが，1990年代に再び停滞した．他方で教育・職業・訓練のいずれにも参加していない若者（NEET）が増加した（労働政策研究・研修機構 2003）．1999年に社会的排除対策局（Social Exclusion Unit）が刊行した報告書である *Bridging The Gap* は，イギリス社会における NEET の若者の推計を行い，10代において教育・雇用・訓練に参加していないことが20代以降の人生に与える影響，及び政府のとりうる政策について検討を行った．

　同報告書によると，1998年時点でのイギリスの16歳から18歳で，教育・雇用・訓練のいずれにも参加していない若者は16万1000人であると推計され，同年齢人口に占める比率は 9 ％であった．この比率は1991年ころから横ばいで推移していた．また10代に教育・雇用・訓練に参加していない（non-participation）状態にあることは，20代以降において，失業などさまざまなリスクを高めることが明らかになった．

　義務教育終了後の10代を NEET 状態で過ごす若者が増加した背景として，報告書では「目標の不在」が指摘された．イギリスの教育制度は，義務教育終了後の教育・訓練体系が複雑である．大学進学のために必要となる資格であるGCSE の A レベルを目指さない若者には目標が乏しく，教育や職業訓練の過程からドロップ・アウトする場合が多かった．また，雇用されている若者の78％は，利用可能な訓練制度が不十分であり，失業するとそのまま NEET の状態になる可能性が高いことがわかった（Social Exclusion Unit 1999）.

　同報告書では，特に NEET になるリスクの高い若者についても検討された．この特にリスクの高い若者とは，①「教育・訓練への参加の障壁となる特定の状況下にいる者」（このなかには，ケアラー，10代で親になった者，ホームレス，社会的養護の対象者，学習障害を持つ者，その他の障害を持つ者，精神疾患を持つ者，薬物・アルコールに依存している者，犯罪行動のある者が含まれる），②「親が貧しいか，失業している者」，③「特定のマイノリティ・エスニックグループにいる者」である

(Social Exclusion Unit 1999：19)．③のマイノリティ・エスニックグループに関しては，「アフリカ系・カリブ系 (African-Carribian)」，「インド系」，「パキスタン系」，「バングラデシュ系」の4グループと定義されたが，このなかでパキスタン系・バングラデシュ系の若者が特に教育・雇用・訓練に参加していない比率が高いことが指摘された．

　このような問題に対応する政策として，コネクションズ・サービスが2001年より開始された．基礎となる目標は，「若者が少なくともが18歳までのあいだ，教育・訓練・あるいは教育や訓練としての要素の強い雇用にとどまることを保証すること」(Social Exclusion Unit 1999：9) であった．すべての若者に対して，「卒業 (graduation)」を19歳までに達成すべき明確な目標とした．この「卒業」には，学業または職業に関して資格を取得することと，コミュニケーションなどの基本的な技能を獲得することが含まれた．

　報告書において，16歳から先の若者の移行経路を把握することは困難であると指摘されてきたが，コネクションズ・サービスでは「『いなくなる』若者が1人もいないことを保証し，若者が教育や訓練に参加しなくなりそうなときには行動を促すための包括的な記録体系の確立」(Social Exclusion Unit 1999：79) のために，「13歳から19歳までの人口の教育歴や現在の地位についての包括的な登録を維持」することになった (Social Exclusion Unit 1999：81)．また，特定のリスクを抱えた若者が16歳以後の進路選択・ドロップ・アウトしていないか監督することもコネクションズ・サービスの仕事であった．

　コネクションズ・サービスは，「成人期への移行」支援の基礎を「包括的な記録体系」(Social Exclusion Unit 1999：79) の確立においた．そしてそのためには，それを支えるシステムと，政府・地方間の合意が必要であった．プライバシーについて，地方レベルでは異なる多くの機関・専門職がアクセスすることのできるように，明確な規則（プロトコル）を確立した．他方，国は，匿名化されたかたちで地方からデータの提供を受け，監督を行う．若者について詳細に「成人期への移行」過程を把握するのが地方で，その全体的特徴を把握する（若者の個人情報は匿名化される）のが国，という二重構造をとった (Department for Education and Employment 2000)．

（4）　コネクションズ・サービスの担い手——パーソナル・アドバイザー

　コネクションズ・サービスはこのような情報把握の体系にもとづいて，若者

のさまざまな問題について相談・援助を行う．この多様な問題の相談・援助に対応する方法について，コネクションズ・サービスは，① 組織の構成と，② パーソナル・アドバイザー（Personal Adviser：以下 PA と略記）の 2 点が特徴的であった．

第 1 点である組織の構成に関して，パートナーシップが特徴であった．コネクションズ・サービスは 3 つのレベルから構成された．すなわち，中央（Connexions Service National Unit），地方（Connexions Partnership），地域（地域運営員会）である．これは，若者向けのサービスが分断されていた当時の状況への対策として，多様な組織・機関の連携を確立するためであった．

そして，人（担い手）のレベルでサービスの分断に取り組むための方策が，パーソナル・アドバイザー（以下 PA と略記）であった．PA はコネクションズに雇用され，実際の活動を担う．PA は 1 人 1 人の若者への対応に責任を負う専門職員であった．PA は学校やワンストップショップ，アウトリーチ・センターなどの機関に駐在し，また若者たちが集まる場所を訪ねて，相談や必要な情報の提供などのサービスを行った．1 人の PA との接触を通じて若者は必要な支援をすべて受けられるよう配慮された（Connexions Service National Unit 2003）．

PA に求められる資質，および鍵となる技能，知識は以下のようなものであった．資質には，キャリアだけでなく健康やいじめなど人間関係の問題も含む幅広い問題に関する情報のアクセスを保障すること，ニーズに合った選択肢の検討を考えること，スクリーニングなどの要素，そしてより広い発達のための活動への参加，権利擁護などが含まれた．そしてそれらの資質に加えて，アイデンティティなど，より人格的な資質も含まれた．鍵となる技能・知識は，情報収集と評価，計画・介入・サポート・ガイダンス，他機関との協働，監督・見直し，評価であった（Connexions Service National Unit 2003）．

PA の実際の採用においては，共通して求められる要件として一定水準以上の職業資格を有していること，コネクションズ独自の訓練を受けることの 2 つの要件が求められた．

第 1 の一定水準以上の職業資格という要件について，イギリスには当時 NVQ と呼ばれる職業資格があり，さまざまな職業においてそれぞれ 1 から 4 までのレベルを定められていた．パーソナル・アドバイザーは，関連領域（advice and guidance やユースワーク，ソーシャルワークなど）の職業資格（NVQ）の少なくともレベル 4 以上を有していることが求められた．

　また第2の要件であるコネクションズ独自の訓練を受けることについて，コネクションズには以下の4つの訓練課程が設けられた．1番目は Introducing Connexions であり，コネクションズに関心のある人向けの柔軟なプログラムであった．2番目は Understanding Connexions であり，パーソナル・アドバイザー向けに提供されるものであった．高等教育機関により対面授業形式あるいは遠隔授業形式により提供された．3番目はパーソナル・アドバイザーのためのディプロマ（The Diploma for Connexions Personal Advisers）であり，深い（in-depth）支援が必要な若者とかかわる PA 向けに提供された．4番目は Supervisory Skills for Supervisors of Personal Advisers であり，管理職のパーソナル・アドバイザー向けの訓練であった（Connexions Service National Unit 2003）．

　パーソナル・アドバイザーには多様なバックグラウンドを持つ人が採用された．ユースサービスだけでなく，キャリアサービス，保健省（department of health），少年司法委員会（Youth Justice Board），ソーシャル・サービス，有志セクターの組織などである．パーソナル・アドバイザーは，パートナーシップにより雇用される場合と，契約を結ぶ組織による雇用である場合がある．このようにパーソナル・アドバイザーのそれまでの経歴，雇用形態は多様であった（Connexions Service National Unit 2003）．

　ユースワーカーもこのなかに含まれていた．ユースワークの活動およびユースワーカーの養成を推進する団体である National Youth Agency が発行する週刊誌（*Young People Now*）の巻末には求人広告欄があるが，コネクションズの PA について分野や求める資格を明記した広告がみられた．実際に，図4のような募集広告が掲載された．求められたのは，上にみた職業要件を満たすユースワーカー，すなわち JNC の認定を受けた養成課程を修了し，レベル4以上の職業資格を持つ専門職ユースワーカーであった．

　図4の広告では，「ガイダンス，ユースワーク，ソーシャルワーク等でレベル4以上の資格を持つこと」（図4下線部）が募集条件として明記された．このような募集広告は他地域においてもみられた．

　彼ら専門職ユースワーカーにとっては，コネクションズは「新しい職場」であり，その同僚は必ずしもユースワーカーだけではなく，他の専門職（キャリア，保健関係など）も含まれていた．

Personal Adviser

£20,679 - £24,333 qualified (pay review April 2004)
<u>(Qualified in Guidance, Youth Work, Social Work etc at Level 4 or
equivalent)</u>

Do you want to:
• work with and for young people aged 13-19 in a variety of settings
• support those facing a range of issues
• use Innovative ideas to engage young people
• work with young people not engaged in employment, education
 or training

If the answer is YES then Trafford Connexions want to hear from you.

Trafford Connexions is committed to making a difference for young
people and is looking for motivated people with a positive attitude to
join the Service.

We do not accept CV's.

Application Form and details can be obtained from :
Jo Gawthorpe, 3rd Floor, Arndale House, Chester Road, Stretford,
Manchester, M32 9XY
Tel: 0161 911 8601
Email: jo.gawthorpe@trafford.gov.uk

Closing date: Friday 2nd April 2004

図4　コネクションズ・サービスの募集広告の例

出所：*Young Pepple Now* [2004. 3. 18-23] p. 29 より抜粋
（太線の強調は筆者）.

（5）　コネクションズ成立までの攻防——ユースワーカーからの希望と現実

　ここまでブレア政権下での「第三の道」政策，特にコネクションズ・サービスについて，その担い手に求められたこと，ユースワーカーの雇用状況について検討してきた．

　一方で，ユースワークとコネクションズ・サービスとは，どのようにかかわっていたのだろうか．先行研究によると，ブレア政権の設立当初ユースワークが政府に期待していた「成人期への移行」支援のあり方は，コネクションズ・サービスとはかなり異なるものであった（Sercombe 2015）．しかし，実際に当初の希望はどのようなものであり，政府といかに交渉を行い，そして政府はユースワークからの要望にいかに回答したのかという一連のやりとりは，詳述されていなかった．本項はそれらの点の検討を通じて，これまで検討されてきたイギリスにおける「成人期への移行」支援の政策の実像を，より立体的に明らかにする．

　ブレア政権が成立したのは1997年8月のことである．それからほどなく，政府は全国の地方当局が実施しているユースワークに関する調査を行うと発表した．同調査では，地方当局におけるユースワークへの支出・若年人口・職員配置・職員の能力開発・若者の参加・パートナーシップ・政策・監督などに関する調査と，質的調査を行うとされた．この調査の目的は，これからの戦略的発展計画のための情報収集であった（National Youth Agency 1998a）．そしてこの調査の結果を含めて，ユースサービスの未来に関する諮問報告書（consultation paper）を出版すると発表した（National Youth Agency 1998b）．この諮問報告書の出版時期は，1999年新年とされていた．しかし，新年を過ぎても報告書の明確な刊行時期は示されなかった（National Youth Agency 1999a）．

　この出版をまたずに，National Youth Agency は単独で *Modern Services for Young People* を発表した．同報告書の内容について紹介した記事（National Youth Agency 1999b）によると，この報告書は，アルバーマル報告書および10カ年計画終了以降，政府が十分な関心を持ってこなかったことを批判した．そして，政府のリーダーシップのもとに地方当局が十分なユースサービスを保障すること，「明確な目標と最低水準を持った若者発達計画（youth development plan）」（National Youth Agency 1999b：26）をつくることを提言した．

　National Youth Agency が，政府の報告書をまたずに単独で表明したこの提言の背景には，当時のユースワークの困難な状況があった．先に述べた監査（1998年）の結果報告書に関する記事で，「政府の長年にわたる無視と遅れにすっかり慣れ，イングランドのユースワーカーはイングランドの地方当局によって提供される活動についての Domesday Book を持っている」（National Youth Agency 1998c：25）とした．Domesday Book はイングランド王が世界で初めて作成した検地帳であるが，これにたとえて，ユースワークの財源が複雑化していることを説明した．地方当局のメインストリームの予算（ユースサービスのための予算）が緊縮され，不足分をやりくりするために少額かつ複数の財源を持たざるをえなくなったことが主な原因であった（National Youth Agency 1998c）．

　このような予算をめぐる状況が，活動に影響を与えていると同誌は主張した．「収入の多くは短期的で変わりやすいものであり，スティグマを与えないやり方で多くの若者へのサポートを保障するための基本的なサービスのインフラを維持できない」（National Youth Agency 1998c：25）とした．このことで，たとえどこかで全く新しい（innovative）な活動が生まれても，その活動が「安定した

サービスになることはめったになかった」（National Youth Agency 1998c：25）．
たえまない変化と改革の中で，ユースワーカーの技能を定期的に更新するため
にも，安定した予算が必要であるとした（National Youth Agency 1998c）．ユー
スワークの脆弱な法的基盤を強化（義務だけでなく最低水準を明記することなど）し，
財源の安定化をはかることが切望されており，ブレア政権に期待がかけられて
いた．

　このようなユースワーク・ユースサービスからの期待をよそに，ブレア政権
は本節（2）から（4）において検討してきたような，独自の若者政策・「成人期
への移行」政策を構想していた．当時同政権においてユースワークを担当して
いた2人の政務次官（1999年8月に交代）の発言は，必ずしもユースワークの現
状について肯定的ではなかった．最初に担当した Kim Howell は，National
Youth Agency のある会合を訪問し，賛辞を贈った（National Youth Agency
1997）．一方で，別の場では現状について「これまでみたなかで最も断片的で，
不十分」と酷評を行った（National Youth Agency 1998d）．彼に続いて就任した
George Mudie は，諮問報告書の予定に関する説明のなかで，より対象を絞っ
た魅力的な施設の必要性に触れ，「解決策はただ建物をつくって卓球の場を提
供することではない」と批判的な発言を行った（National Youth Agency 1998e）．

　しかし一方で，Mudie は政府が *Bridging the Gap*（Social Exclusion Unit
1999）において基本的な方針を発表したのちには，その枠組みのなかでのユー
スワークを「伝達の鍵」と位置づけたユースワーカーが参加しない限り，政策
を実行する責任を負う地方当局はコミュニティに手を伸ばすことができないと
した（National Youth Agency 1999c：4）．政務次官であった Mudie はユースワー
クに対する上の2つのような対照的な発言を行った．このことから明らかなよ
うに，政府は，ユースワークからの期待に対して，かなり距離をおいた態度を
とった．あくまでも，自らの政策課題（社会的排除とのたたかい）にユースワーク
がいかなる貢献をなしうるか，という観点からときに批判的・懐疑的にユース
ワークをみていた．

　諮問報告書を出版することを発表してから，延期を繰り返した1998年後半か
ら1999年前半にかけて，政権は，コネクションズ・サービスなどのちの政策と
も連続する基本的な「成人期への移行」政策の考え方を示した．政権の思い描
く「成人期への移行」政策と，ユースワークが期待する「成人期への移行」政
策のあいだには距離があった．

　それでは政府とユースワークにかかわる人々・組織の両者はどのような交渉
を行い，意見を表明したのだろうか．ユースワークの将来に関する諮問報告書
の刊行が遅れていた1999年の年明け，National Youth Agency（NYA と略記）
および地方自治体協議会（Local Government Association: LGA と略記）は首相あ
てに手紙を送った．この手紙には NYA，LGA の各議長が署名した．そこでは，
政府の求める焦点化された（targeted）サービスについて，

> 「不利な立場にある，または社会的に排除されたもののためにただ介入
> 的・救済的なサービスであるのではなく，すべての若者のためのサービス
> であり続け，またそのように見なされることがきわめて重要である．それ
> ら（訳注：targeted service）は重要であるが，全体のうちに位置づけられ，適
> 切に焦点化された仕事であるべきである」（National Youth Agency 1999d：
> 4）

と述べ，ユースワークの社会的排除の問題への立場を表明した．またこの手紙
では，単独で発表した報告書（*Modernised Service for Young People*）における主
張，地方当局により大きく状況が異なっていたユースワークについて一貫した
国の政策枠組みを改めて要求した（National Youth Agency 1999d）．
　この手紙に対するブレア首相からの返信は「ユースワークの専門技能全般を
適切なレベルを維持」する必要性を認めながらも，若者の「不利な立場，ある
いは不満との闘いに優先順位が与えられること」（National Youth Agency
1999e：4）の意義を強調した．そして 3 月にふたたび諮問報告書の発表が見送
られ，4 月以降になるという見通しが示された．その後，7 月に発表されるこ
とが決まったが，「ユースサービスに関する独立した諮問報告書が発表される
かどうかは不透明なままである」（National Youth Agency 1999b：26）とされた．
そして1999年 7 月発表されたのが本節（ 3 ）で詳述した *Bridging the Gap*（So-
cial Exclusion Unit 1999）であった．これはユースワークを含めてすべての関係
する省庁との協議の結果発表されたものであり，ユースワーク単独の諮問報告
書はついに発表されることがなかった（National Youth Agency 1999f）．
　Bridging the Gap（Social Exclusion Unit 1999）の刊行を伝えた記事によると，
ユースワーク領域からは歓迎する反応があった．これは若者に対して政府から
関心が払われたことに対する歓迎であったが，同時に既存のユースワークを守
ることも強調された．地方自治体協議会社会的排除委員会（Local Government

Association's Social Exclusion Panel）の委員からは「いかなる新しいシステムも，それ（訳注：地方当局のユースワークが築いてきた技能と経験）を代替するのではなく，そのうえに構築されなければならない」（National Youth Agency 1999f：4）という意見が出された．

（6）　NEET問題についてのユースワーカーの対応

コネクションズ・サービスはユースワークの一部と，雇用を担当するキャリアサービス，福祉を担当する部局等が統合的なサービスを提供することを目的に設立された．政府はユースワークをこの新事業の重要な基盤のひとつとした．政府がユースワークを重視した理由について，Sercombe（2015）は，ユースワークが，主要な社会的諸機関との接触がない若者と接触する能力を持つと政府が考えていたことを挙げた．

しかしコネクションズ・サービスにユースワークの仕事が部分的に統合されることは多くのユースワーカーには「敵対的買収」（Sercombe 2015：49）と映り，一部からの強力な抵抗を引き起こした．政府がユースワークに新たに求めた，個々の若者のケースワークに焦点化した活動は，若者の権利擁護というより，対症療法的なものであると考えられ，多くのユースワーカーの実践についての考え方になじまなかった．つまり，コネクションズ・サービスは「エンパワーメントの基盤ではなく，国の考える『若者のなすべきこと』を若者に命令するための手段」（Sercombe 2015：49）と見なされた．

5節でも取り上げた*Young People Now*には，この問題についてユースワーカーや関連分野の研究者による署名記事が掲載された．

それらの記事の内容をみると，まず対象の面では，NEETの状態にあるもの，あるいは社会・経済的な要因からNEETになるリスクの高い者を活動対象とするよう優先されたことについて疑問が寄せられた．また方法の面では，NEETの（あるいはNEETになるリスクの高い若者）の現在の教育・雇用状況についての監督が職務とされたことが問題とされた．本節ではごく一部を例示するに留めるが，次のような記述がみられた．

「コネクションズが採用する若者の移行についての見方はあまりにも狭く，一面的である．……教育・訓練および労働市場の外での経験（たとえば住居がない状態や薬物の使用，妊娠など）は，学校から職業への移行に劇的に大き

な影響を与える．……パーソナル・アドバイザーは，不満を抱いていて最
もリスクの高い若者へのサービスと，すべての若者に対するより一般的な
情報および基本的なサポートとのバランスを，どのようにとればいいのだ
ろうか？」(Webster 2001：28-29)
「目標達成や監督，測定に重点をおくと，若者とともに行う活動の優先順
位が下げられ，レポートのファイルの山を背負わされるのではないかと恐
れた．」(King 2003：9)
「基本的な物質欲求が満たされたとき，最も大きな幸福は，友人や近隣，
そして家族との関係を通じてもたらされる．集団やネットワークの一員で
あるとき人は最も輝く．そのような連帯的な活動はユースワークの根本で
あるが，コネクションズの戦略では巧妙に脇に追いやられた．」(Smith
2003：15)

　以上の3つの意見は，共通してコネクションズ・サービスと，これまでのユ
ースワークとの理念，活動内容の差異を指摘したものであった．
　コネクションズ・サービスでは，キャリア関連や福祉関連など他の専門職と
ともに，多くのユースワーカーが働いていた（内閣府 2006）．しかし，上に見た
ようなユースワークに関わる人々の意見から，またコネクションズ・サービス
において，当初計画していたパーソナル・アドバイザーの人員の半分程度（約
8500人）しか雇用することができなかった（Cooley 2012）という事実から，ユー
スワーカーが必ずしもコネクションズ・サービス，そして背景にあるブレア政
権の NEET 問題への姿勢に賛同していたわけではなかったと推測される．
　また，もうひとつブレア政権期の政策に関して *Young People Now* で継続
的に取り上げられたのが，最低賃金制度に関する記事である．イギリスでは
1998年に全国最低賃金法が成立し，1999年から全国最低賃金制度が実施された．
ここで年齢により異なる最低賃率が設定され，若年層において低水準の最低賃
率になったが，これについてユースワーカーは若者にも等しい最低賃率を適用
するよう求めている（National Youth Agency 2005c）．ユースワーカーは若者と
の活動を主たる仕事とするが，その専門職団体である NYA は，第2章第4節
でみたような養成機関への指導・監督だけでなく，労働市場での若者の権利擁
護のための政府へのロビー活動も行ってきた．
　ユースワーカーは周縁的な若者（サービスの届きにくい若者）に対するサービス

伝達の担い手として政府から期待を寄せられた．彼らは，若者がユースワーカーや他の若者，そしてコミュニティ・社会の成員とともに活動を行う機会を創ろうとする．そして，それらの機会に若者が社会的な相互作用を行うことが，自分自身や他者，社会についての若者の理解を深め，総合的な発達に寄与する．ユースワーカーは，ブレア政権が提案した「特定のリスクを持つ若者から優先的にかかわる」やり方に否定的であった．しかし，ユースワーカーは特定のリスクを持つある若者とかかわること自体に否定的であったのではない．むしろ，ユースワークの基本的な価値観が，「特定のリスクを持つ若者から優先的にかかわる」というやり方により損なわれると考えられたためであった．

　ブレア政権は「コミュニティの強化」を構想し，ユースワーカーを自身の構想に近しいものとして位置づけた．しかしその具体的なやり方として，すべての若者の利用権を保障しながらも，特定のリスクを抱えた若者を優先することを重視した．また，若者に関する情報把握や監督も，重要な職務と見なした．ユースワーカーからみると，ブレア政権の示した構想は，自らが専門職養成課程，実習，職業経験や短期課程から学んできた価値観，すなわち「若者が他者とかかわり，さまざまな活動を行う機会を提供すること」と「絶えずユースワークの実践を振り返り，社会的な不平等などの問題について考えること」という基本的な考え方とは相容れなかった．また，ブレア政権が，全国最低賃金制度においては若者に成人と異なる取り扱いを実施する案を示したことに対しては反対を表明し，NYA の組織単位でロビー活動を行うなど，労働市場において搾取されやすい立場にある若者に対して，権利を擁護する必要性について主張を行った．

　政府によりシティズンシップのなかでも特に「働く義務」が強調され，また各地域において若年失業の問題など若者の労働をめぐる状況が深刻化するなかで，シティズンシップとエンプロイアビリティの問題は接続して捉えられるようになった．ユースワーカーにとっては職業に関する知識を習得すること，あるいは他のさまざまな専門職と連携する能力といった形で新たな専門性が要求されることになった．またユースワークの活動のなかで「ターゲット型」，たとえば失業など特定の問題を抱える若者に対象を絞って行われる，明確な目標の設定された活動が増加し，若者のユースワークにおける経験に影響を与えている．

　このように，ユースワーカーと若者の両方の参加のあり方において「有志性

原則」が揺らぐことになった．若年失業率の上昇などの社会状況の変化により，自明のこととされてきた若者の教育・労働への参加は不透明なものとなり，エンプロイアビリティの向上が若者の社会参加の問題のなかで中心的な課題として捉えられるようになった．ユースワークの場にもさまざまな社会的・経済的困難を抱えた若者が訪れるようになり，ユースワーカーにとっても教育・訓練への参加，そしてエンプロイアビリティは，避けて通れない問題になっている．

（7）　第Ⅰ部の小括

　ユースワークの目的が草創期（19世紀後半）から1960年代までの間に政治的・宗教的社会化から「成人期への移行」支援に変化し，ユースワーカーに求められるものが「熱意」「献身」から「専門知」へと変化した点，しかし同時に多様な人々の参加，互酬のチャネルとして有志が位置づけられ，維持されたという結果が得られた．高等教育機関におけるユースワーカー養成課程の現在のカリキュラムは社会学・教育学・心理学などの基礎知識に加えて，省察性（reflectivity）の獲得を目標に設計されていることが明らかになった．「省察性の獲得」は，ユースワーカーの専門性の核としてカリキュラムの認定評価基準に位置づけられていた．1960年代からのイギリスにおけるユースワーカーの専門職化とほぼ時期を一にして，ユースワークにおける有志の役割の積極的見直しという逆の動きも生じていたことを明らかにした．

　コネクションズ・サービスは分野横断的な専門職の確立を理念としたが，各分野から人材を採用する上で一定水準以上の職業資格を要求し，これを満たさない場合は活動から排除された．ユースワーカーは社会的ネットワーク形成の担い手として期待されながら，その形成を可能にしたしくみは十分に取り入れられたとはいえない．

　免許制の導入や専門職養成課程の修学年数の引き上げをめぐる議論においては，有志が活動を支え，また重要な役割を果たしていることが浮き彫りになった．ユースワークでは有志を基礎に専門職化をすすめ，有志と専門職との複合を維持してきた．しかし一方で，ブレア政権期の「成人期への移行」支援政策の中心であったコネクションズ・サービスは，有志を制度的に組み込むことができなかった．また専門職ユースワーカーに関しても，その若者とかかわる上での考え方の違いもあり，十分に組み込めていたわけではなかった．

注

1 ）1971年の時点で，行われたプロジェクトは合計34件（報告書が未刊行のものが24件，すでに刊行されていたものが10件）である．また，ディタチト・ワークについてみるとリバプールだけでなく，他の都市でも恒常的に続けられた．10カ年計画が終了した後の1977年の時点で，全国99カ所で活動が行われており，うち82は活動期間の定めのない継続的なものであったと報告されている（Marks 1977）．

2 ）リバプールはイングランド北東部の都市である．経済指標・人口学的指標・社会的指標を総合した複合剥奪（multiple deprivation）指標において第 4 位（2004年，2007年，2010年は 1 位）である．また，港湾部のインナーシティに社会的・経済的問題が集中している（Liverpool City Council 2015）．

3 ）調査に回答した有志組織のなかには，活動拠点について回答していない組織もあり，実際にはこの図 2 に示されたよりも多くの有志組織がリバプールにおいて活動していた可能性がある．

4 ）このほかに体育館や野外の遊び場，アウトドアセンターなどもあった．また，Youth Service Information Centre（1971）の調査に回答した有志組織のなかには，活動拠点について回答していない組織もあり，実際にはこの図 3 に示されたよりも多くの有志組織がリバプールにおいて活動していた可能性がある．

5 ）なお，本章で参照した，アルバーマル報告書の総理府青少年部による訳である Ministry of Education（1960＝1972）は 'the unattached youth' を「放置されている若者」として訳出した．しかし，本章で扱った CONTACT のように実際のプロジェクトの中では若者のさまざまな社会生活への参加に大きな関心がよせられている．このため原訳とは異なる「参加していない若者」という訳を以下では用いた．

6 ）リバプールにおいて活動してきた既存の有志組織の多くはキリスト教を基盤としたものであり，多様なエスニシティの若者を受け入れているとはいいがたい点があった．このような既存の活動の間隙を埋めることも，実験的事業の役割であった．

第 II 部

日本における若者支援事業の形成と展開

第4章
地域若者サポートステーションの成り立ち

第1節　戦後日本における若者期の問題とその支援の歴史

　第Ⅰ部においては，イギリスにおける「成人期への移行」支援の展開について検討してきた．イギリスにおける「成人期への移行」支援はその始まりにおいて有志を中心としたものであり，次第に専門職化の機運が高まった．しかし，専門職化を進めると，それまでに社会的ネットワークを形成してきた有志ユースワーカーの排除にもつながるという，専門職化のジレンマが生じた．2000年代の公的な「成人期への移行」支援であったコネクションズ・サービスは，ユースワークも含めて領域横断的な「成人期への移行」を支える専門職（パーソナル・アドバイザー）を構想した．しかし，やはりこの専門職化のジレンマに直面することになった．

　日本でも，有志が多様な「成人期への移行」支援にかかわり，そしてそれらの活動を基盤として公的な「成人期への移行」支援が形成されてきた．第Ⅱ部は，日本における公的な「成人期への移行」支援，特にその担い手に注目し，その位置づけの歴史的変遷と現状，そして実際の活動における若者とのかかわりを検討する．そしてそれらの検討を通じて，第Ⅰ部で検討したイギリスにおける実践との差異，特徴を明らかにする．

　日本における公的な「成人期への移行」支援の転換点となったのは2000年代の中盤である．それ以前の政策が主に学生，あるいは勤労青少年の2つの類型を対象としたものであったのに対し，2000年代中盤から若年無業者などの新しい対象に焦点化した政策が行われるようになった．なかでも，「若者自立・挑戦プラン」（2003年）は，省庁横断的な政策枠組みであり，若年無業者を政策の対象に据えた．この「若者自立・挑戦プラン」は「日本の若者政策の転換点をなすものであった」（児美川 2010：18）と評価されている．

　この2000年代中盤における転換の背景には，特に教育・雇用・社会保障にお
いて社会的リスクが増大したこと（樋口 2011）がある．若者の社会への参加あ
るいは再参加を促進することは近年 EU 諸国において共通した課題であり，特
にイギリス労働党政権下での政策は，日本においても，若者の教育・雇用家族
などさまざまな側面から移行を捉える観点からの研究（玄田・曲沼 2004；宮本
2004；樋口 2006；堀 2005など）の端緒を開いた．従来の勤労青少年だけでなく，教
育・訓練・雇用に参加していない，または不安定な参加状態にある若者を対象と
した政策が行われるようになるひとつの契機になった（宮本 2012；Toivonen 2013）．

　第Ⅱ部においては，「若者自立・挑戦プラン」を重要な転換点と見なす先行
研究の視点にたち，まず2000年代中盤までの戦後日本の政府・都道府県の青少
年政策における行政と有志のあり方について概観する．そのうえで，2000年代
中盤以降公的な「成人期への移行」支援がどのように構想され，展開してきた
のかについて検討する．具体的には，2006年から現在（2017年）まで続く厚生
労働省の「地域若者サポートステーション事業」を検討の中心とする．

　日本において若者期の失業など雇用問題が議論の対象になるようになったの
は，1990年代の経済不況からであり，それ以前から議論が行われていた欧米諸
国に比べ近年になってからの取り組みである．日本の若者期の問題と活動に関
して整理した Toivonen（2013）によると，初めて公的政策の対象となった若者
期の問題は「勤労青少年」に関する問題であった．勤労青少年問題の背景とな
ったのは，集団就職により若者が地方から都市へと大量に流入したことであっ
た．1960年代後半から，勤労青少年の頻繁な離転職や非行が問題化した．

　これらの勤労青少年の諸問題に対応するため，1970年に「勤労青少年福祉
法」が制定され，「勤労青少年ホーム」が各地に整備された．勤労青少年福祉
法の目的は，「勤労青少年の福祉に関する原理を明らかにするとともに，勤労
青少年について，職業指導の充実，職業訓練の奨励，福祉施設の設置等を計画
的に推進し，もって勤労青少年の福祉の増大を図ること」（第1条）である．

　勤労青少年福祉法において，勤労青少年ホームは「勤労青少年に対して，各
種の相談に応じ，及び必要な指導を行い，並びにレクリエーション，クラブ活
動その他勤労の余暇に行われる活動のための便宜を供与する等勤労青少年の福
祉に関する事業を総合的に行うことを目的とする施設とする」と定義され（勤
労青少年福祉法15条2項），「地方公共団体は，必要に応じ，勤労青少年ホームを
設置するように努めなければならない」（勤労青少年福祉法15条1項）とされた．

この「勤労青少年ホーム」は，職業相談やさまざまな余暇活動を提供することを通じて，若者の頻繁な転職や非行を防止することを目的としていた．しかし1970年代以降，高等教育への進学率が上昇し，また余暇が多様化する中で，しだいに利用者数が減少していった．

　勤労青少年ホームは，都道府県が設置主体となったものであった．当時の都道府県の青少年政策，およびその担い手の実態をみるために，ここで資料として「青少年大阪」を参照する．「青少年大阪」は大阪府青少年問題協議会の勤労が発行していた月刊の青少年行政についての広報紙であった．おもに学校・自治体の回覧向けのものであったが，青少年政策の紹介や，勤労青少年関係，少年補導関係の役職に就いていた人からの寄稿が掲載されており，当時の活動の様子の一端を伺うことができる．

　表2は，同誌に掲載された大阪府下の青少年関係の職名一覧の一部である．勤労青少年だけをみても，「年少労働者職場適応指導員」（都道府県知事任命），「職場適応指導里親」（都道府県知事委嘱），職業相談員，社会教育主事，青年学級主事，勤労青少年福祉推進者，年少労働者福祉員，職場補導連絡員など多様なカテゴリーがあった．

　表2に記されたうちの一部である年少労働者適応指導員，職場適応指導里親について，実際に活動を行っていた人からの寄稿が掲載されている．年少労働者適応指導員は，地域の工場を巡回し，勤労青少年の相談にのっていた．相談の内容は，「郷里へ募集にこられたときは，親切な人であったのに，社内の廊下で会ったときは，見知らぬ人のように冷たい顔をしていた」，「給料は中学校で聞いた額と相違はないか聞いたところ，ほとんどの人が知らない」，「部屋長や先輩たちと仲良くできない」（大阪府青少年問題協議会，1971：6）などであった．

　また職場適応指導里親は，地域の婦人を中心に，各々の家庭を基盤として勤労青少年の相談を受けたり，行事を計画したりするものであった．職場適応指導里親になる婦人も地方出身者がなり，自宅を開放したり，一緒に出かけたりする機会をもった．職場適応指導里親は，「熊本県の里親」「長崎県の里親」といったかたちでそれぞれの県出身の若者の相談にのった（大阪府青少年問題協議会 1972：6）．

　ただし，当時の青少年政策には注意しなければならない特徴がある．ひとつは，勤労青少年の人口比に対する施設・人員の少なさである．たとえば大阪府下で年少労働者福祉員が256人（府下全域），職場補導連絡員が府下全域で4490

表 2　1970年代の青少年関連の職名一覧（一部抜粋）

青少年指導員	地域青少年の指導育成を行う.	市町村長等委嘱	7607人
少年補導協助員	少年非行集団を早期に補導し，その健全育成を図る.	知事・警察本部長委嘱	150人
少年補導推進員	地域ぐるみの非行防止活動の推進役として，指導および相談を行う.	防犯協（議）会長委嘱	7452人
民生・児童委員	児童及び妊産婦の保護・保健その他福祉に関し，援助および指導するほか福祉事務所の社会福祉主事の行う職務に協力する.	厚生大臣委嘱	5575人
婦人少年室補助員	婦人少年室の実務を全面的に援助する.	労働大臣委嘱	77人
年少労働者福祉員	中小企業団体が自主的に設置し，年少労働者の福祉推進を図る.	労働大臣が奨励状を出している	256人
勤労青少年福祉推進者	勤労青少年の指導，相談を行いレクリエーション活動についても援助する.	事業主	1578人
年少労働者職場適応相談員	公共職業安定所の行う業務に協力し，年少労働者の職場適応について相談に応じ，指導助言を行い，健全な職業人の育成を図る.	知事任命	17人
職場適応指導里親	中小企業に就職した他府県学校卒業者の健全な育成を図る.	知事委嘱	50人
職業相談員	年少労働者の職場適応について，指導を必要とするものの職場適応の促進に関する業務の円滑な運営に資す.	職業管理課長	37人
社会教育主事	社会教育を行う者に専門的技術的な助言と指導を行う.	府教育委員会・市町村教育委員会任命	111人
社会教育主事補	社会教育主事の職務を助ける.	市町村教育委員会任命	66人
青年学級主事	青年学級に関する事務をつかさどり，学級生の指導に当たる.	市町村教育委員会任命	26人

出所：大阪府青少年問題協議会，1974，『青少年大阪』204号，pp. 4-7「青少年関係（指導）者一覧」より作成.

人，勤労青少年福祉推進者が1758人（952事業所），職場適応指導者50人（府下全域），職業相談員37人（府下全域），年少労働者職場適応指導員17人（府下全域）などである．このなかで最も人数の多い勤労青少年福祉推進者は職場から選任されるものであったため，それを除き，雇用者から独立した立場で勤労青少年とかかわっていた人に限ってみれば，当時の府下の青少年人口と照らして比較的少数であった．どちらからといえば，少年補導推進員（7452人）・保護司（2974人）など少年司法関係のほうが活発であった．

　もうひとつの特徴は，実施主体（政府，都道府県あるいは地方自治体）と部局（厚生・保健・労働など）の多様性，またそれら行政機関の外部人材への「委嘱」「任命」「依頼」あるいは「奨励状の発行」といった形式をとる点である．日本の場合青少年政策にかかわる有志は，個々人が「委嘱」などのプロセスを通じて直接にさまざまな行政機関・部局と結びついていた．その結果，少年司法や勤労青少年福祉など領域ごとに人材が分断され，またひとつの地域を超えての交流は稀であった．

　高橋（2013）は，保護司制度における1950年代から1970年代の議論の再検討を行い，「官民協働」の理念と実態を検討した．そのなかで，「『公的な選考と承認』を経て委嘱される」（高橋 2013：149）プロセスが，他のボランティアとの差異であり，名誉職性を付与するひとつの要因になっていたと指摘した．第Ⅰ部で見たイギリスにおけるユースワークの場合とは異なり，日本では有志組織を媒介しない，個々の人と行政との「委嘱」を通じた直接的な関係が一般的であった．

　高橋（2013）から明らかなように，委嘱を通じた採用は，すべての人に開かれたわけではなかった．この行政と有志との関係は保護司だけでなく，勤労青少年福祉など他の多くの領域においてもみられる．

　これら「委嘱」を通じた参加に加え，もうひとつ異なる流れがあった．民間の団体を主体とした活動である．Toivonen（2013）によると，不登校（登校拒否）やひきこもりなどの問題が多く議論されるようになり，民間の団体の活動が活発になって，極端な規律・暴力を用い事件となった団体もあったが，実際に全国に普及・拡大していったのは若者の抱えている多様な問題に共感をもって対応する団体であったと指摘されている（Toivonen 2013）．菊地・永田（2001）の調査によると，民間団体は2000年代までのあいだに大幅に増加している．「勤労青少年ホーム」を含め旧来の公的機関は，これら問題に関心を示さず，民間

組織が中心的な役割を担っていたのがこの時期の特徴である．

　1990年代，特にバブル経済崩壊後の不況期に，全体失業率の上昇に合わせて若年失業率も上昇した．「フリーター」や「ニート」等若者の雇用問題についていくつものカテゴリーが創出され，議論されるようになった時期である．政府系シンクタンクである労働政策研究・研修機構（旧日本労働研究機構）は大規模な調査にもとづく報告書を刊行し，また研究者からの問題提起（小杉 2002；玄田・曲沼 2004など）が行われた．これらの出版物を通じて政策担当者の間に問題関心が浸透していったのが，2000年代前半であったと指摘されている（Toivonen 2013）．

　若者の雇用問題に関して初めて示された省庁横断的な指針は「若者自立・挑戦プラン」（経済産業省 2003）であった．またそれを発展させるかたちで発表されたのが，「若者自立・挑戦のためのアクションプラン」（経済産業省 2006）であった．2003年4月，「若者自立・挑戦会議」が文部科学大臣・厚生労働大臣・経済産業大臣・経済財政政策担当大臣を構成員として設置され，同2003年6月10日に「若者自立・挑戦プラン」が取りまとめられた．同プランの目標は「やる気のある若者の職業的自立を促進し，若年失業者等の増加傾向を転換させる」（経済産業省 2003：4）ことであり，ジョブカフェ・日本版デュアルシステム・就職支援相談員・小学校段階からのキャリア教育等が提起された．

　同プランの実効性・効率性を高めるため，2004年12月24日に「若者自立・挑戦のためのアクションプラン」が取りまとめられ，キャリア教育等の施策の詳細を定めた他，若者自立塾の創設を新たに盛り込んだ．「地域若者サポートステーション事業」について初めて言及されるのは，2006年1月17日にとりまとめられた「若者自立・挑戦のためのアクションプラン」の改訂版であり，「地域の相談体制充実等によるニート対策の強化」（経済産業省 2006：3）のひとつとして位置づけられた．

第2節　「地域若者サポートステーション事業」成立の経緯

　「地域若者サポートステーション事業」は次の第3節で詳述する「若者の包括的な自立支援方策に関する検討会」において議論され，同報告書で「新しいユースサポートサービス」として提案された．それから「若者自立・挑戦のためのアクションプラン」の改訂版（2006年）に記載された．しかし「若者の包

括的な自立支援方策に関する検討会」以前の，政策担当者による企画段階での
内容が新聞記事に記載されている．たとえば，2004年8月22日号（本誌—朝刊）
日本経済新聞は「働く意欲ない若者，就業定着へ総合対策——厚生労働省，二
万人に訓練講座」である．同記事によると，当初の計画，およびその目的は以
下のようなものであった．

　　「厚生労働省は定職に就かないフリーターのほか，働く意欲をもてない若
　　者を教育し，就業定着まで支援する総合雇用対策を来年度から始める．対
　　策で先行する欧米にならい，社会人としての生活習慣の習得から企業実習
　　までを体験する基礎訓練講座を20,000人以上に実施．……来年度予算概算
　　請求に約80億円を盛り込む方針だ．従来の日本の若年者向けの雇用対策は，
　　働く意欲があっても希望の職に就けない層の支援が中心．……働く意欲が
　　薄い若者向けには，合宿型と通い型の訓練講座で就職活動前の基礎能力の
　　向上を支援する．合宿型は親元から自立せず生活習慣も乱れた若者が3カ
　　月程度，集団生活で規律を学ぶ．全国約40ヶ所を予定し，教育訓練のノウ
　　ハウのある非営利組織（NPO）などに最大3000万円，1人当たり40万円程
　　度を準備費などとして支援する．パソコンや建設機械の操作など資格を得
　　られる授業を組み込むなど民間の独自性を生かす．通い型は民間の委託施
　　設で約2週間，言葉遣いやビジネスマナーなどを学ぶ．」

　この記事の合宿型がのちの「若者自立塾」，通所型が「地域若者サポートス
テーション」の原案であると考えられる．これらの記述より，のちに「地域若
者サポートステーション」となる支援は，当初は2週間という比較的短い期間
のあいだに，働くうえでの基礎的な技能を学ぶ場所として考えられていた可能
性が高い．

第3節　「若者の包括的な自立支援方策に関する検討会」での議論

　政策担当者による企画案が新聞記事に掲載されたのちに，地域若者サポート
ステーションに関して，初めて公開の場で検討が行われたのが，「若者の包括
的な自立支援方策に関する検討会」（以降「検討会」と表記）である．同検討会の
開催趣旨は，

「少子高齢化，核家族化，情報化等の進行は，青少年を取り巻く環境を大きく変化させ，価値観の多様化をもたらしている．このような社会の変化の中で，今日，若者の就労の不安定化，親への依存の長期化など若者の社会的自立の遅れという新たな問題が生じている．このため，若者が就業し，親の保護から離れ，公共へ参画し，社会の一員として自立した生活を送ることができるよう，若者の包括的な社会的自立支援のための具体的方策を検討する」（内閣府 2004a）

ことであり，学識者4名，高等学校教員1名，NPO代表者2名，企業取締役1名，医師1名の計9名の委員，及び事務局（政策担当者）から構成された[1]．

「若者の包括的な自立支援方策に関する検討会」は，2004年9月から2005年6月までの期間に，合計13回開催された．同検討会の報告書は，2005年6月に刊行された．同報告書では，「地域の中で若者の自立を支援する体制の整備」が提言された．課題として「いわゆる『ニート』等の若者やその家族のための身近な相談窓口」として「ユースサポートセンター（仮称）」を設立し，若者ひとりひとりが必要とし，さまざまな分野にわたる支援を専門的な相談員であるユースアドバイザー（当時の仮称）のもとで受けられるようにするなど，今後の取り組みにおいてセンターが大きな役割を果たすことが期待された．

　勤労青少年に対する政策を除き，若者の雇用に関して公的機関がほとんど支援を行っていなかった．このため，新たなサービスを検討する議論のプロセスにおいて，海外の事例，日本の先行する民間団体等の事例がモデルとして検討された．なかでも最も多く議論されていたのが，イギリスの「コネクションズ・サービス」であった．本節では，第3章第7節で検討したコネクションズ・サービスの特徴であった「すべての若者についての情報を把握すること」，および若者と職員の一対一関係の重視という特徴が日本にどのように紹介され，評価されたのかを検討する．

　「若者の包括的な自立支援方策に関する検討会」報告書において提案された「ユースサポートセンター」に関して，検討会ではいくつかの海外事例及び国内の既存の公的・民間機関の事例について検討された．海外の事例に関しては，第2回において「スウェーデンの青少年政策とその実践」（宮本みち子座長），「ボランティア活動を通して市民を育む米国のトレンド『サービスラーニング』」（村上徹也委員），「米国フルタイムサービス事業『アメリコー（Ameri Corps）』

について」（村上徹也委員），及び第9回において「英国におけるシティズンシップ教育について」（事務局）が配布資料を用いて紹介された.

　また国内の事例に関しては，「青年の非社会的問題行動」（第3回・斉藤委員提出資料：和歌山県田辺市のひきこもり支援についての紹介を含む）「若年者就労基礎訓練プログラム『ジョブトレ』NPO法人育て上げネット」（第3回・工藤委員提出資料），また事務局からの提出資料として全国の公的機関の概要について説明した「主な青少年相談機関の概要」「少年補導センターの活動例（仙台市青少年補導センター）」（以上第8回資料）「青少年のための相談員」「若年者のための職業訓練制度及び能力開発政策の概要」「小・中・高等学校におけるキャリア教育等関連資料」「インターンシップ及び職場体験等の実施状況」（以上第9回資料）が配布された.

　これら「若者の包括的な自立支援方策に関する検討会」において検討された海外および国内の活動のうち，最も多くの回において議論されたのが，イギリスのコネクションズ・サービスであった．コネクションズ・サービスが同検討会の議論に初めて登場するのは，第3回の宮本みち子委員の発言である．続いて，第4回検討会において小杉礼子委員が配布した「NEET問題をどう捉えるか」という資料（小杉 2004b）において，サービスの対象やサービス内容など，コネクションズ・サービスの概要が説明された．また，日本へのインプリケーションについては，以下のように説明されている.

　　「日本のニートというのは……私はイギリスとは政策が異なるし，学校体系が違うし，Not in Education, Employment or Training という定義に入れて比較するのではないと思うのです．私は，この問題の日本の議論へのインプリケーションというのは大きく3つだと考えております．つまり非常に若い時期に，企業とか学校とか，そういうしっかりした所属を持っていない，社会関係をもたない，それが将来の可能性を閉塞してしまう，そういう状態を非常に問題だとみることです．それから，そういう状態の人たちが，政策的支援を全然活用していないとしたら，そこに問題があるとみるということです……三番目として，放置すると社会にとってコストになるという視点から対策を講ずる．この辺はイギリスの政策で，ある意味で大規模な予算を使って政策ができたというのは，こういう社会のコストということで全体のコンセンサスを得たんだろう．そういう議論は日本

の中でも容認すべきではないか.」（内閣府 2004b，小杉礼子委員）

　その後も，第5回・第7回でもコネクションズの話題が取り上げられているが，第7回検討会において，報告をまとめるために若者支援のモデルと方策を具体的にするよう促す発言を事務局の山本内閣府政策統括官（当時）が行っている.

> 「若者自立挑戦プランというものはまだこう仕事のやる気のある人を中心に拾っていくんだと. それに残された『孤立する若者』というのはやや抽象的ですが，もっと単純には，いわゆるニート対策をいよいよ打ち出してきたといったような，何か太いくくりがもうちょっとないかなと. ……例えば，日本版コネクションズだったら，あるいはモデル的にやるとしたら，どんな方法があるのかとか，何かそこらあたりまでご議論いただくと，少し迫力のあるものになるのかなと.」（内閣府 2005b，山本政策統括官）

　上記の引用からは，当時の政策担当者が抱いていたイメージ，政府がこの問題に取り組もうとしていることが明確に伝えられるような政策を求めていたことが伺える. ここで山本政策統括官が「日本版コネクションズ」と言い表したものは，その案のうちの1つであった.

　第8回では事務局の有松内閣府青少年育成担当参事官が「英国のコネクションズ・サービスの概要」（内閣府 2005a）という資料を配布し，コネクションズ・サービスの設置の背景・目的，組織構造，特徴（分野横断的な取り組み・13〜19歳のすべての若者が対象であること・パーソナル・アドバイザーによる個々の若者のサポート，多様なサービス提供の手法）について説明が行われた. これらの説明に対して出席した委員からは，「パートナーシップを日本で作る際に，どのようにして実効性をもたせうるか」，「職員に求められる技能はどのようなものか」，「全ての若者の情報を把握することは日本で可能か」などの点について疑問が出された.

　コネクションズのような事業が日本ではどのような制度設計のもとに可能かについて，議論がなされた. パートナーシップの構築について，第8回検討会では，

> 「具体的にどうやって可能になりますかね. ……各地に……既存の組織があるわけなんですけれども，これを結びながら，コネクションズ・サービスのパートナーシップのような実効性があるものをどうやって作れるかと

いう問題なんですよね」（内閣府 2005c，宮本みち子委員）

という疑問が出された．他の委員からは，日本において活動の拠点とする施設の案として，ジョブカフェ（小杉礼子委員・村上徹也委員）や少年補導センター（小杉礼子委員），「仕事館」などのキャリアに関連する施設（小杉礼子委員・河野真理子委員），勤労青少年ホーム（村上徹也委員）が出されたが，合意は得られなかった．第9回検討会においても引き続き議論され，拠点にある程度の多様性を持たせる案が出された．具体的には，

　　「当面のやり方としては，例えばジョブカフェを機能展開していくという方向もひとつの方向性として示せると思うのですけれども……それこそ市町村単位ぐらいからも自分たちはこういうやり方でやりたいんだということが上がってきて，実際それで機能を果たしていくのであればそこに国の財政的な支援もつくというようなボトムアップ式の投げかけというのも同時並行で，両方あってもいいのかなと」（内閣府 2005d，村上徹也委員）

という案であった．地方自治体ごとに，実施の拠点を選択できるようにしてはどうかという提案に対して，政策担当者は以下のように返答した．

　　「今，三位一体とかいうことで，できるだけ国の補助金というのはもうまとめて地方にお任せしていこうよ……なかなかイギリス型のようにばしっと画一的な何かのものを考えるのは少しトレンドと違って，だから，先程来お話が出ていますように，地域によって，コミュニティーによって，あるいは都道府県，市町村によって，実際の主力部隊は結構異なっていくというようなことでもいいのかもしれませんね．」（内閣府 2005d，山本政策統括官）

　コネクションズ・サービスのパートナーシップ（第Ⅰ部第3章第7節（3））のようなかたちをとるのではなく，自治体ごとにある程度の多様性をもたせる案が支持された．

　最終的に，日本における事業でのパートナーシップの形成に関して，「若者の包括的な自立支援方策に関する検討会」報告書は，

　　「自立の問題に対応するためには，教育，福祉，保健・医療，就労，少年非行関係など様々な分野の機関の協力が必要であるが，諸機関が実際に実

　　施している業務の内容も踏まえ，連携の範囲について具体的に検討する必
　　要がある」（内閣府 2005e：18）

とした．結果として，どのような形態でサービスの提供を行うかについては検
討の余地が残されることとなった．
　イギリスのコネクションズの目的は，必ずしもすべてが受け入れられたわけ
ではなかった．コネクションズにおいて特徴的であった「全ての若者の経歴に
関する情報を把握する」という目標に関して，日本では学校からの情報を得る
ことが難しいのではないかと指摘された．また個人情報の共有に関する問題点
が示されたほか，「全ての若者の経歴に関する情報を把握する」こと自体への
違和感も，たとえば以下のようなかたちで表明された．

　　「日本におけるやり方のひとつのイメージとしては，民間会社でなくて役
　　所でもいいんですが，そういう1人1人の子どもというのを，一定年齢の
　　幅であってもきっちりと数値的にというのか，客観的に把握していくとい
　　うことですよね．そういう社会と子どもの在り方というのは，ひとつでは
　　ニートというようなものをすくい上げていくというプラスの効用がきっと
　　あるのではないか．半面では，非常に窮屈な社会というのか，どう言った
　　らいいんでしょうね．そういうものって何となく，長い歴史の中ではどち
　　らかというとやや敬して遠ざけられていたアプローチだったような気も致
　　しますね．」（内閣府 2005c，山本政策統括官）

　また，イギリスのコネクションズに特徴的であったパーソナル・アドバイザ
ーに関しては，日本で相当の職をおくとき，どのような専門知識・技能を求め
るのかが問われた．たとえば，

　　「さっきから伺っていて，それをどういう人がやるかというのが多分一番
　　大事なんじゃないかと思うんですけれども．……それとも，例えば中学校
　　のときに生徒と面談して最初のとっかかりをつくるというのはかなりなあ
　　る意味，教育的とか心理的とかよくわかりませんけれども，何かのバック
　　グラウンドがかなりあって専門的な技能がいるんじゃないかと思うんです
　　けれども，そこの辺を実現できるようなレベルを想定し得るのかどうか．
　　情報の話は一たん置くとしてもですね．その辺はいかがなんでしょうか．」
　　（内閣府 2005c，有松参事官）

といった疑問である．これに対して，コネクションズのパーソナル・アドバイザー制度の詳細（第8回・宮本みち子委員）や，日本ではキャリアカウンセラーなどの資格を持つ者が担当していること（第8回・小杉礼子委員）が説明された．第9回検討会では，日本における「成人期への移行」支援の専門職としてのあり方について，

> 「イギリスの場合だと，コネクションズ・パーソナルアドバイザーというものを資格化して，同じ資格の中にいろいろな経歴の方を取り込んでいって，そこでパーソナル・アドバイザー同士の専門職としての交流をつくっていくという，そういうひとつの資格をつくってそこにみんな入れ込んだというのがそのようなきっかけをつくるキーになったと思うのですけれども，日本でどうやってつくっていくか」（内閣府 2005d・小杉礼子委員）

という，新たに統一された資格を創設する案が出された．検討会の報告書において，「中核機関にはユースアドバイザーを配置し，相談に対応する．アドバイザーは同じ若者を継続的に担当し，いわゆるパーソナル・アドバイザーとしての役割を果たすようにする」（内閣府 2005e：31）という提案がなされた．

　報告取りまとめにおいては「包括的な自立支援方策の推進」や「地域において若者の自立を支援する体制の整備」が提案され，この2つを進めるための拠点として各地域に中核機関として「ユースサポートセンター（仮称）」を設置すること，「ユースコーディネーター」および「ユースアドバイザー」をおくことが提言された．中核機関（ユースサポートセンター）のために取り組み例として紹介されたのは，(1)青少年活動センター（京都市），(2)ジョブカフェ（沖縄県キャリアセンター），(3)少年補導センター（滋賀県・あすくる），(4)地方自治体とNPOの協力による就労支援機関（あだちヤングジョブセンター）の4カ所であった．

　「若者の包括的な自立支援方策に関する検討会」報告とりまとめは，若者の職業，およびより広い範囲におよぶ諸問題について，社会の側に問題があることを指摘した．この点は，若者の意欲，職業的自立を重視する「若者自立・挑戦プラン」との差異であった．そして，海外の実践について「最近の欧米諸国の若者のための施策が個人を対象とした手法へとシフトしており，参考とすることが出来ると考えられる」（内閣府 2005e：8）としたうえで，「個人ベースで自立のための包括的・継続的な支援を行うことのできる体制を整備すべき」（内閣府 2005e：9）として日本でも個人ベースの事業を実施することの必要性を

示した．

第4節　「コネクションズ・サービス」の部分的な受容

　2006年4月，厚生労働省の「地域における若者自立支援ネットワーク整備モデル事業」として，「地域若者サポートステーション」（以下「サポステ」および「サポステ事業」と表記）が全国25カ所に設置された．「中途退学後又は離職後，一定期間無業の状態にある者」に対して，「各人の置かれた状況に応じて，個別的に行うことや，一回限りの支援にとどまらず，継続的に」サービスを行い，「このような若者の職業的自立支援の取組を促進し，一人でも多くの若者の進路決定に資する」（厚生労働省 2013a）ことを目的とする．個別に，継続的な支援を行うという点でサポステ事業はコネクションズ・サービスと共通している．

　他方で，異なる点として，① 組織構造，② 職員の資格，③ 対象とする若者，④ 国により設定された目標があげられる．①組織構造に関して，サポステは各都道府県の少なくとも1つ市町村に設置されるが，各サポステについては，厚生労働省が民間の団体へと委託するという形式をとる．コネクションズ・サービスの場合には「国—地方—地域」の3層構造をとり，「国」と「地域」の間にある「地方」単位で学校や少年司法機関などを含めたパートナーシップが組まれた一方，日本は「国」—「地域」の2層であり，「地方」単位でパートナーシップを組むモデルは採用されなかった．

　また，②職員に関して，地域若者サポートステーションの職員は，委託先の団体の職員，及び事業予算で雇用される職員であり，「パーソナル・アドバイザー」のような統一された職員資格の創出は見送られた．③対象とされる若者に関しては一定の年齢・条件を満たす者（詳細は本章第5節(1)参照）が対象とされ，若者，親，そして学校など第三者機関からの相談を受け付けるという形式をとる．この点で，すべての若者の経歴に関する情報を把握し，状況に応じてコネクションズの側から接触することもあるコネクションズ・サービスとは異なる．④国により設定される目標は2020年までに進路決定者数10万人（2011年度から2020年度までの10年間の総計）として機関（サポステ）を軸に設定された（内閣府 2010）．「若者が少なくとも19歳までのあいだ，教育・訓練・あるいは教育や訓練としての要素の強い雇用にとどまることを保証すること」という若者を軸としたコネクションズの目的とは，異なっていた．

第5節　事業の位置づけの変化
──「包括的」な支援からエンプロイアビリティへ

（1）　支援対象者について

　サポステ事業の内容には，2006年の開始以降，多くの変更が重ねられてきた．本節は，サポステ事業関係の書類，なかでも事業を受託することを希望する団体が審査を受けるために提出する書類，そして各団体から厚生労働省に寄せられた質問と回答をまとめた問答集を参照し，その内容の変遷を追うことで，今日までのサポステ事業に対する管轄省庁（厚生労働省）の姿勢を明らかにする．

　事業開始当時（2006（平成18）年度）の支援対象者は「原則として，若年無業者等のうち，職業的自立を始めとした自身の将来に向けた取組への意欲が認められる，義務教育修了後の15歳から概ね35歳未満の者」（厚生労働省 2006a：2）であった．

　2006年（事業開始年）から2007年，サポステの支援対象者は「概ね35歳未満」（厚生労働省 2006a, 2007a）であった．2008年度に，「上限年齢にこだわるものではない」（厚生労働省 2008a）という文言が追加されたが，翌2009年度には削除され「概ね35歳未満」が「概ね40歳未満」に変更された（厚生労働省 2009a）．2010年の問答集では，サポステ支援対象者の上限年齢に関する質問が記載されている．

　　「平成22年度地域若者サポートステーション事業実施要綱の3において，サポステの支援対象年齢は『義務教育終了後15歳から概ね40歳未満の者』とされているが，40歳以上の者についてもサポステで相談に応じても良いのか」（厚生労働省 2010a：2）

という質問に対し，

　　「支援対象者の年齢は，原則として義務教育終了後15歳から概ね40歳未満の者だが，40歳以上の者の相談を排除するものではない」（厚生労働省 2010a：2）

と回答した．この問答集の回答から，厚生労働省は当初，上限年齢に関して各サポステが弾力的な運用を行うことを容認していたのではないかと考えられる．

　この「原則として，15歳から概ね40歳未満」という支援対象者の年齢は，2009年度から2012年度まで続いた（厚生労働省 2009a，2010b，2011a，2012a）．しかし2013年度に「原則として，15歳から39歳」（厚生労働省 2013a：1）に変更され，現在まで用いられている．2013年度の問答集にはこの点に関する応募事業者からの質問と回答が記載されている．

> 「事業実施要綱 p1，2 支援対象者（1）の年令について，従来の表現の『概ね40歳未満』から『原則として15歳から39歳であり……』と変更されているが，変更した趣旨・目的は何か」（厚生労働省 2013b：18）

という質問に対して，

> 「変更した趣旨，目的は，対象者の年令について明確化を図ったとい（原文ママ）ところです．従来より『概ね』を記載しておくことで，サポステにおいて柔軟な対応が図られるよう設定していたものですが，曖昧であったことから，何歳まで支援可能なのか不明瞭で，40代後半くらいまで入るといった拡大解釈等見受けられたため，平成25年度からは対象年齢を明確にし，利用者とサポステの支援者双方に無用な誤解，トラブルが生じないようにしました」（厚生労働省 2013b：20）

と回答した．ここで従来までの「概ね」という表記は，「柔軟な対応が図られるよう設定していた」と説明している．しかし同時に，たとえば40代後半の利用者を受け入れることに関しては「拡大解釈」と見なした．利用者を39歳までとしたことは，曖昧さをなくす意図による変更であった．しかし実際には一部の利用者を排除しうるものであった．同一の質問者の「また，登録時点で39歳だった利用者は何歳まで継続して支援を受けることができるのか」（厚生労働省 2013b：20）という質問に対して，「基本的に40歳からは，サポステではなく，ハローワク（原文ママ）等の就労支援機関等をご利用いただくことになります」（厚生労働省 2013b：20）と回答しており，継続的な支援も含めて「39歳」という年限を設定した．

（2）　何への「意欲が認められる者」を支援対象者とするのか

　サポステの対象者の定義には，年齢に加え，意欲という要素がある．たとえば事業開始時の定義は「原則として，若年無業者等のうち，職業的自立を始め

とした自身の将来に向けた取組への意欲が認められる義務教育修了後の15歳から概ね35歳未満の者」（厚生労働省 2006a：2）であった．「若年無業者等のうち，職業的自立を始めとした自身の将来に向けた取組への意欲が認められる」（厚生労働省 2006a：2）という文言は，すでにすべての若年無業者を対象とするわけではないことを示唆している．ただし，この「意欲」は，「職業的自立を始めとした自身の将来に向けた取組への意欲」（厚生労働省 2006a：2）という，比較的幅広い内容を含むものであった．この「職業的自立を始めとした自身の将来に向けた取組への意欲」（厚生労働省 2006a：2）という文言は，初年度である2006年度から2014年度までほぼ一貫して用いられた言葉であった（厚生労働省 2006a, 2007a, 2008a, 2009a, 2010b, 2011a, 2012a, 2013a, 2014a）．

　支援対象者の定義における「意欲」の内容に大幅な変更があったのは，2015年度であった．それまでは「職業的自立を始めとした自身の将来に向けた取組」として，「職業的自立」は先頭におかれつつも，より広い「自身の将来に向けた取組」のひとつに位置づけられていた．しかし，2015年度から対象者の定義における意欲は，「就職」に対するものへと一元化された．具体的には，

　　「原則として，15歳から39歳であり，仕事に就いておらず，家事も通学もしていない者（以下「若年無業者等」という.）のうち，就職（以下「雇用保険被保険者資格を取得し得る就職」という.）に向けた取組みへの意欲が認められ，ハローワークにおいても就職を目標にし得ると判断した者及びその家族とする」（厚生労働省 2015a：1　下線部は筆者による）

という内容であった．ここで2つの焦点化がみられる．ひとつは就職への意欲に焦点化したことであり，もうひとつは就職の中でも「雇用保険被保険者資格を取得しうる就職」（厚生労働省 2015a：1）に焦点化したことである．この意図は不明であるが，管轄省庁の利益（雇用保険料の増収）に照らしたものであった可能性も考えられる．これらの変更は同時に，短時間就労，あるいは福祉的就労を目指す人を支援対象者の枠組みから除外することを示唆していた．

　この「就職（以下「雇用保険被保険者資格を取得し得る就職」という.）に向けた取組みへの意欲」（厚生労働省 2015a：1）という支援対象者に関する文言は，それ以降も継続して用いられている（厚生労働省 2016a, 厚生労働省職業能力開発局キャリア形成支援課・千葉労働局 2017a）．2017年度は就職活動を行う期間に関して，「概ね6ヶ月以内を目途に就職活動を目標とする者」（厚生労働省職業能力開発局キ

ャリア形成支援課・千葉労働局 2017a：13）および「概ね6ヶ月以内を目途に就職することを目標とする者」（厚生労働省職業能力開発局キャリア形成支援課・千葉労働局 2017a：13）などの文言を加えた．

　また，2016年度，2017年度は，サポステの支援対象から除外する場合について言及した．両年度に共通して支援対象から除外されたのは「地方公共団体が単独で措置する事業によって，3(1)に掲げる国が措置する事項と同じ支援が受けられる者」，および「生活困窮者自立支援法（平成25年法律第105号）の枠組みによって，サポステと重複する支援が受けられる者」（2016a：2，厚生労働省職業能力開発局キャリア形成支援課・千葉労働局 2017a：13）である．このうち，生活困窮者自立支援事業は同じく厚生労働省の管轄であり，「現在生活保護を受給していないが，生活保護に至る可能性のある者で，自立が見込まれる者」（厚生労働省 2015b：3）を主な対象として対象に行われる事業である．サポステと類似する事業を地方自治体（都道府県・基礎自治体）が独自に行っている場合，その利用者はあわせてサポステを利用することはできないものとされた．

　これらの場合に加えて，2017年度より「ひきこもり」がサポステの支援対象から除外された．この点について2017年度仕様書では以下のように説明されている．

> 「ひきこもり（様々な要因の結果として，社会的参加（《義務教育を含む修学，非常勤職員を含む就労，家庭外での交友》）を回避し，原則的には6カ月以上にわたって概ね家庭にとどまり続けている状態）であって，ひきこもりに特化した第一次相談窓口である『ひきこもり地域支援センター』の支援を受けられる者．※ひきこもり地域支援センター等の支援の結果，(1)の状態（筆者注：サポステの支援対象）にある場合は，ひきこもり地域支援センター等と地域若者サポートステーションが連携した支援を行うことは可.」（厚生労働省職業能力開発局キャリア形成支援課・千葉労働局 2017a：13　二重括弧は原文では丸括弧）

　このように厚生労働省が「ひきこもり」を支援対象としないと定めた理由も，地方自治体が独自に措置する事業や生活困窮者自立支援事業に関する場合と同様，事業の重複を回避することであった．2017年度の問答集ではこの変更に関して「ひきこもりを支援対象から除外した理由はなにか」（厚生労働省 2017a：5）という質問に対して，

　「ひきこもりについては，従来より，ひきこもり地域支援センターにおい
　て支援することとしており，一義的にはひきこもり地域支援センターで支
　援することを明確にしたものである．なお，ひきこもり地域支援センター
　での支援の結果，ひきこもり状態を脱し，次のステップとして就労を希望
　する場合には，サポステで支援を行うことは適当であると考えられる」
　（厚生労働省 2017a：5）

と回答し，仕様書において示した方針を改めて強調した．
　サポステの支援対象者に関しては，最初の定義からすべての若年無業者を対
象とするわけではなく，一定年齢，そして意欲を持つ者に限るという枠が存在
していた．そして事業の展開のなかでより一層，厚生労働省はこの支援対象者
の「枠」をさらに明確化，かつ限定化する方向に進めてきたことは否定できな
い．そしてこれは次項で検討する事業目標に関しても全く同様であった．

（3）　事業目標について

　2006年度から2016年度までは企画競争方式，2017年度からは一般競争入札
（総合評価落札方式）であり，事業の受託を希望する団体は所定の様式の企画書
（2017年度は提案書）および必要書類を期日までに提出し，審査を受ける．この
企画書の様式も毎年変更が重ねられてきたのであるが，頻繁に，かつ大幅に変
更が重ねられてきたのが事業の目標に関する記入欄である．2006年度・2007年
度・2008年度企画書様式には，事業の内容に関する記述欄はあったものの，事
業目標に関する記述欄はなかった（厚生労働省 2006a，2007b，2008b）．
　2009年度企画書様式（厚生労働省 2009b）においてはじめて，事業目標に関す
る欄ができた．この2009年度は「地域若者サポートステーション利用開始から
6か月後の時点で，継続的に支援した者のうち，より就職等に結びつく方向に
変化した者の割合」と，「地域若者サポートステーション利用開始から6か月
後の時点で，継続的に支援した者のうち，就職等進路決定者（就職，進学，職業
訓練受講等）の割合」のそれぞれについて最低目標を記入する様式であった（厚
生労働省 2009b）．2010年度はこれに「延べ利用者数」を追加し，前年度からの
2つの目標のうち就職等に結びつく方向に変化した割合については60％以上，
就職等進路決定者数の割合について30％以上の目標を設定する旨の指示を追記
した（厚生労働省 2010c）．

　2011年度に，はじめて「就職等進路決定者数」の実数を企画書様式に記入することが求められるようになった．同年度は，これまで用いられてきた目標（就職等に結びつく方向に変化した者の割合，就職等進路決定者の割合）について「必要に応じて設定すること」とした一方で，「就職等進路決定者数」に関しては「必ず記載すること」とした．また「就職等進路決定者数」に関してのみ「当該項目設定の考え方を含めて，目標の根拠・考え方を簡潔に記載すること」として詳しい説明を求めた．また，「就職等進路決定者数」に関して委託費に応じ以下のような「適切な水準」を定めるよう求めた（厚生労働省 2011b）．つまり，

　　　「委託費上限額15,507千円の場合は60人以上，委託費上限額12,308千円の
　　　場合は45人以上の適切な水準を設定し，これを達成することを目標とする
　　　こと」（厚生労働省 2011b）

というように説明された．委託費の算定方法に関しては次に検討するが，実数に関する記載・根拠そして「適切な水準」の3点が2011年度から求められるようになり，また委託費と関連付けて考えられるようになった点で，2011年は厚生労働省がそれ以前（2006年度から2010年度までの4年間）とは異なる事業に対する姿勢を応募者に求めるようになった年度であった．

　企画書様式の目標に関する欄において「就職等進路決定者数」に重点をおく傾向は，2011年以降も継続した．2012年は委託費の上限額が前年度とほぼ同じであるにもかかわらず就職等進路決定者数の適切な水準（最低人数）の引き上げを行った（厚生労働省 2012b）．また2013年度もこのような傾向は続き，さらに適切な水準の引き上げを行うとともに，「目標の理由・根拠・考え方を簡潔かつ具体的，できるだけ定量的に記載すること」として「定量的に」という文言を追加した（厚生労働省 2013c）．

　目標の導入から始まり，「就職等進路決定者数」へと目標を絞り，そして「適切な水準」（最低人数）の引き上げへと，次第に明確に，かつ厳しい目標を要求するようになったのであるが，その意図は何であったのだろうか．2013年度の問答集における以下のようなやりとりのなかに，厚生労働省の基本的な考え方が垣間見える．そこでは，ある団体から，「そもそも『目標』というのは，数値で表さないとならないということか」（厚生労働省 2013d：8）という質問が掲載された．この質問に対する厚生労働省の回答は，

　「ご存じかと思いますが，国の事業については，事業の成果を目に見える
　数値という形で求められます．そのため，当初目標についても，対外的に
　客観視できるよう数値化し，事業目標として立てておく必要があります」
（厚生労働省 2013d：8）

というものであった．この質問は，サポステ事業の目標について，団体と厚生
労働省との考え方の差異を明確にしたものであった．目標を数値で表すことを
義務とすること自体に疑問を示したある受託者に対して，「国の事業について
は」と念を押し，「目に見える数値」を示し，「対外的に客観視」できるように
することといった行政事業全般に共通する要請を改めて説明した．

　この「目に見える数値」の重要性を裏付けるように，2014年度はいくつかの
重要な変更があった．ひとつは等級の導入である．これは前年度から事業を継
続して行う団体について，前年度の事業実績により応募することのできる事業
経費の等級が変わるシステムである．前年度の事業実績により，当該年度の事
業経費と当該年度の目標が決まる（厚生労働省 2014b）．

　前年度から同事業を受託している法人に関して，企画書様式欄に前年度の事
業実績の記入を求めるようになった．事業実績の指標は「就職等進路決定者
数」，「うち就職者の数」，「当初目標進路決定者数」，「新規登録者数」，「のべ相
談件数」の5つであった（厚生労働省 2014c）．また事業実績が低調な団体に関
しては，企画書に改善計画書を添付することを求めた（厚生労働省 2014b）．こ
の事業実績に関しては，2015年に評価期間や対象者の状態による細分化（厚生
労働省 2015c），2016年度に項目追加（「改善項目数」「定着率」）があった（厚生労働
省 2016b）が，基本的には2014年から2016年まで類似した評価枠組みであった．

　2014年の変更は，厚生労働省の「目標」および「実績」に関する考え方の変
化を意味していた．2014年以前から，問答集には事業目標に関するものがいく
つか掲載された．最初に目標に関する記述欄のできた2009年度の問答集では
「平成21年度の企画競争では，平成20年度のサポステの実績も問われるのか
（20年度の実績が悪いと不利か）」（厚生労働省 2009c：4）という質問に対して，「平成
20年度の実績も評価の一要素になり得る」（厚生労働省 2009c：4）と回答した．
また2010年度の問答集では，

　「仕様書1(4)ホにおいて，『平成22年度地域若者サポートステーション事業
　を実施するにあたり，利用開始から6ヶ月経過時点で，継続的に支援した

　　者のうち，より就職等に結びつく方向に変化した者の割合を60％以上，就
　　職等進路決定者（就職・進学・復学・職業訓練受講等による進路決定者をいう．）の
　　割合を30％以上達成を目標とすること』とされているが，これらを達成で
　　きなかった場合，平成23年度以降何らかの影響があるのか」（厚生労働省
　　2010a：3）

という質問に対して，「目標を達成できなかった場合には，爾後の地域若者サ
ポートステーション事業実施団体選考時の評価等に反映させることはあり得
る」（厚生労働省 2010a：3）と回答した．また，2013年度問答集では，

　　「仕様書4(5)『本事業を実施するにあたり，就職等進路決定者数について，
　　……適切な水準……を設定すること』について，各上限金額に応じて進路
　　決定者数が示されており，企画書内でも目標設定とされているが，これは
　　あくまでも目標であり，事業年度の実績値（最低限度の進路決定数＝ノルマ）
　　として求められるものではないとの認識で良いか」（厚生労働省 2013d：8）

という質問に対して「目標としてありますので，ご質問のとおりあくまでも目
標ですが，目標として掲げている以上は，結果としてその目標を超えることが
求められます」（厚生労働省 2013d：9）と回答した．
　これらより明らかなのは，実績の記入が求められていなかった時期からすで
に，応募団体のあいだでは「目標」と「実績」が評価にどのように使われるの
かに関心・懸念が示されていたことである．それらに対しての厚生労働省から
の回答は，「実績も評価の一要素になり得る」（厚生労働省 2009c：4）や，「選考
時の評価等に反映させることはあり得る」（厚生労働省 2010a：3）として可能性
を示唆するにとどめられていた．また事業目標に関しても，ノルマとして求め
られるものではないのかという質問に対して「ご質問の通りあくまでも目標」
（厚生労働省 2013d：9）であるとして，「超えることが求められ」（厚生労働省
2013d：9）てはいるがノルマではないという姿勢をとっていた．
　しかし，「『平成26年度地域若者サポートステーション事業』に係る企画書募
集要項」では，前年度から事業を受託していた団体の応募について，2014年度
から前年度の事業実績にもとづいて希望等級を記入する方式に変更したのに加
え，

　　「希望する等級に関わらず，審査の結果，厚生労働省において等級の変更

（すなわち認定金額の変更）を行った上で認定することがあることに注意すること．このため，事業の実施にあたり，これを下回ると事業が実施できない最低受託等級を明記すること．審査の結果，<u>最低受託等級を下回る等級での評価となった場合，当企画は不採択となる</u>」（厚生労働省 2014d：10　下線部は原文通り）

となった．これは前年度の実績によっては前年度と同じ規模・人員で事業を実施することが出来ない可能性，あるいは事業そのものを維持できない可能性があることを示唆したものであった．事業実績・目標が，サポステを委託する団体を選考するうえで重要な要素として位置づけられるようになった．

　2014年より事業実績と予算・事業目標との関連が明示されるようになったのであるが，ここで希望等級を算出する指標となる「事業実績」の指標として「就職等進路決定者数」が用いられていた（厚生労働省 2014d：2）．事業目標や支援対象者については就職に焦点化しながらも，評価の対象となる事業実績は「就職等進路決定者数」として就職以外の進路の利用者も含めることができるよう，幅をもたせていた．支援対象者の枠組みの変更（本節（1）参照）が行われた2015年の問答集では，

　　「支援対象者が「事業目標が『就職者（雇用保険被保険者資格を取得しうる者に
　　限る）』となっているが，今まで進路決定としていた『職業訓練』や『進
　　学』については全く評価されないのか」（厚生労働省 2015d：3）

という質問に対し，

　　「事業目標は，『就職（雇用保険被保険者資格を取得し得る者）』に限りますが，
　　支援対象者の状態の変化や支援の結果としての職業訓練や進学等について
　　は，引き続き評価を行いたいと考えます」（厚生労働省 2015d：3）

と回答した．就職（特に雇用保険被保険者資格を取得しうる者）を対象としながらも，サポステにおける相談・支援の結果として進学あるいは職業訓練に通うことが決まったケースについては評価の対象に含めるという姿勢を示した．

　また最低等級に関しては「X人未満」として，実績に下限を設定していなかった．最小の事業経費しか支給されないため，事業が縮小あるいは維持できなくなる可能性はあったものの，事業実績は「プラス評価」のための要素であり，

事業実績による「マイナス評価」は行っていなかった.

　事業実績による「マイナス評価」の可能性に関する項目を追加したのが,
2017年度であった. 同年度は選考方式そのものを従来と変えたことなど多くの
変更点があるが, この点は重要な変更のひとつである. 事業目標に関して,

> 「(4)本事業を受託する上での事業目標を記入すること　※アからク以外に
> 任意で設定する事業目標がある場合は追記すること. ア　就職率（全体,
> うち集中訓練プログラム参加者の就職率, うち職場体験プログラム参加者の就職率),
> イ　定着率, ウ　利用者満足度, エ　新規登録件数, オ　就職件数, カ
> 進路決定件数, キ　中退者情報共有件数, ク　アウトリーチ支援件数, ケ
> （以降追加可能な欄2行）(5)上記(1)〜(4)について, スタッフ全員で共有するた
> めの具体的方法を記載すること」（厚生労働省 2017b)

とした. このうち等級表に反映された指標は「就職率」「定着率」「満足度」
「新規登録件数」と「就職件数」であった. 従来通りこれらの指標により等級,
事業経費が決まる. さらに, 以下のような説明がなされている.

> 「事業実施期間終了時点において, 事業実績が目標に比して著しく低い場
> 合, 契約不履行として, 以下の措置を講ずる場合がある. (ア)委託費の減額
> 就職件数又は就職率の実績が目標値の5割に満たない場合, 契約額の2割
> を上限に委託費を減額する場合がある. (イ)翌年度の入札への参加の制限就
> 職件数又は就職率の実績が目標値の3割に満たない場合, 翌年度の入札へ
> の参加を制限する場合がある」（厚生労働省職業能力開発局キャリア形成支援
> 課・千葉労働局 2017a：62)

　これは, 目標が「プラス評価」の材料（事業経費の増額の可能性）だけでなく,
「マイナス評価」の材料（委託費の減額, 入札への参加制限）としても用いることを
示したものである. この変更について, 同年の問答集では以下のような質問が
寄せられた.

> 「常設サテライト設置個所によって, 対象地域の人口の差が大きくある.
> その中で, 新規75名以上, 就職決定45名以上はどういった根拠で設定され
> たものなのか？　また, 過去の実績や地域の状況を踏まえた上で, 新規登
> 録・決定者数の変更は可能か？」（厚生労働省 2017c：2)

という内容である．明言は避けられているが，地域による人口（とくに若年者人口）の差が大きいにもかかわらず，その点が考慮されていないことへの懸念を表明した質問であると考えられる．この懸念に対して，厚生労働省は

> 「平成27年度実績（160か所で就職件数15479件）を踏まえ，全国ベースの目標件数を算出した上で，事業規模に応じて全国一律の目標を設定したものであり，目標値の下方修正は認めない」（厚生労働省 2017c：2）

として，必ず履行することを求めた．

（4）　事業予算について

予算に関してみると，1つのサポステ当たりの事業経費（上限額）は**表3**のように変化してきた．

列の①〜⑥の数字は，同一年度の事業経費の上限が複数定められている場合①（最少額）から⑥（最大額）までに分類したものである．2008年に新規応募と継続応募で事業経費の上限額を分けたことはあるが，2006年から2010年までは事業経費の上限額は全国一律であった．

2011年以降は，各年度**表4**のような算定基準・条件に従って事業経費上限額がきまることになった．

ここまで，各種資料から厚生労働省の「地域若者サポートステーション事業」への考え方の変遷を読み取ろうとしてきた．そのなかで明らかになってきたのは「事業目標」「事業実績」に関する説明責任を各サポステに求める姿勢は年を追って強まり，事業経費，あるいは事業受託そのものへの事業目標・事業実績の影響力を強めるという具体的な手段を伴うということであった．

（5）　職員について

厚生労働省は，地域若者サポートステーション事業の担い手（職員）に関してどのように考えていたのだろうか．事業の企画書（2017年度は提案書）の様式においてサポステのスタッフの状況に関して，全員について報告欄がつくられたのは2009年度からである．「地域若者サポートステーション事業実施上の役割」，「職名」，「常勤・非常勤の別」，「専任・併任の別（併任の場合，従事する事業を月又は日単位で区分しているか）」，「氏名」，「年齢」，「性別」，「保有資格・実績・経歴」などの項目は現在まで共通である．

表3　地域若者サポートステーション事業　事業経費（1事業所当たり，上限額，国
費措置分）の推移（2006～2016年度）

（単位：円）

	①	②	③	④	⑤	⑥
2006	10,977,000					
2007	17,487,000					
2008	14,820,000	17,663,000				
2009	16,447,000					
2010	15,984,000					
2011	12,308,000	15,507,000				
2012	11,900,000	15,105,000				
2013	30,967,000	34,169,000	37,307,000	39,874,000		
2014	14,000,000	17,000,000	20,000,000	23,000,000	2,600,000	
2015	11,000,000	15,500,000	17,500,000	19,500,000	2,150,000	28,000,000
2016	12,000,000	16,000,000	18,000,000	21,000,000	2,450,000	33,500,000

注：1）比較のため，事業経費のうち，すべてのサポステが行うわけではなく，実施を希望するサポステ
のみ別に企画書を提出して審査を受ける事業（平成27年度若年無業者集中訓練プログラムなど）に
関するものは除外した.
　　2）条件［表4参照］により異なる場合は①［最も低い］から⑥［最も高い］まで記した.
出所：厚生労働省 2006a，2007a，2008a，2009d，2010d，2011d，2012d，2013e，2014b，2015e，2016c
より作成.

　このなかで，「保有資格・実績・経歴」に関しては年を追ってより詳細に説明が求められるようになった．2010年度の企画書様式において「※キャリア・コンサルタント等の資格を保有する場合は必ず記載すること」という注記がなされた（厚生労働省 2010c）．ここで「キャリア・コンサルタント等の資格」という記述から明らかなように，特に詳細を記入するよう求められたのはキャリア関係の資格に関する内容であった．2011年には資格に関する記入欄の注記で，

　　「※2　キャリア・コンサルタント等の資格を保有する場合は必ず具体的
　　に資格名を記載すること　但し，以下キャリアコンサルタント標準レベル
　　相当に該当しない資格は記載不要のこと.
　　【キャリア・コンサルタント標準レベル相当】キャリア・コンサルティン
　　グ技能士（1級，2級）キャリア形成促進助成金の対象となるキャリア・コ
　　ンサルタント能力評価試験として指定される試験の合格者・産業カウンセ

表 4　地域若者サポートステーション　事業経費上限額の算定方法

2008	平成19年度から同一地域でサポステ事業を実施している団体が企画書を提出する場合は②が予定額となる.
2011	3 つの条件（対象地域のニート数の推計値が3900人以上，平成24年 4 月から11月までの「のべ来所者数」が1800人以上，平成21年10月から平成22年 5 月までに登録した者の「就職等進路決定者数」が30人以上［平成21年度からの継続事業所のみ］）のいずれかに該当すれば②，いずれにも該当しなければ①
2012	A：平成23年 4 月から10月までの「相談件数」に以下の(1)又は(2)のいずれかの数値を乗じた件数が1,570件以上（小数点以下四捨五入）であれば②，未満であれば① (1)平成23年度サポステ事業において，委託費上限15,507千円（消費税及び地方消費税を含む.）の事業に応募し，事業を受託した者についての数値は，「1.00」とする. (2)平成23年度サポステ事業において，委託費上限12,308千円（消費税及び地方消費税を含む.）の事業に応募し，事業を受託した者についての数値は，「4/3」または，「1.33」とする. B：平成22年10月から23年 4 月までに登録した者の 6 カ月経過後の「就職等進路決定者数」に以下の(1)又は(2)のいずれかの数値を乗じた件数が40人以上（小数点以下四捨五入）(1)平成23年度サポステ事業において，委託費上限15,507千円（消費税及び地方消費税を含む.）の事業に応募し，事業を受託した団体についての数値は，「1.00」とする. (2)平成23年度サポステ事業において，委託費上限12,308千円（消費税及び地方消費税を含む.）の事業に応募し，事業を受託した団体についての数値は，「4/3」または，「1.33」とする
2013	平成24年 4 月から平成24年10月までの「就職等進路決定者数」に次に掲げる(1)又は(2)のいずれかの数値を乗じた件数が(ア)128人以上（小数点以下四捨五入）であれば③，(イ)78人以上127人以下（小数点以下四捨五入）であれば②，(ウ)40人以上77人以下（小数点以下四捨五入）であれば①. (1)平成24年度サポステ事業において，委託費上限15,105千円（消費税及び地方消費税を含む.）の事業に応募し，事業を受託した団体についての数値は，「1.00」とする. (2)平成24年度サポステ事業において，委託費上限11,900千円（消費税及び地方消費税を含む.）の事業に応募し，事業を受託した団体についての数値は，「4/3」または，「1.33」とする.
2014	〔平成25年度 4 月から11月までの進路決定者数〕÷8×12カ月×0.8 で得られた値が，70未満であれば①，70以上110未満であれば②，110以上150未満であれば③，150以上200未満であれば④，200以上であれば⑤
2015	平成25年度11月から平成26年10月までの進路決定者数が70未満であれば①，70以上110未満であれば②，110以上150未満であれば③，150以上200未満，新規登録者が220以上であれば④，進路決定者が200以上，新規登録者が220以上であれば⑤，⑤と同じ条件でキャリアコンサルタントが常駐予定であれば⑥（地方公共団体からの支援により内容又は体制の充実が見込まれる場合は，実施可能等級の範囲内で一等級引き上げることができる.）
2016	就職決定実績が70人未満であれば①，70人以上90人未満であれば②，90人以上110人未満であれば③，110人以上140人未満・新規登録者160人以上であれば④，140人以上・新規登録者160人以上であれば⑤，⑤の条件でキャリアコンサルタントが常駐予定であれば⑥.（H27年度と同様に地方自治体からの支援による内容又は体制の充実が見込まれる場合は実施可能等級の範囲で一等級引き上げることができる.）

注：表中の①〜⑤は表 3 と対応．新規応募は原則①の経費が適用.
出所：厚生労働省 2008a，2011c，2012e，2013f，2014b，2015e，2016c より作成.

　　ラー・臨床心理士，精神保健福祉士，社会福祉士，教員免許等」(厚生労働
　　省 2011b)

と記されている．教員免許，社会福祉士，臨床心理士など多様な分野の資格を
「キャリア・コンサルタント標準レベル相当」として括っている．ただし，こ
れらの資格とは別に「若者自立支援の経験」に関しても記入欄が設けられてお
り，多様な資格・経験をみながらもキャリア・コンサルタントを中心に据える
という姿勢であった．2015年からは，最も事業経費の大きい等級（S 等級）へ
の引き上げ条件としてキャリア・コンサルタントの常駐を求めた（厚生労働省
2015e：2）．

　　厚生労働省は，サポステ事業の職員の資格・経験については一定の関心を払
ってきたが，基本的な人員配置や専門形成（教育）に関してはそれほど明確な
姿勢を打ち出していたわけではなかった．「サポステのスタッフで常勤である
ことが必要なスタッフはいるか」(厚生労働省 2015f：3) という質問に対して，

　　　「常勤でなければならないスタッフはいませんが，サポステ事業について，
　　　責任を持って効果的に実施する観点から，常勤職員は配置されているか，
　　　資格・経験は十分等，スタッフ体制の充実については企画書の評価におい
　　　て重視します」(厚生労働省 2015f：3)

と回答した．評価にスタッフの体制が入っていることを示しながらも，常勤職
員の配置は評価にとってプラス要素ではあるが，必須ではないとした．ここで，
常勤・非常勤に関しては，独特の考え方をとっている．「企画書に記入するス
タッフ体制欄の常勤・非常勤の考え方は」(厚生労働省 2015f：3) という質問に
対して，

　　　「団体の雇用形態ではなく，サポステでの勤務形態を基準に判断します．
　　　サポステでの勤務時間がサポステでの開所時間以上又は一週間あたり40時
　　　間程度の勤務時間で常勤と考えます．（休暇等は除く）例えば，一週間あた
　　　り3日24時間はサポステで勤務し，2日16時間に他事業，または他のサポ
　　　ステ事業に従事している者は，その団体に40時間の勤務を行う常勤職員か
　　　もしれませんが，企画書に記入する際には非常勤として扱われます」(厚
　　　生労働省 2015f：3)

とした．

　スタッフの資格・経験には審査にあたり一定の関心を払っていたものの，技能形成の機会の確保に積極的であったかに関しては不透明な部分がある．象徴的なのは2010年度の問答集に掲載された以下の質問・回答である．

　　「仕様書2(3)『本体事業の委託費で措置することのできる経費』の『ヲ
　　ジョブ・カード講習への参加旅費』に関して，ジョブ・カード講習への参
　　加旅費のみ委託費で措置でき，それ以外の研修等への参加旅費については
　　委託費で措置できないのは，どのような考え方によるものか」(厚生労働省
　　2010a：3)

という質問に対して，

　　「サポステスタッフの各種研修等の受講に係る経費（受講料，旅費等）につ
　　いては，最終的に本人に帰属する『資産形成』に係る経費と言わざるをえ
　　ないこと，地方交付税措置との関わりで国費支給の使途を極めて限定的に
　　認めていること等にかんがみ，委託費措置の対象とはしていないところで
　　あるが，ジョブ・カード講習受講に係る旅費については，ジョブ・カード
　　の活用を今後の労働市場政策の中心的課題に位置付け，その実績伸張が求
　　められる中で，若者自立支援機関であるサポステにあっても寄与・成果が
　　期待されるものであり，ジョブ・カード交付業務従事に当たっては，ジョ
　　ブ・カード講習受講が必要とされていることから，例外的に委託費の措置
　　対象としたもの」(厚生労働省　2010a：3-4)

と説明した．ここで，スタッフがさまざまな研修を受けるための経費が「最終的に本人に帰属する『資産形成』にかかわる経費」(厚生労働省　2010a：4) として，委託費の措置対象外であると見なされていること，質問の対象となった研修（ジョブ・カード関連）が「例外」と明記された点は重要である．このように一部例外を除いて，個々人のスタッフの必要に応じた技能形成のための機会（研修など）のための費用については，サポステ事業からの措置は行わないというのが厚生労働省の示した姿勢であった．

第 6 節　事業開始後の審議会等における議論

　事業開始後に学識者，厚生労働省の担当者，ときに事業を受託する団体の代表者（委員あるいは報告者として）などが出席し意見が交わされた場として厚生労働省の審議（労働政策審議会若年労働者部会・職業能力開発部会），検討会（「地域若者サポートステーションの今後のあり方に関する検討会」2011年）がある．これらのなかでは，人材育成，評価，事業のあり方をめぐり，実態に照らした意見が出された．

　第12回労働政策審議会職業能力開発分科会若年労働者部会（2014年10月30日）では，議題の1つとして「地域若者サポートステーションに関する有識者ヒアリング」が行われた．これは実際にサポステを受託，運営したNPO法人の代表（NPO法人ICDS代表　深谷理事長）が発表を行い，それに関する質疑応答するという形式で行われた．深谷氏の発表のなかに「若者支援・サポステ運営に関する課題」というスライドがあり，その説明のなかで人材育成について以下のように発言した．

　　「サポートステーションは単年度の契約ですので，働いている職員も基本的に皆さん単年の契約社員ですから，正に非正規雇用です．かつ，サポートステーションを受託させていただくことが分かるのが，大体年が明けてからになります．ですから働いている側の人間にとっては，自分の次年度の働く場所が2月か3月にならないと確定しないという中で，毎年毎年働いております．」（厚生労働省 2014e）

　深谷氏による上記の発言は，前節でみた年度ごとの企画競争（2017年度は一般競争入札）というサポステの事業形式のもとでは，技能形成，人材育成の見通しを持ちづらいことを示すものである．発表のあとの質疑応答において，玄田有史委員は次のように述べた．

　　「もう一点，恒常的に対応が必要なのは，サポステもそうですが今は様々な形で若者の自立を支援してくださる個人や機関が増えてきているときに，こういう支援をされている方を，決して使い捨てにしてはいけないという観点をこれからは考えていかなければならない．若者が苦しいときだけ支

援者に頼り，また状況が良くなったらそれで改正するということでは，支援者自体が育ちません.」(厚生労働省 2014e)

　玄田委員は，サポステ事業の現在の事業形態や課題を踏まえたうえで，「個別的，持続的，包括的支援と並んで，やはり恒常的，安定的な支援をしていくような論点」(厚生労働省 2014e) の重要性を指摘した.

　玄田委員の発言にあった「恒常的，安定的な支援」に関する議論は，次の回(第13回労働政策審議会職業能力開発分科会若年労働者部会，2014年11月19日) にも行われた. 同会における「若年労働者部会報告 (案)」(厚生労働省 2014f) に関する議論において，吉永和生氏 (厚生労働省職業能力開発局総務課長：当時) は，

　　「また，恒常的・安定的にというところも記載しておりますが，これも地
　　域若者サポートステーション事業で申しますと，現在，補正予算で対応し
　　ているという形で，いつまで予算があるかどうか分からないということも
　　ありますし，あるいは毎年入札をかけているということで 3 月末になった
　　ら，翌年度同じ支援機関が，その事業を受けられるかどうかもよく分から
　　ないという状況もあります. こういう観点からしますと，地域における必
　　要な機関として，ある程度，一定期間きちんと窓口があって，その中で安
　　定的に支援をしていくということが極めて重要な観点ではないか. そうい
　　う思いから，玄田先生の前回の御指摘を踏まえて記載いたしました. 考え
　　方としては，遠藤委員もおっしゃっておられたとおり，自助努力や自己責
　　任によって解決できない課題を抱えていらっしゃる若年者の方に対して，
　　必要なときに必要な支援をきちんと行っていくということが何より重要で
　　はないかと考えております」(厚生労働省 2014g)

と発言した. この発言から，「3 月末になったら，翌年度同じ支援機関が，その事業を受けられるかどうかもよく分からないという状況」については厚生労働省側も認識し，「一定期間きちんと窓口があって，その中で安定的に支援をしていく」(厚生労働省 2014g) ことの重要性を認めていることは明らかである. しかしこの審議会が開かれた2014年はサポステ事業における事業目標・事業実績・事業経費の関連付けが明確化された年でもあった (本章第 5 節 (3)). 厚生労働省の事業担当の複雑な立場が垣間見えるやりとりが同13回労働政策審議会職業能力開発分科会若年労働者部会のなかであった. この日まとめられた「若

年労働者部会報告（案）」（厚生労働省 2014f）の「若年労働者部会報告（案）」の
以下の下線部の部分に関するやりとりであった．

　　「一方，サポステに対しては，平成25年度の秋の行政事業レビューにおい
　　て，事業の有効性，費用対効果に関しての説得的な分析がなされておらず，
　　事業に終期を設けるなど事業の出口戦略が必要ではないか等の指摘がなさ
　　れているところである．こうした状況の下，ハローワークとの連携や職場
　　体験の充実を図るとともに，就職した者に対する職場定着支援を全国で実
　　施するなど，より効率的・効果的に事業を実施できるよう必要な見直しを
　　行った上で，期待される機能をサポステが安定的に果たしていくようにし
　　ていくことが必要である．また，各サポステが有するノウハウや経験の普
　　及，研修体制の整備や好事例の周知，支援にあたる専門人材の育成を通じ
　　て，機能の強化を図っていくべきであり，関係機関との連携や理解・協力
　　も不可欠である．」（厚生労働省 2014f　下線部は筆者による）

　サポステ事業に関する記述のうち，下線を付した「効率的・効果的」という
箇所について玄田有史委員が以下のような質問を行った．

　　「せっかくなので教えていただきたいのは，3ページの4行目にあえて，
　　『より効率的・効果的』という『効率』と『効果』という言葉を併用して
　　表現されているのは，何か深い意図がおありだと思うので，改めて伺って
　　おきたいです．『効率』という言葉は，経済学の中でもある程度明確な定
　　義がありますが，『効果的』というのは非常に解釈の余地のある言葉に思
　　いますが，これをあえて2つ表現されたことに深い意味があれば教えてい
　　ただきたいです．」（厚生労働省 2014g）

　この質問に対して，吉永和生氏（厚生労働省職業能力開発局総務課長：当時）は，
以下のように説明した．

　　「この点については2ページの後の2行の所から記載がありますが，行政
　　事業レビューという形で，財政支出について非常に厳しい指摘がなされて
　　いる中で，私どもはサポステ事業は極めて重要な事業だと思っております．
　　こうした指摘を踏まえる形で，一方で私どもが是非必要だと思っているニ
　　ート対策を進めていくに当たっては，こうした観点が不可欠であるといい

ますか，こういう観点がないと，逆に言うと財政的な裏付けができなくな
ってしまうという課題もあります．効率的・効果的という幅が広い概念で，
何が効率的か，何が効果的かというところがあるわけですが，サポステに
は様々な課題を抱えていらっしゃる方が来るわけですが，その方々に適切
な支援を行っていく．あるいは，どうしてもサポステだけで受けきれない
方々については専門の機関もありますので，そちらに誘導するということ．
あるいは，ハローワークが入口の所から関与していくということ．そうい
ったものを考えながら，全体としてのニート対策が効果を上げていけるよ
うな形にしていくということ．そういう形で行政事業レビューの指摘と私
どもの事業の目的をうまく均衡させていきたいという思いで，あえて記載
しているところです．」（厚生労働省 2014g　下線部は筆者による）

　ここで吉永氏は「効果的」という言葉に関して，「こういう観点がないと，
財政的な裏付けできなくなってしまう」と述べたが，これは管轄省庁としてサ
ポステ事業の意義・現在までの進捗について他の省庁等に説明を行う厚生労働
省の担当課の立場の難しさをあらわすものであった．

地域若者サポートステーション事業の今後のあり方に関する検討会
　審議会においてサポステ事業の担い手，職員のことについて議論が交わされ
るのに先立って，「地域若者サポートステーション事業の今後のあり方に関す
る検討会」（2011年）においても職員のあり方について議論がなされた．2011年
度の検討会における議論の特徴は，2006年から5年間の事業経験を通じて明ら
かになった課題を取り上げたことである．たとえば，複数のサポステの受託・
運営を行ってきた法人の代表である佐藤洋作氏は，現状の問題点について以下
の指摘をした．

　「NPO的な各地の支援団体がこの事業を委託して，ある種の委託費をもら
　って事業をするようになったのは，地域にある社会的資源を公共的な事業
　に転嫁する意味で非常に大きかったと思います．それは大体発掘し切って
　しまっているというか，そこで一杯になってしまっていて，事業のニーズ
　に応えられなくなっているのが実態なのです．新しく要員を付けようとす
　ると，どうしても団体の外から連れてこなければいけない．そうすると，
　資格要件の問題が出てきたり，専門性の問題が出てくる．それなのに一年

雇用ですと, なかなか定着しないし, キャリアが形成されていかない.」

(厚生労働省 2012c)

サポステを含めた「ある種の委託費をもらって事業をする」(厚生労働省 2012c) という形態の意義を認めつつ,「発掘し切ってしまっている」(厚生労働省 2012c) という佐藤氏の指摘は重要である. 前節において, 地域若者サポートステーションの職員の研修費用に関する質問に対して「最終的に本人に帰属する『資産形成』に係る経費と言わざるをえないこと」(厚生労働省 2010a : 4) と述べたように, 研修等は委託費の枠外におかれてきた. また年度ごとの契約という事業の性格上, 雇用も不安定になりやすかった.

佐藤氏は,「研修制度あるいは資格認定制度等, 系統的な仕組みを作った上で, それに合わせた形で認定支援員にこうした労働条件を保証する. そして, 経験と実績を積んだ上で認定化される資格要件にまで到達するラダーを作っていくということ」(厚生労働省 2012c) の必要性を指摘した. また資格認定制度について「一週間, 二週間の講座で終るようなものでは駄目だと思います」(厚生労働省 2012c) としたうえで「大学のアカデミズムの中で認定する」(厚生労働省 2012c) ことに言及し, アカデミズムと現場におけるキャリア形成の両方が必要であると述べた.

第7節 「秋のレビュー」の影響

内閣府行政改革推進本部が実施する秋の行政事業レビュー (2013年11月13日実施) において, サポステ関連事業に関する検討が行われた. 評価者は歳出改革ワーキンググループの構成員であり, 法律・経済・経営に関する学識者, 弁護士, 企業人が中心である. サポステの本体事業については「事業目的に沿った適切な PDCA サイクルの活用による事業運営が行われているか」「本事業以外にもセーフティネット事業の拡充や地方及び民間による取組が進んでいる中, 事業は有効といえるのか」(行政改革推進会議 2013a) という論点からの評価が行われ, 各々について厳しい評価を得た. コメントは, 地方自治体等の責任において実施すべき事業であるという意見, 他の事業との重複を懸念する意見, 説得的な説明・分析がなされておらず効果が不明瞭であるという意見に大別される. 全体の評価としては,

「地域若者サポートステーション関連事業については，対象や地方自治体
等との役割分担が明確ではなく，また，事業の有効性，費用対効果に関し
ての説得的な分析もなされておらず，PDCAサイクルの活用による適切
な事業運営が行われているとは言い難い．今後，各サポステの実績の把
握・評価やサポステ卒業者の就労状況やその後の継続性についての把握等
に取り組むべきではないか．本事業以外にも地方自治体及び民間による取
組，生活困窮者自立促進支援の枠組みづくりが進められている中，事業は
有効とは言い難く，事業に終期を設けるなど事業の出口戦略が必要ではな
いか」（行政改革推進会議 2013b）

というものであった．サポステにおいて2014年度に支援対象者や事業目標・実
績・事業経費について大きな変更がなされた（本章第5節(3)）が，この「秋の
レビュー」の評価を受けたものであったと考えられる．

　勤労青少年福祉法は，2015年に「青少年の雇用の促進等に関する法律」に改
正された．同法23条は，「国は，就業，就学及び職業訓練の受講のいずれもし
ていない青少年であって，職業生活を円滑に営む上での困難を有するもの（次
条及び第二十五条において『無業青少年』という.）に対し，その特性に応じた適職の
選択その他の職業生活に関する相談の機会の提供，職業生活における自立を支
援するための施設の整備その他の必要な措置を講ずるように努めなければなら
ない．」と定めた．同24条では，地方公共団体についても同様に定めた．サポ
ステは，同法23条に規定された，無業青少年の職業生活における自立を支援す
るための施設として位置づけられている（厚生労働省 2016d）．

　政府によるサポステ事業の位置づけは，若者の多様な問題への包括的な窓口
から，徐々に対象者を絞り込む方向に変化してきた．そしてその対象者を絞り
込む基準は，「就職を目標にし得る」というエンプロイアビリティが中心であ
った．

注

1）「若者の包括的な自立支援方策に関する検討会」は以下の構成員（敬称略・所属はす
　　べて2005年当時のもの）及び内閣府の政策担当者（事務局）から構成された．〈座長〉
　　宮本みち子（千葉大学教育学部教授）〈委員〉木下勇（千葉大学園芸学部助教授）・工藤
　　啓（特定非営利活動法人「育て上げ」ネット理事長）・玄田有史（東京大学社会科学研
　　究所助教授）・河野真理子（株式会社キャリアネットワーク代表取締役会長）・小杉礼子

（独立行政法人労働政策研究・研修機構副統括研究員）・齋藤環（医療法人爽風会佐々木病院診療部長）・萩原信一（東京都立新宿山吹高等学校校長）・村上徹也（社団法人日本青年奉仕協会調査研究主幹）であった．

第 5 章

地域若者サポートステーション事業の展開
──職員と若者の関係に注目して──

第 1 節　サポステに関する既存の資料の限界と調査分析の意義

　第4章では，主に管轄である厚生労働省の資料を用いて，サポステ事業について検討してきた．しかし，以上のような資料から見えてこない側面がある．それは実際に全国各地域のサポステにおいて，「どのような人が」若者と「どのようにかかわってきたのか」である．

　対象者を絞り込むという方針変更のような，大きな変化はつかめたものの，サポステがどのような人によって担われ，また訪れる若者，そしてサポステの外の人々や機関とどのような関係を形成してきたのかは明らかではない．

　実際にサポステ事業のなかで発見された問題，それに職員がどう関わってきたのかという実態は，必ずしも実施主体（厚生労働省）にすくいあげられてきたわけではない．それらは，事業の効率性という観点からは，「余剰」とされ記録から抜け落ちてしまう．しかし，上にみた政府のサポステ事業に関する方針の変化だけでなく，以降にみる地域におけるサポステ事業の実態もまた，「成人期への移行」を支える社会的ネットワークの結節点としての公的機関の可能性と困難を解明するうえで重要である．

　「成人期への移行」を支える人についてみたとき，日本はイギリスとは異なる有志─地方公共団体─政府の関係構造を持っていた（本章第1節）．日本では，「成人期への移行」を支える社会的ネットワークの結節点に公共機関を据えるという考え方は，比較的新しく，かつ，コネクションズ・サービスのように海外の実践の影響も受けたものであった（第4章参照）．このため，サポステの活動に関係機関，そして地域の人々がどのようにかかわってきたのかは重要な点である．

　サポステの活動のなかで事業の企画書・提案書における報告事項，評価事項

となるものは，全体のごく一部にすぎない．そして記録に残されない多くの部分のなかに，「成人期への移行」を支える社会的ネットワークの形成と変容を知るうえで重要な内容が含まれている．序章「分析視角」では，「どのような社会的ネットワークから何を得るか」を精緻に捉えることが社会関係資本理論の課題であることを示した．この点について4章で扱ったようなサポステ関連の文書資料から得られる情報は非常に少ない．本章は，1つのサポステへのインテンシブな調査を通じて，上記の点を検討し，「成人期への移行」支援をいかにして社会関係資本理論が捉えられるかという理論的精緻化を図ったものである．

第2節　異質的相互行為へのアクセスの困難と同類的相互行為の道具的限界

「移行の危機」にある若者への支援は，若者と支援者との相互行為，さらに支援者の有するネットワークを媒介としたより広範な他者との相互行為を基礎とする．この相互行為を社会関係資本の観点から考えるうえで Lin（2001＝2008）の議論が重要である．

　Lin（2001＝2008）は，社会関係資本について，その伝達を可能にする基盤となる2者間の相互行為に立ち返って検討し，社会関係資本を「目的的行為によってアクセス・動員される社会構造に埋め込まれた資源」（Lin 2001＝2008：52）と定義した．目的的行為は，資源の維持（表出的）と資源の獲得（道具的）という2種類の動機により生じる．前者の場合には，行為者は相手に対して，自らの有する資源に関しての所有権の承認や，自らの感情を理解することを期待する．後者の場合には，行為者は他の主体の有する資源（たとえば富や権力，名声，そして社会的ネットワーク）を自身の目的達成のために使用・動員することを期待する（Lin 2001＝2008：55-60）．

　また，Lin（2001＝2008）は相互行為の性質を2者の有する資源が類似している同類的相互行為と，2者の有する資源が不均衡である異質的相互行為に分類した．行為動機が道具的である場合には，異質的相互行為の方が期待される見返りが大きい．しかし相互行為の相手にアクセスするために「個人のもつ交際圏を越えることに多大な努力が必要」（Lin 2001＝2008：65）である．他方，同類的相互行為は相手にアクセスすることがより容易であり，資源の維持（表出的

動機）に対して期待される見返りが大きいが，資源の獲得（道具的動機）に関しては期待される見返りが小さい（Lin 2001＝2008：55-65）．本章ではリンの上の議論から導かれる，行為者の資源獲得について生じる２つの困難を，「① 異質的相互行為へのアクセスの困難」，「② 同類的相互行為の道具的限界」と呼ぶ．

Lin（2001＝2008）の提示した資源獲得のための相互行為のモデルを「移行の危機」にある若者の場合に適用することの妥当性，また修正点を探る．このためにサポステ事業の形成過程の分析を通じて，若者支援の文脈において「異質的相互行為へのアクセスの困難」と「同類的相互行為の道具的限界」がどのように認識され，また乗り越えようとされてきたのかを検討する．

本章においてサポステ事業に注目する背景として，同事業が日本の民間団体による若者支援と，1990年代後半から EU 諸国において実施されてきた若者支援という２つの異なる伝統の両者に依拠するものであることがある．

EU 諸国は日本に先駆けて積極的に若年失業問題に取り組んできた．EU 加盟国の若年失業問題に関する近年の政策に関して，各国に共通する点として「個人化されたサービスと手段への支援」（Pascual 2000＝2003：165）があげられる．EU 加盟国政府は，若年失業者に対して従来実施されてきた画一的なサービスを見直し，個々の若者の状況に応じて相談や支援を行うようになった．これは，若者の移行に資する社会関係資本を形成することを目標とした（Strathdee 2005）．

EU 諸国においてこうした問題が焦点化される1990年代後半から2000年代の前半という時期に，日本社会においては若者の教育・雇用の問題に関心が高まった．ただし，日本では若者期の雇用問題に関して公的な支援の先例がきわめて少なく，2000年代の EU 諸国の取り組みが日本政府の若者問題に関する検討会で紹介され，研究者や政策担当者の議論の俎上に乗ることとなった．サポステ事業は，イギリスのコネクションズ・サービスを重要なモデルとして導入されたものであることが指摘された（宮本 2012；Toivonen 2013）．

一方で，日本では公的支援に関心が高まる以前より民間の団体が支援を担ってきた．そこでは不登校やひきこもりなどの経験をもつ子ども・若者同士が「居場所」において同じ空間を共有し，受容と共感にもとづいた人間関係を形成することにより，自己肯定感や基本的な信頼を回復することが重視されてきた（住田 2004；荻野 2006）．先行研究では，居場所のような同類的相互行為を可能にする活動への参加は，肯定的な自己像を再び持つために重要とされる．他

方，これらの活動の場と外部社会との接続のあり方も課題とされた（佐藤
2005；荻野 2007；川北 2014）.

　サポステ事業は，事業の構想段階からこれら民間団体の一部の代表者が参加
した．サポステ事業は，コネクションズ・サービスとこれら団体の両者が源流
といえる．サポステ事業は両者の結節点となるもので，同機関における実践の
検討は，公的機関による「移行の危機」にある若者への支援を両者との関連か
ら捉え直すために重要である.

　本章の主題である支援機関における若者を主体とする相互行為は，進路決定
など何らかの目的を持って，自らよりもそれに関する資源が豊富であると期待
される他者に接触するという意味では，道具的動機による異質的相互行為が中
心となると仮定される．本章では若者がサポステの職員を第１段階の相互行為
の相手とし，さらに職員または機関の有するさまざまな社会的ネットワークを
通じて外部の他者（たとえば企業の採用担当者など）と第２段階の相互行為を行う
と考える．また来所した若者同士の間にみられる相互行為は，必ずしも目的的
行為に必要な資源が自らより多いことを想定しないため，ここでは同類的相互
行為として考える.

第3節　本章の研究主題と方法

　サポステ事業の委託団体による実践に関しては，委託団体が自主的にさまざ
まなプログラムを実施していることが明らかにされた（下村 2011他）．社会学領
域における先行研究には Toivonen (2013) がある．同書は，サポステ事業が
「ニート」という問題ラベルにもとづき形成されたのに対して，若者と接する
サポステの職員はこの問題ラベルの適用を保留し，信頼関係を形成すること，
つまり政策上のものとは異なるサポステ内部の論理を指摘した（Toivonen 2013）.
しかし，社会関係資本論からの観点，すなわち何が若者にとって価値ある資源
とされ，いかなる社会的ネットワークにより伝達されるのかは十分に考察され
ていない．また，サポステ事業は2004年9月から2005年6月にかけて実施され
た「若者の包括的な自立支援に関する検討会」における検討，および最も長い
事業所で10年近くの活動の蓄積があるにもかかわらず，単年度の活動紹介を超
えて，各事業所におけるプログラムの展開過程を明らかにした研究はまだない.

　本章ではサポステ事業において先行研究で検討されていない側面として，地

域の事業所での10年近くの展開の過程でのプログラムの変化に注目する．その際特にリンの社会関係資本概念（Lin 2001＝2008）に注目し，社会的ネットワークを形成する上での困難に関する 2 つの観点である「① 異質的相互行為へのアクセスの困難」と「② 同類的相互行為の道具的限界」という問題にどう対処してきたのかを明らかにしたい．具体的には，実際の事業所で実践が蓄積される過程で，どのように社会的ネットワーク形成に関する困難が認識され，また対処するための戦略が編み出されてきたのかを次節から明らかにする．

第 4 節　対象について

　本節では，京都若者サポートステーション（以下「京都サポステ」と表記）を事例に提供されるサービスの事業開始（2006年）からの経年変化およびその契機を，特にプログラムにおいて提供される社会的ネットワークの観点から明らかにする．京都サポステは事業開始年度（2006年）から継続して現在（2015年 5 月時点）まで委託を継続してきた18カ所の事業所の 1 つであり，最も活動蓄積の多い事業所の 1 つである．

　京都サポステを委託運営する京都市ユースサービス協会（財団法人）は，京都市から委託を受け市内 7 カ所の青少年活動センター，および「子ども・若者総合相談窓口」を運営している．通学・就労していない若者を対象とする本格的な事業は，サポステ事業がはじめてとなる．

　また，サポステ事業の実施要綱に記載された活動にとどまらず多様なプログラムを自主的に行い，各々に関する記録を報告書の形式で公開・保存しているため，これらを正確に把握すること，および実際に企画を立案・運営してきた職員にインタビューを行うことによりその活動を多面的に把握することが可能である．このため，事業開始からの展開を知る上で重要な対象であると考える．

　次節以降では，京都市ユースサービス協会の発行する2006年度から2013年度までの事業報告書（以降「事業報告書」と表記）をもとに，京都サポステにおいて実施された事業（付表 1 ）を，付表 2 のように「相談」「居場所」「就労」「保護者[2]」「アウトリーチ」の 5 つに分類した[3]．これらのカテゴリーにもとづいて，事業展開を概観し，その過程で生成された新しい活動に関して，職員への聞き取りからより詳細に明らかにすることで，「① 異質的相互行為へのアクセスの困難」，および「② 同類的相互行為の道具的限界」への対処という観点からみ

た，京都サポステにおける支援の生成と変化をみたい．

第5節　事業の推移と特徴

　2006年から2013年の事業報告書から各カテゴリーにおけるのべ利用件数をみると，「相談」および「アウトリーチ」の増加が顕著である．アウトリーチは，厚生労働省「高校中退者等アウトリーチ事業」の一環として2010年から行われたが，2010年から翌2011年にかけて，のべ利用者数が1238人から2227人と約2倍に増加し，それ以降は2000人台で推移した．「相談」ののべ利用者数も863人（2006年）から4196人（2012年）まで増加し，また2013年には3520人であり，全体的に増加傾向にあった．これに対して「就労」の年間のべ利用者数の平均は406人で増加傾向にあり，「居場所」ののべ利用者数の平均は81人であった．「相談」および「アウトリーチ」ののべ利用者数が，他のカテゴリーに比べて目立って伸びていた．増加の背景に関しては，本章第6節で詳しく検討する．

　「就労」，そして2011年に創設された「居場所」の2つのカテゴリーに関しては，特に京都サポステが独自に企画・実施してきたさまざまなプログラムがみられる．ここではその変遷に関して検討する．事業報告書の「行事一覧」には「行事名」「実施時期」「実施回数」および「各行事の内容」に関する記述があるが，これを年度ごとに集計したものを資料とした．その際，DuBois et al.（2002）の枠組みに依拠し，「プログラムの性質」「プログラムの持続期間」という2つの特徴に注目した．

　「プログラムの持続期間」については，すべてのプログラムの実施回数の中央値が4回であったことから「ひとつのプログラムにつき実施回数が4回以上」を「長期」，「ひとつのプログラムにつき実施回数が4回未満」のものを「短期」とした．「プログラムの性質」については，事業報告書に記載された各プログラムに関する説明から分類し，目的に関する説明において，①「学ぶ」「身につける」の語を含むものを「学習・習得」カテゴリーに，②「体験」「交流」の語を含むものを「体験・交流」カテゴリーに分類した．具体的には，「学習・習得」には就職に関する知識・あるいは自律訓練法など心理的な知識を講師から学ぶもの，またさまざまな職業についている人の講演・職場見学が含まれる．「体験・交流」には，青少年活動センターにおける喫茶・事務作業体験や，老人福祉施設・ユースホステルにおけるより長期の就労体験等が含ま

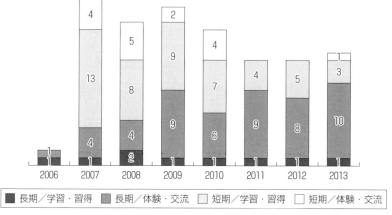

図5　「就労」および「居場所」プログラムの期間・内容別構成比
（単位：実施企画件数）

れる.

「プログラムの性質」および「プログラムの持続時間」という観点からみて
提供されるプログラム全体の構成比率をみると, 図5のようになる.

プログラムの期間でみると「長期」の比率が増加し, 2013年には全体の80％
近くになった. 2006年~2008年までは「短期」が全体の80％を占めた. 2011年
を境に「長期」「短期」の占める割合はほぼ逆転した. また, プログラムの性
質では, 2013年は「体験・交流」が全体の約70％を占め, 「長期」かつ「体
験・交流」のプログラムが最も多く実施された.

第6節　社会的ネットワーク形成の困難への認識と対処
──職員への聞き取りから

（1）　はじめに
本章第5節の検討から「アウトリーチ」の件数の増加, および「長期」かつ
「体験・交流」型のプログラムの占める比率増加という変化がみられた. 実際
の活動内容は個々のサポステが決定しており, それぞれのプログラムに関して
は, 京都サポステの職員が企画・運営を行っているため, 第5節でみられた変
化にも職員の判断が影響を与えると考えられる. 本章において京都サポステの

管理的な役割を担う職員（以下「調査協力者」と表記）の協力を得て行われた聞き取り調査により明らかになった点としては，次のようなことがある.[8]

　京都サポステでは2010年に高等学校などへの「アウトリーチ」を開始したが，個人情報の保護に関しては連携する機関の姿勢を尊重している．そのかわり，継続的に出張相談やセミナーなどを実施して繰り返し高校等に足を運び，若者の相談に応じるだけでなく，教員など関係者との信頼関係を形成しようとしてきた．また高等学校に加え，たとえば大学における進路未決定者向けの相談会，ハローワークでのセミナーや相談など他の場所でも活動を拡大し，京都サポステを知らない若者と出会う機会を増やしてきた.

　以下の（2）においては，京都若者サポートステーションで実施されている「長期」かつ「体験・交流」カテゴリーに含まれるプログラムのひとつである「アジプロ」を事例として考えることにする．まず，プログラムの概要を整理して，次に京都若者サポートステーションの管理職員への聞き取り調査の結果から，実際に「体験・交流」型のプログラムで若者がどのような人間関係を形成することが目指され，またそれが若者の進路にどのように役立つと考えられているのかについて検討する.

（2）　具体的事例を用いた検討

①　「アジプロ」の概要

　アジプロは「働くことを体験することで，自分の強みを意識したり，働く自信をつけたり，働く中での課題を意識すること」（京都市ユースサービス協会 2013：13）を目的として行われる．「アジプロ」という呼称は，「あたまと身体を使って，働くことをじっかん（実感）するプログラム」の略称である．活動内容は，京都市南青少年活動センターにおける喫茶コーナーでの就労体験と，京都市下京青少年活動センターにおける事務作業の体験である．実施回数（2013年度）は，喫茶コーナーでの就労体験は１つのプログラムにつき８回（合計８日間）行われた．事務作業の就労体験は１つのプログラムにつき７回であった．同一のプログラム内容が2013年の１年間に複数クール行われた．喫茶コーナーでの就労体験は，2013年度は３クール，事務作業の就労体験は２クール行われた．喫茶コーナーでの就労体験の第３クールは，2014年の１月20日から３月10日にかけて実施されており，１週間に１回程度のペースで就労体験が行われている．１つのプログラムは「説明会」「事前研修」「実習体験」「全体振

表 5　アジプロ（2013年度　第 3 クール）の段階・内容・期間

ステップ	内　　容	期　　間	時　　間
説明会		1 月20日	2 時間
事前研修	喫茶運営の流れと調理，接客マナー等を学びます．	1 月27日，2 月 3 日，2 月10日	各 3 時間30分
体験実習	センターの喫茶コーナーで，開店準備から調理・接客・片づけなどを体験します．体験後にはその日の振り返りを行います．	2 月17日，2 月24日，3 月 6 日	各体験 3 時間30分，振り返り 2 時間
事後研修	体験後の振り返りを行い，次のステップを職員と共に考えます．	3 月10日	3 時間30分

り返り」の 3 つの段階に階層化されている．なおプログラムの日数には含まれないが，参加のための説明会も行われる．たとえば，2013年度に実施された「アジプロ」のうち，南青少年活動センターで実施された喫茶コーナー（南青少年活動センター）での就労体験のプログラムは表 5 のようなステップ・期間・内容で行われている．

　アジプロにおいては「体験」及び体験内容の「振り返り」が非常に重視されている．総時間数1950分のうち，体験に630分，振り返りに570分が割り当てられており，体験と振り返りにほぼ同じだけの時間が割かれた．

　上記の「説明会」及び「事前研修」は，スタッフが利用者に対して体験に必要な知識や事項を説明するという形式をとった．これに対して，「体験実習」や振り返りを行う「事後研修」においては，スタッフは，利用者である若者が，他の利用者の若者や，喫茶コーナーに来客する人と積極的に人間関係を構築することを目指した．

②　「アジプロ」における若者同士の関係

　京都若者サポートステーションの「アジプロ」においては，就労体験時にまず目標を立てる．たとえば，2014年 3 月の「アジプロ」喫茶体験に訪問した．その際には，喫茶コーナーに「休まず参加する」「あいさつをする」などの目標を書いたボードが貼ってあった．参加者のひとりひとりが自分自身の目標を 1 つ立て，その目標は職員やほかの参加者と共有された．このように目標を立てる理由について調査協力者に尋ねたところ，振り返りの時に職員から漠然とその日の様子を聞かれるよりも，利用者の若者が話しやすくなるためであると

いうことだった.

　この振り返りには職員及び就労体験に参加した若者全員が参加し，参加者の
それぞれが立てた目標が達成できていたかを中心に意見交換を行う．このなか
での様子について，調査協力者は，参加者同士の意見のほうが参加者自身に対
して有効であると感じているといった．その理由については，同年代のほうが
本音に近く，信頼されやすいためではないかということであった．ただ，参加
者同士は知り合って日が浅いため，コミュニケーションを行うことが難しい場
合も多い．そのような場合には，職員が会話を助けることもあるという．

　プログラムを通じて参加者の若者同士が親しくなり，プログラム終了後も連
絡をとるようになることがある．この中で，同じプログラムに参加していた若
者の就職の決定など出来事が起こり，それが働く契機になることがあるという.
この点について調査協力者は，「出会いが背中を押す」と表現した.

③　「アジプロ」における若者と他の利用者の関係

　「アジプロ」の就労体験のうち喫茶コーナーにおける就労体験は，京都南青
少年活動センターの1階ロビーにある喫茶コーナーで行われている．この喫茶
コーナーを利用しているのは，南青少年活動センターの他の利用者である．ア
ジプロ」が実施されているのと同じ時間帯に，南青少年活動センターの設備を
利用している社交ダンスサークルがあり，そのメンバーが，「アジプロ」の実
施場所である喫茶コーナーの利用者の大半を占めている．このサークルは50代
から60代のメンバーが中心であり，サークルが終了する時間帯である正午に近
くなると喫茶コーナーはサークルのメンバーでほぼ満席となっている．京都若
者サポートステーションはこの社交ダンスサークルのリーダーに対して，「若
者の就労体験の場」であるというアジプロの趣旨を事前に伝えている．このた
め，たとえばプログラムに参加している若者が水を出すのを忘れるといったミ
スにも，喫茶コーナーの利用者は怒らずに対応している．また，喫茶コーナー
の利用者は帰り際に「ごちそうさま」「お世話さん」等プログラムに参加して
いる若者に声をかけていることも多い．これらの点において，「アジプロ」の
就労体験は一般の店舗での就労体験と比べ，若者が非常に参加しやすいものと
考えられる.

④　変化の背景

　次に，京都サポステにおいて，「長期」かつ「体験・交流」型のプログラムの比率が上昇してきたことに関しては，職員が若者の抱える問題に関して行ってきた，以下のような観察が，重要な契機になった．京都サポステの事業開始からの最初の数年間の企画の多くは，「どのような職に就きたいか」に関する若者の意識を高めることを目的とした．具体的には，伝統産業や国際交流などさまざまな仕事に就いている人を講師に招いた講座や，就職活動の際に必要なさまざまな情報を提供する講座を中心に行っていた．しかし，調査協力者によると，相談において利用者と接するなかで，「どのような職に就きたいか」以前に「仕事に就く自信がない」という状態の若者が多かった．このような若者の声を受けて，「体験―交流型」それも単発ではなく一定期間継続して行う「長期」のプログラムが多く企画され，行われるようになった．

　また，調査協力者によると，個別相談のなかで次第に見えてきた課題があった．当初は「働く自信がない」という悩みに対して，職員が1対1の相談活動を通じて若者の持つ強みを発見するという方法をとっていた．具体的には，利用者が「短所である」と考えている点が，長所にもなりうるという点（例：「落ち着きがない」という短所は「よく気が付く」に変わりうる）を説明し，実際に利用者に自身の長所を探してもらう作業をした．しかし，継続した相談の過程で，アドバイスされた強みをそのまま履歴書に記入したとしても，面接で実際に尋ねられた際に言葉に詰まってしまう若者がいた．

　しかし，自らの強みを表現することが非常に苦手だった若者が，上記の長期かつ体験・交流型のプログラムにおいて他者から評価され，感謝された経験を話すという形式であればよりためらいなく話すことができる傾向があるという．

　このような個別相談だけで「強み」を見つけることには限界があり，それに対して先にみたアジプロのようなプログラムに参加した経験は有効であった．具体的には，参加することにより，利用者はたとえば「一度も遅刻・欠勤なく参加できた」ことや「何かを提案してうまくいった」など，何らかの「ゆるぎない結果」を得られる．これらの結果をもとに利用者が認識した自身の強みは，キャリアカウンセリングなど相談活動だけで導き出した強みに比べて，より面接の際に表現しやすいという．また，自分を表現することが苦手な若者であっても，ある出来事に関して「他者から評価された」または「感謝された」などの形式であればよりためらいなく，自らの「強み」，PRポイントを話すこと

ができるという.

⑤　相談のなかでの働きかけ

　このように若者同士の関係が「強み」の承認において強調される一方, 職員による相談も重視される. 調査協力者の説明によると, 京都サポステを訪れる若者の中には, 高校・大学を卒業してからしばらく仕事に就いていない期間がある人や, 卒業後就職した企業を離職した後しばらく求職活動を行っていなかった期間のある人が多い. 調査協力者はこれを「履歴書の空白」と呼び, 採用選考時に必ず注目され, また面接時に必ず空白である理由を尋ねられるため, 若者が応募をためらう原因になりやすいという.

　このような悩みを持つ若者に対して, 調査協力者は, 就職活動などの場面においてサポステで得た経験を積極的に表現することを勧めていた. それは「履歴書の空白」期間があっても, その後にサポステのプログラムの中で就労に向けて職員・若者・地域の人などと人間関係を築き得たことは, 若者が「意欲を持っていること」を履歴書において示す重要な材料になると考えるためであった. この点について調査協力者は「履歴書を未来（意欲）から埋めていく」と表現した.

　応募先について助言を行っても, なかには若者が履歴書を提出する企業のなかには, 当然このようなプログラムに参加したことで得られたものを評価しない企業もあるという. このような問題について, 調査協力者は, プログラムを終えて就職活動を始めた若者に対して, 「職歴はなくても, サポステなどでの頑張りを見てくれるところに行けばいい, 過去を見るところには行かなくていい」という助言を行っていた.

　調査協力者によると, 職業経歴に数年の空白期間があるとしても, 直近の1年間に何らかのかたちで就労していることで, 採用側の印象は大きく変わるという. 応募者に基本的な勤務条件を満たす意欲があれば, 比較的容易に採用してくれる一時的な仕事への就労もそのために活用できる. たとえば配送業であれば, 「朝早く来られる」「毎日来られる」「家が近い」などいくつかの条件を満たせば積極的に採用している企業もある. また, 一時的な仕事であれば, 再び何らかの理由で離職した場合にもデメリットが少ない. すなわち1カ月で退職しても, たとえば「もう少し安定した仕事に就きたくなった」ことや, 「希望する求人がみつかった」ことなど, 新しい採用先に対して離職した理由を説

明しやすい．このように，最初の仕事に関しては，気軽に始められるものも検討の対象のなかに含まれていた．

　以上のような聞き取り調査の結果によると，プログラムのなかで職員は人間関係を調整し，若者がプログラムの経験から得られたものを自らの「強み」として採用面接などにおいて表現できるよう手助けをしていた．また，職員は過去に接してきた利用者の経験にもとづき，職歴がない場合や，職歴に長期の中断がある場合でも採用されやすいような職種を提案するなど，進路選択に関して新しい価値観を示した．また，利用者の若者同士の人間関係，特にフィードバック（振り返り）は説得力をもって自らの強みを知ることに役立つとされた．ここで改めて注目されるべき点は，京都若者サポートステーションの「就労」及び「居場所」カテゴリーに含まれるプログラムでは同じような問題を抱える若者同士の同輩関係，そこから得られる経験が，自らの「強み」を知るという点で，彼らの進路決定のために重要であると考えられていることである．

⑥　小　括

　ここまでの結果を踏まえて，改めて Lin（2001＝2008）に依拠した枠組みに照らして検討すると，以下のようなことが考えられる．Lin（2001＝2008）は，「パートナーの資源が似ていればいるほど，彼らは資源の維持と防御についての理解と関心を共有する傾向が強くなる．共感と共通の関心は相互行為を促進する」（Lin 2001＝2008：63）と説明した．これに拠って言えば，利用者の若者が潜在的に有する資源は，他の利用者から改めて資源としての承認を受ける（「強み」と見なされる）ことで，活用可能なものとなるといえる．

　相談の中では，利用者はたとえば職歴の空白期間について否定的なイメージを抱いていたり，また就職先に関してもあるべきイメージを抱いていたりすることが多い．このようなイメージの基になる若者自身の価値観とは異なる「新しい価値観」を職員は提供していた．具体的には，先に検討した履歴書の空白期間についての捉え方や，「過去を見るところには行かなくていい」といった就職活動のなかでの企業とのかかわりかたなどである．それらは失敗への不安を少なくする役割を果たしているのではないかと考えられる．たとえば採用されないことは必ずしも自分の責任ではないという考え方や，最初の仕事がうまくいかなくともよいし，最初から自分や親の期待通りの仕事に就かなくてもよいという考え方があると知ることである．

　若者は職員との相談を含めた多様なかかわり，すなわち Lin（2001＝2008）の いう異質的相互行為の中で，情報や社会的ネットワークを得て，またこれまで 自分自身が抱いていたのとは異なる価値観があることを知る．さきに若者同士 の関係のなかで自分自身の「強み」を確認することに触れたが，相談などを通 じた職員との関係においては，すなわち企業などとの関係の捉えなおしが行わ れる．このように職員との関係は，若者同士の関係にはない要素を付加する．

　本章の第 2 節では Lin（2001＝2008）に依拠した社会的ネットワーク形成の困 難の 2 類型，「異質的相互行為へのアクセスの困難」および「同類的相互行為 の道具的限界」をつくった．これらの実践に照らしてこの 2 つの類型を改めて 検討すると，成人期への「移行の危機」（小杉 2004a：2）にある若者の支援に特 徴的で，2 つの類型において捉えきれない課題があった．この点について，次 の第 7 節のなかで詳しく検討する．

第 7 節　考　察

　イギリスのコネクションズ・サービスと，それをモデルとして展開された日 本におけるサポステ事業，その実践の検討を通じて，「移行の危機」にある若 者への支援において，特に「① 異質的相互行為へのアクセスの困難」および 「② 同類的相互行為の道具的限界」という社会的ネットワークを形成する上で の 2 つの困難にどう対処してきたのかを明らかにした．本章，および第 3 章第 7 節，第 4 章の内容から，コネクションズ・サービス，サポステ事業の実施要 綱，そして京都サポステを事例とする地域における個別の展開の主要な相違点 は表 6 のようになる．

　地域若者サポートステーション事業の構想段階においてはイギリスのコネク ションズ・サービスがモデルになっていた（第 4 章第 3 節）．しかし実施要綱の なかではいくつかの大きな相違点が生じた（第 4 章第 4 節）．これは表 6 でみる と，「アクセス方法」（表 6 行 b），および「情報の把握・共有」（表 6 行 d）に関 する点であった．「アクセス方法」（表 6 行 b）に関しては，コネクションズは 活動拠点（one-stop shop）のほかに学校などアウトリーチの拠点を持っていた のに対して，地域若者サポートステーション事業は基本的には来所を中心とし ていた．「情報の把握・共有」（表 6 行 d）に関しては，コネクションズ・サー ビスはパートナーシップ，それを支える情報共有に関して制度化された（第 3

表6　2000年代以降の日英の公的な「成人期への移行」支援事業の主な相違点

	コネクションズ・サービス	サポステ実施要綱	京都サポステ
a　サービス提供形式	1対1	1対1	1対1および集団
b　アクセス方法	アウトリーチ中心	来所中心	来所およびアウトリーチ
c　利用者間の関係	限定的	記述なし	重　視
d　情報の把握・共有	制度化	未制度化	模　索
e　サービスの重点	相　談	相　談	相談およびプログラム参加

章第7節(3))が，地域若者サポートステーション事業の場合検討は行われたものの（第4章第3節）実現には至らなかった．

　本章において京都若者サポートステーションにおける開所からの活動の展開を検討してきた結果，それらの活動のなかには実施要綱とも異なる新たな展開がみられた．それは表6でみると，「aサービス提供形式」，「bアクセス方法」，「c利用者間の関係」，「eサービスの重点」に関するものである．

　「アクセス方法」（表6行b）に関してみると，京都サポステでは活動の途中から高等学校・大学・ハローワーク等においても相談活動を行うこととなった．このなかで，たとえば高校中退者の場合など，情報を共有する方法について検討が行われてきた（表6行d）．

　「サービスの提供形式」（表6行a）に関してみると，職員との1対1における相談を基礎としながら，それに加えて共に何かをする機会，集団での活動も行われている．本章第5節でみたように，提供されているプログラムをその期間・内容に注目してみると，開所から現在に至るまでの過程で，比較的長期の，かつ体験・交流を行う機会のあるプログラムの比率が増加してきた．これは，1度きりでなく何度もある程度きまったメンバーが顔を合わせ，コミュニケーションする機会を持てることを意味する．

　そしてこの「サービスの提供形式」（表6行a）における京都若者サポートステーションの特徴は，「利用者間の関係」（表6行c）や「サービスの重点」（表6行e）とも関連している．上で見たような提供されるプログラムの構成の変化は，相談や，講師などを招いて職業に関する情報や知識，職業選択に役立つ経験を伝えるだけでは難しい部分を補うことに役立てられていた．具体的には，利用者の就職活動をすること，あるいは仕事をすること自体への自信のなさと向き合うことであった．利用者間，およびさまざまな人々とのコミュニケーシ

ョンをする機会を活動のなかで設けることにより，たとえサポステ来所以前の経験によって自分を肯定的に表現することが難しい場合でも，「サポステの活動において」得た具体的な経験に根差したかたちで自分について表現できるようになることが，それ以降の進路決定のための取り組みに寄与するものとされた．

　京都若者サポートステーションの展開を社会関係資本論，とくに第2節でみたLin（2001＝2008）の枠組みのなかに位置づけると，どのようなことが見えてくるだろうか．「同類的相互行為の道具的限界」に関しては，実際の相互行為のなかでは，職員との1対1の関係，すなわち異質的相互行為によりその限界を超え得る可能性が示された．当初は，さまざまな職業経験を持つ人，あるいは就職に役立つスキルを持つ人を講師としたプログラムが多かった．しかし，それらから得た知識や社会的ネットワークを若者が動員可能にするためには，若者の持つ資源（「強み」）を具体的経験にもとづいて承認することが必要であると認識された．また実施過程を通じて，若者同士のアドバイスの方が自らの持つ資源に関してより確信を持たせることが明らかとなった．そこで，より「長期」かつ「体験・交流」型のプログラムを実施するようになった（表6の行a・表6の行c）．

　しかし，「履歴書の空白」に象徴される職業経歴上の問題に対処する方法をつかむ上では，職員との1対1の関係がより重要な役割を持つ．本章第6節においてみた職員が行う助言は，たとえば「新しい価値観」の提供と表現されたような，就職活動等の場面における新たな異質的相互行為を円滑に行い若者がサポステを超えて社会的ネットワークを形成するために必要な助言である．これは若者間では共有されていないものであり，職員との異質的相互行為を通じてはじめて獲得される．このように，京都サポステにおける支援の展開過程では，同類的相互行為による若者の自身の有する資源の承認と，異質的相互行為を通じた新しい資源の獲得の両方が不可欠であることが認識され，現在の実践では両者が相互補完的な役割を果たしている．

　異質的相互行為へのアクセスは相手の所有する社会的ネットワークを動員することを通じて，次の異質的相互行為を惹起する．サポステにおける職員との相互行為は，第1段階の異質的相互行為といえる．利用者は進路決定などの目的のために新しいネットワークの開拓や情報を得ることを求めて訪れる．リンの示した異質的相互行為を通じた資源獲得のモデル，すなわち多くの資源（た

とえば情報やネットワーク）を持つ行為者が，接触してきた行為者に対してそれらを提供するというモデル（Lin 2001＝2008：55-65）においては，「移行の危機」にある若者を支援する活動，特に異質的相互行為へのアクセスの困難を乗り越えるためにどういった支援が必要になるかということまでは論じられていない．

　本章の知見からは，第 1 段階の異質的相互行為へのアクセス後の状況に関する問題が明らかになった．若者が第 1 段階の異質的相互行為にアクセスした後も，たとえば就職・進学先の面接にみられるような次なる異質的相互行為をためらう状況がみられる．リンは異質的相互行為においては資源を提供する側にインセンティブが乏しいことを指摘したが（Lin 2001＝2008：65），これに対して本章で検討した若者支援事業のような制度的調整が行われる．一方で他者の所有する資源を動員しようとする側である若者には，異質的相互行為に対する心理的な障壁がある．制度的調整によりインセンティブの格差が是正されたとしても，他者が資源を所有していることと，それが若者により直ちに動員されることは必ずしもイコールではない．

　本章第 6 節でみたように，若者が他者の資源を動員するための条件として，まず若者自身が所有する資源もまた他者が動員することの可能なものとして承認を受けねばならない．しかし特に第 2 段階の（支援機関の外での）異質的相互行為において，自身の所有する資源が他者から価値のないものとして承認されないことにより失敗に終わるかもしれないという心理的障壁が，若者を立ち止まらせるため，これに対処することが必要である．

　他者の資源の動員の前提条件を満たすうえで，若者支援機関の実践における異質的相互行為と同類的相互行為は相互補完的な役割を果たすと考えられる．すなわち，所有している若者自身が十分に認識していない資源について，同類的相互行為により承認を受けることが重要となる．このような同類的相互行為による表出的動機の充足に加え，若者が第 2 段階の異質的相互行為の相手を適切に選択し，また円滑に行うための助言を職員が行うことで，若者が心理的障壁を乗り越え，サポステ外部の社会的ネットワークへのアクセスを可能にしようとする．

　Lin（2001＝2008）のモデルでは，表出的動機にもとづく行為は道具的動機にもとづく行為に先行して行われるとされた（Lin 2001＝2008：60）が，京都サポステの実践においては，同類的相互行為による若者の所有する資源の承認と維持，および異質的相互行為による新たな資源の獲得は相互補完的に行われてい

る.

　上記の点は，資源獲得を目指す行為者が異質的相互行為を通じて他者の所有する情報や社会的ネットワークなどの資源を直ちに動員し得るというリンの前提に対して，疑問を呈する．「移行の危機」にある若者の社会的ネットワーク形成上の困難に関して，リンのモデルはより精緻化される必要があることを示す.

　「成人期への移行」支援は，一般の求職活動と比べて〈幅〉をもった活動であり，1人の利用者と職員との関係のなかでも，時期によりその目的が異なる．最初に来所してすぐに求職活動に至ることはまれであり，最も基礎的な場合は「支援機関に来る」ことも目標となりうる．1人の行為者は「成人期への移行」支援のなかでいくつもの異なる目的を重ねてゆくのが実態である．そしてそれにより，活用される社会的ネットワークも異なる．このため，たとえば N. リンが地位達成研究で用いたような，計量的な手法を用いて研究を行う場合，他の利用者・企業・地域の人々などとの社会的紐帯のどれが最も結果（就職の有無や就職先の職業威信など）に寄与したか，というような分析を行うのは危険である．なぜならばそれぞれの社会的紐帯は「成人期への移行」支援のなかで個人が通過するいくつもの多様な目的に応じて活用されているため，それらを一括りにすると，実態を捉えそこねる可能性があるためである.

　また，「成人期への移行」支援にかぎらず，Lin（2001＝2008）の理論枠組み自体にも精緻化の余地がある．Small（2009）は Lin（2001＝2008）について，「この本の序盤における区別にもかかわらず，リンのおもな理論的説明のほとんど全ては道具的行為にささげられている」（Small 2009：231）ことを指摘した．これはリンの Lin（2001＝2008）以前の研究において，両者が各々異なる研究のなかで発展してきたことが背景にあると考えられるが，道具的行為，表出的行為をより体系的に理論のなかに位置づける必要があると考えられる.

　本章のなかで，「成人期への移行」の途上にある利用者の社会的ネットワークの拡大は，進路決定後ではなく，進路決定までの相談，プログラムへの参加の過程で生じていることを明らかにした．そのような活動を可能にするために，サポステ自体が地域のなかで他機関・団体あるいは個人と社会的ネットワークを形成してきた．そしてこの実態に関しては，本章で十分に検討することができなかった．次章においては，より大規模な質問紙調査，面接調査により，この点をさらに明らかにしたい.

注

1）2006年は25カ所，のべ利用者数 3 万5179人であり，その後設置個所数・のべ利用者数ともに毎年増加し調査時期である2013年度には全国160カ所，のべ利用者数63万9083人であった．平成26年度は159カ所で実施された（厚生労働省 2012f, 2014h）．

2）本章では，若者の社会的ネットワーク形成上の困難に焦点化したため，「保護者」カテゴリーは分析していないが，利用者は年間100～200人台で推移していた．

3）事業報告書では各プログラムを括るカテゴリーとして「事業」が用いられるが，本章は「相談事業」「入口支援事業」「専門相談事業」を「相談」，「就労体験事業」「就労支援セミナー」「青少年活動センター連携事業」「就活基礎力講座」を「就労」，「居場所事業」を「居場所」，「保護者向け事業」「保護者支援事業」を「保護者」，「アウトリーチ事業」「学校連携推進事業」「サポステ周知事業（出前相談）」「家庭訪問」を「アウトリーチ」に分類した．「参加者」と「のべ参加者数」が併記の場合は「のべ参加者」，「参加者数」のみ記載されたものは「参加者数」を用いた．

4）プログラムの題目，実施期間，内容などの詳細は井上（2017）の付表において記した．

5）企画の件数を集計し，年度内に同一の企画を複数クール実施した場合は各々集計した．

6）2006年度は開所月の10月から翌2007年 3 月までの集計だが参考のため記載した．

7）サポステ事業をめぐっては，2014年（等級制の導入），2015年（事業の対象者の変更）など，2013年以降事業枠組みに重要な変化がみられた（詳細は第 4 章第 5 節参照）．2013年度までのプログラムと，2014年以降のプログラムでは実施の背景が異なる．このような理由から，初出論文における2006年から2013年度という区切りを本書でも維持した．

8）本節の内容は，（2）③に関しては2014年 2 月17日・ 2 月24日・ 3 月 6 日の 3 回にわたり許可を得て南青少年活動センターで実施された「アジプロ」の見学した記録，および川崎崇氏（南青少年活動センター）へのインタビューの記録によるものである．（2）①および②，（3），（4）の内容は，2014年 2 月 8 日・2014年 4 月21日・2014年11月 4 日に京都サポステ統括コーディネーターの松山廉氏へのインタビューの記録によるものである．なお所属・役職は調査時点におけるものである．

第6章
サポステにおける〈内〉の活動と〈外〉の活動
──有志の役割に注目して──

第1節　本章の背景

　第5章においては，1つの事業所（京都若者サポートステーション）について，文書資料，および2014年に行った調査をもとに，事業開始からの活動の展開，そしてそのなかで活動のどのような側面が「成人期への移行」を支える社会関係資本として機能するのかについて検討してきた．そのなかで，サポステの〈外〉，すなわち学校や地域の他の機関とのサポステとの関係は重要であると同時に，所与のものではなく試行錯誤のなかで形成されてきたものであることも明らかになった．

　本章は，2016年から2017年にかけて行った質問紙調査・面接調査の結果によりながら，各地のサポステにおいて関係各機関との社会的ネットワークが形成され，活動のなかでそれらがどのような役割を果たしてきたのかについて明らかにする．その前に，まず「成人期への移行」支援にかかわる機関に関するこれまでの状況を整理し，現在の特徴について検討する．また，地域若者サポートステーション事業が2006年に始まって以来，新聞記事（全国面および地方面）においてどのように扱われてきたのかを概観する．

　「成人期への移行」の公的な支援の特徴は，その事業所が全国にあることである．従来民間の支援機関（フリースペースなど）の多くは都市部に立地するか，あるいは寮や寄宿舎を併設し全国から子ども若者が来るという形式をとっていた．これに対しサポステは全国の各地域に拠点を設けてきた．また従来から活動してきた民間の団体だけでなく，都道府県措置の事業，国の事業と「成人期への移行」支援を行う主体は多様化してきた．これは訪れる人・相談する人が増えてきただけではなく，学校・医療機関・企業などに属する人々（教員・医療従事者など）も活動にかかわる機会が確実に増えてきたことを意味する．

　上記の事態は「成人期への移行」支援についての社会的関心を広く喚起した．サポステに関する2006年（サポステ事業の開始年）から2017年10月までの朝日新聞におけるサポステに関する記事では以下のような傾向がみられた．基本的に掲載数の最も多いのは地方面（エリアごとに異なる内容）であり150字から300字程度の短報（たとえば「親の会」などの告知），サポステが開所した時の記事，活動の取材などである．全国面でサポートステーションが取り上げられたことは2006年から2017年（10月まで）を通して24例である．サポステが単独で記事になったのはこのうち1件だけであり，あとは高等学校中退問題やひきこもり問題，就活問題，そして予算編成に関連する記事のなかで言及されたものである．

　たとえば，就職活動に関する記事のなかで，サポステは，当事者にとっての「転機」として取り上げられた．

　　「生活が変わりはじめたのは昨年，『地域若者サポートステーション』に通いはじめてから．似た境遇で苦しむ仲間と，少しずつ話せるようになった．自分の居場所が見つかり，気持ちが前を向くようになった．『せかす気持ちも分かるけど，家族には信じて見守って欲しかった』働きはじめていま，家族から自分への風当たりは弱まった．でも，お互いにわだかまりは消えていない．」（「就活のかたち：2　ずっと不安，心晴れず『もっといい仕事』『親の圧力に悩んだ』」朝日新聞2013年5月24日朝刊生活2面より抜粋）

　その他当事者へのインタビューにもとづく記事，あるいは当事者自身からの寄稿のなかでも同様に「転機」としてサポステが取り上げられている．

　学校問題（とくに高等学校の中退問題）やひきこもりの問題全般を扱った記事においては，サポステ事業の「可能性」が強調された．

　　「厚生労働省も来年度，無業の若者を支援する地域若者サポートステーション（現在92カ所）を8カ所増やし，高校中退者を主な対象にした訪問支援の専門要員を置くことを検討中だ．『教育』『雇用』の行政の垣根を超えた情報共有に，掘り起こし型の早期支援．こうした理念の実行が，新政権に託された課題といえる．」（「『ニートにさせぬ』英国流　学校で情報収集…　若者支援策，日本のモデル」朝日新聞2009年11月6日朝刊生活1面より抜粋）

　　「生徒への支援を在学中に限定せず，卒業後を見据えて福祉と連携する教師もいる．相手は，引きこもりの若者らの自立を支援する「地域若者サ

　　ポートステーション（サポステ）」だ．」（「教育あしたへ　先生の挑戦(6)生徒支
　　える大人つなぐ　貧困や障害，行政を巻き込み」朝日新聞2013年3月23日朝刊教育
　　1面より抜粋）

　「家族がスネップになった時に大切なのは，自分たちだけで何とかしよう
　　と思わないことです．引きこもりの人の就労を支援するNPOや自治体
　　関連の機関がたくさんあります．国は情報提供・相談窓口として『地域
　　若者サポートステーション』を全国100カ所以上に設置している．まず
　　はそこを訪れることを勧めます．」（「（インタビュー）引きこもり1割の町　菊
　　池まゆみさん」朝日新聞2013年9月18日朝刊オピニオン1面より抜粋）

などである．これらの記事において，サポステは国による新しい活動として，
また悩んでいる当事者や家族にとっては全国に立地する問題解決に役立つ機関
として紹介された．
　新聞記事（全国面）のもうひとつの文脈は予算に関する文脈である．こちら
は主に2014年に，サポステが行政事業レビュー（第4章第7節参照）において
「廃止」の判定を受け，予算無しとなったものの，その後補正予算に計上され
たことに言及した記事である．たとえば，

　　「厚労省の『地域若者サポートステーション事業』は，地方自治体の似た
　　ような施設と“ダブリ”状態だったため，《事業に終期を設けるなど事
　　業の出口戦略が必要》と，予算0円にされていた．厚労省育成支援課の
　　担当者は復活の理由を，『指摘は事業内容の改善を促すもので，事業そ
　　のものを廃止しろということではなかったと思います』と説明するが，
　　そもそも不要な事業と判断されたはずではなかったのか．」（週刊朝日2014
　　年2月28日号「安倍政権の東電救済，税金が『人質』我々の復興税6523億円を東電
　　支援に『流用』」より抜粋）

などである．全国面の記事は，サポステをさまざまな問題解決の「可能性」と
「行政の非効率」という異なる文脈で取り上げていた．地域面は各地域におけ
る実践をより具体的に取り上げた記事もみられるが，活動の告知が中心であっ
た．
　このようにサポステに関する記事は，サポステを「成人期への移行」に関す
るさまざまな問題に取り組むうえでの可能性ある存在として取り上げる一方，

「行政の非効率」の一例として批判的にも取り上げてきた．これら2つの視点は，どちらも，サポステをひとつの「閉じた／動かないもの」として捉えている．しかし実際には地域の他の機関・人との関係を漸次的に形成し，また活動のなかでいくつもの修正を重ねてきた「開かれたもの」である．そしてそのパターンは一様ではない．サポステに全国共通のはっきりとした輪郭があるのではなく，各事業所が多様な活動を展開するなかで各々の輪郭をかたちづくってきた側面が大きい．このため，各事業所において展開されてきた活動にも注目し，どのような側面に多様性がみられるのか，そして何らかの共通点が見出されるのかを捉える視点が必要である．

第2節　先行研究と本章の目的

　ひきこもり支援に関する先行研究において，「居場所」の特徴は当事者が自律的に活動することを決めることであった．このような活動のあり方，そしてそこでの他者とのかかわりを通じて「自己肯定感を高める」ことが見だされてきた．これらの活動は，当事者が抱いている働くことの意味や，生きることの意味を問う「実存的疑問」（石川 2007：222）に取り組むうえで，代替不可能な役割を持つ（石川 2007）．

　荻野（2007）のひきこもり経験者を支援する施設をフィールドとした研究によると，たとえば特定の話題（過去のこと，未来のことなど）を避けるなどの相手の面目を保つための相互行為儀礼が発達している．そのため「外部での行動を可能にする自己肯定感覚を必ずしも醸成しえない」（荻野 2007：75）とされた．また「居場所シンドローム」（佐藤 2005：206）と呼ばれるように，居場所における経験とその外での活動をどう架橋するのかという点が問題とされてきた．これに対し，「働ける自分に出会う経験」（佐藤 2005：223）や，複数の支援拠点を持ち，利用者が移動することで，複数の対人関係や体験活動にかかわること（川北 2014）などの解決の可能性が示されている．

　これらの研究はおもに民間の支援団体を対象として，参与観察，インタビューを通じて行われたものである．これらと比べた時のサポステの特徴のひとつは，〈内〉の活動（スタッフ，あるいは相談者が主導的な場・活動）と〈外〉の活動，すなわち企業の担当者，地域の人などサポステの外の人が主導的な役割を果たす活動が混在していることである．

　社会関係資本として機能しうる多様なネットワークの結節点となり，必要な
ものを相談者に提供するというサポステの役割は，実際のところ〈内の活動〉
と〈外の活動〉の組み合わせにより遂行されていると考えられる．

　サポステに関する先行研究は，各地域を対象に行われ，個別相談にとどまら
ない多様な活動が展開されていることを明らかにしてきた（Toivonen 2013；加
藤 2008；濱島 2010；下村 2011, 2012, 2013；秦 2013；南出 2013；于 2014；熊澤 2015）．

　また労働政策研究・研修機構（2013），および樋口（2013）においては，サポ
ステを調査対象として利用者の若者の抱えているさまざまな問題を明らかにし
てきた．また，宮本（2015a, 2015b）や樋口（2010）はより広く「成人期への移
行」政策の抱える課題について指摘している．具体的には，経済的な困窮状態
に対する方策がないことや，雇用可能性重視のアプローチであることなどであ
る．これらの問いは，支援を必要とするすべての人にアクセシビリティを保障
し，「成人期への移行」支援の基盤を確立するために不可欠なものである．

　先行研究においては，全国のサポステ事業が抱える共通の課題が明らかにさ
れてきた．しかし，各サポステの活動の「外側」――すなわち事業の枠組みや
予算の限界など――からもたらされるこれらの課題に加えて，「内側」からの
課題――事業の展開のなかで向き合い，解決法を編み出してきた課題も存在す
る．第 5 章の対象（京都サポステ）についてその編成と変化をみたが，第 5 章第
7 節において触れたように，その編成・変化のパターンはどのサポステにもあ
てはまるわけではない．というのは，地域若者サポートステーションは，厚生
労働省が各地域の実績のある団体（NPO 法人など）に 1 年単位で事業を委託す
るが，これを受託する各団体は活動内容や取り組んできた問題という観点から
多様な活動の歴史を持つためである．

　本章の課題は，全国のサポステがどのような社会的ネットワークを形成し，
多様な活動においてそれらをどのように活用しているかを明らかにすることで
ある．これは「成人期への移行」支援の内容を充実させるために必要なもので
あり，同様に不可欠な課題であると考える．本章ではこの課題に焦点化して検
討を行う．

　第 6 章では，2016年から2017年にかけて実施した「地域における若者支援活
動に関する調査」の結果をもとに，上記の課題について検討する．本章では多
様な活動を捉えるうえで，便宜的に〈内〉の活動と，〈外〉の活動という分類
を用いている．〈内〉の活動とは，利用者あるいは職員が主導する活動である．

これと対比されるのは次節で見る〈外〉の活動であり，〈外〉の活動はサポステの外の人々，たとえば企業・地域の人々などが主導する場に参加して行う活動である．〈内〉の活動と〈外〉の活動のそれぞれの実態，意義づけ，また相互の連関について明らかにする．

第3節　調査の概要

　本章の第4節・第5節・第6節の内容は「地域における若者支援活動に関する調査」の結果にもとづくものである．「地域における若者支援活動に関する調査」は質問紙調査と面接調査から成る．質問紙調査は2016年8月24日に発送し同年9月末日をめどに回答を依頼した．2016年8月時点で厚生労働省の若者支援のポータルサイトである「ニートサポートネット」の地域若者サポートステーション一覧に記載されていたすべての事業所（160カ所）に調査票を郵送した．2016年8月時点での状況について，サポートステーションに所属する代表あるいは統括コーディネーターなどの役職についている人など運営に深くかかわっている人（各サポステにつき1人）に回答を依頼した．調査項目は「概況」「支援の内容について」，「協力した異なる機関」の3つから成る．160カ所に発送したうち，回収数は81であった．

　面接調査は上記の質問紙調査票末において面接調査の可否を尋ね，許可が得られた事業所について改めて依頼状を送付した．時期は2017年4月から8月である．調査協力は全17事業所，24人であり30分から90分程度のインタビューを行った．活動の具体的内容，相談者と職員とのかかわり，職員の経歴とそのなかで役立ったこと・異なる点を聞いた[1)]．

第4節　活動の概況──質問紙調査の結果より

　質問紙調査の項目である「提供されている支援方法として当てはまる全ての項目について，下表の空欄に○をご記入下さい．また，貴所をかつて利用されたことがあり，現在通学あるいは就労されている方も利用することの可能な項目には，下表の空欄に◎をご記入ください．※なお上記に適切な項目のない活動がありましたら，下の空欄にご記入ください．」の回答から分布をみると図6のようになる[2)]．

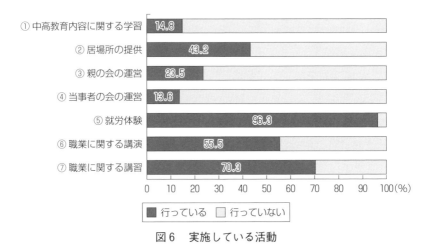

図6　実施している活動

　図6の黒色の部分は①〜⑦の各々について「行っている」と回答した割合
（有効回答は81）である．図6のうち，「① 中高教育内容に関する学習」「② 居場
所の提供」「③ 親の会の運営」「④ 当事者の会の運営」は若者（親の会の場合は
若者の親），または職員が主導する活動であるため，ここでは〈内〉の活動に分
類する．「⑤ 就労体験」「⑥ 職業に関する講演」「⑦ 職業に関する講習」は多
くの場合企業等サポステの「外」の人が主導する場であり，〈外〉の活動に分
類する．

　図6のうち〈外〉の活動をみると，「⑤ 就労体験」は回答のあったサポステ
のほとんどすべて（96.3％），「職業に関する講習」は回答のあったサポステの
70.4％で行われている．「職業に関する講演」は回答のあったサポステの半数
以上（55.6％）で行われている．これに対して，〈内〉の活動については，実施
しているサポステの比率がやや低い．〈内〉の活動のなかで最も多く「実施し
ている」と回答されたのは「② 居場所の提供」（43.2％）であった．

　なお，本調査における質問紙調査の実施年（2016年）と面接調査の実施年
（2017年）のあいだに，〈内〉の活動に関して事業の枠組みへの位置づけの変化
があった．平成29年度の事業仕様書（厚生労働省 2017a）においては，活動内容
に関して，「プログラムのメニューとしては認められないものの例」を示した．
「趣味・教養の域を超えないもの（例：ヨガ，ゲーム《トランプ・将棋・オセロ等》，
運動会，映画鑑賞等）」，「学習を目的とするもの（例：高卒認定試験のサポート）」，

「飲食を伴うもの（例：調理実習，食事会）」，「その他国の事業として行うことが
適切でないプログラム」である．これらについては「自主事業又は地方公共団
体の事業として実施することは可」であるが，国の事業としては不可という見
解を示した（厚生労働省 2017：16，引用文中二重括弧は原文では丸一重括弧）．このた
め，質問紙調査（2016年実施）と面接調査（2017年実施）とのあいだで活動内容が
変化している可能性があることは留意点である．

　図 7 の「他機関との連絡の頻度」は「上記（質問3.1）の協力したことのある
機関に関して，今年（2016年）はそれぞれ平均してどれくらいの頻度で連絡を
とられましたか．①〜⑰のそれぞれに関して，下表の連絡の頻度（年 1 回未満〜
週 1 回以上）のうち該当する空欄に○をご記入ください．（①〜⑰に該当しないその
他の機関に関してはその他（⑱〜⑳）にご記入ください．）なお同一項目にあてはまる
複数の連携機関がある場合（たとえば複数の医療機関と連携している場合など）は連
絡をとられた回数の最も多い機関についてご記入ください．」の項目の一部
（① 医療機関〜⑥ 民間企業）を抜粋したものである．他のすべての項目を含めた図
は**付図 2** に示した．無回答の場合，あるいは非該当（連携をしていない場合）は
それぞれ分析から除外した．①〜⑥の脇の数字（n）は無回答・非該当を除い
た各項目の有効回答の数である．

　最も多いのは「② ハローワーク」であり，有効回答のあったサポステのす
べてが連絡をとっている．また有効回答のあった79カ所のうち41カ所は週 1 回
以上連絡をとっており，最もかかわりの強い機関である．「⑥ 民間企業」も，
有効回答70カ所のうち半数以上（35カ所）は少なくとも月に 1 度以上連絡をと
っている．これは職業体験などの〈外〉の活動関連でのつながりである．ほか
市町村のハローワーク相当の機関がある地域の事業所ではそちらも連絡をとっ
ていることが多い．それ以外の公共機関には発達障害者支援センターなど多様
なものが含まれる．

　サポステを受託する以前から多くの団体は当該地域で活動を行っており，そ
のなかで形成されてきた社会的ネットワークもあると考えられる．そこでサポ
ステを受託前から連携していた機関と，受託してからはじめた連携機関のそれ
ぞれが 1 つでもあるかをきいた．その項目が，「3.1支援を行う上でどのような
機関と協力したことがありますか．(1)地域若者サポートステーション事業を開
始する以前から貴所を運営する法人または団体が協力していた機関　(2)地域若
者サポートステーション事業を開始して以降，現在（2016年 8 月 1 日時点）まで

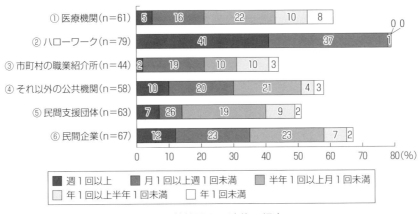

図7 他機関との連絡の頻度

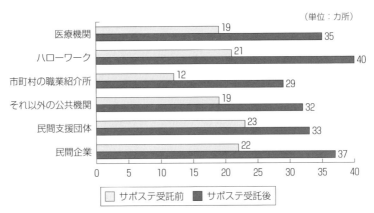

図8 連携したことのある機関（サポステ事業の開始前・開始後の比較）

に協力したことのある機関」である.

図8は質問した機関のうち6つ（医療機関～民間企業）について示したもので[3]ある. 質問3.1の(1)「サポステを始める前から法人が連携していた機関」に回答した事業所のみ分析の対象にしたため，有効回答数が**図6**，**図7**と比べて減少している（40カ所）点には注意が必要である. それぞれについて，「サポステ事業を開始する前から法人が連携していたと回答したサポステの数」を示したのが白い横棒であり，「サポステ事業を開始して以降現在までに連携したことがあると回答したサポステの数」を示したのが黒い横棒である.

　たとえば**図8**の「医療機関」の場合は，ここでの有効回答40カ所のうち当該サポステの開所以降に連携したことがあると回答したのは35カ所であるが，当該サポステが開始する以前から法人の他の活動などで，連携したと回答したのは19カ所であった．つまり35カ所のうちこれら以外の事業所，16カ所は，当該サポステの開所以前には法人の他の活動において医療機関とかかわっていなかったが，サポステを開所してから新たにかかわるようになったことを意味する．このようにみると，サポステ以前から継続して他機関とかかわっている事業所もあるが，他方で新たにかかわったと回答した事業所も多い．サポステには，事業を受託する法人がもともと持っていたネットワークと，サポステ事業のなかで新たに形成されてきたネットワークとが混在しているといえる．

第5節　〈内〉の活動と〈外〉の活動の意義づけとその焦点の移動
──面接調査の結果から

　第4節においては，質問紙調査の結果を用いて，各サポステの活動およびネットワークについて概観した．第5節は，サポステの〈内〉の活動と〈外〉の活動のそれぞれにおいて，どのような社会的ネットワークが形成され，また活用されているのかを検討する．用いる資料は，「地域における若者支援活動に関する調査」の面接調査の結果の一部である．このなかで特に上記の観点からみて重要であると考えられる事例について取り上げ，検討を行う．以下の節の引用部分はすべて，該当サポステへのインタビュー調査の記録からのものである．

（1）〈内〉の活動
コミュニケーションの基礎

　サポステA（調査協力：aさん）は公共施設（同一市内）において週に1度飲み物などの提供を行う喫茶活動の機会を設けてきた．活動はスタッフが指導し，複数の利用者が同時に参加するグループ活動の形式をとる．aさんがそのなかで特に伝えたいことは，コミュニケーションの基礎的な方法，具体的には必要なことを聞けること・伝えられることであるという．仕事において具体的な指示を受けた時，相談者は次のような困難を抱えやすい．

　「『これして，あれして，それしてね』って３つ言われると最初の１個しか
　　分かんなくって，あとの２つが分からない．……分からなかったら聞け
　　ばいいけれども，そこがまた聞けないという方は結構多いです．『でき
　　ません』とか『わかりません』が言いづらいっていうか，あと忙しそう
　　だから言えなかったとか．」

　このため活動のなかでの働きかけは，必要なことを聞けること・伝えられる
ことに焦点を絞る．具体的には，「一般で言う，なんか明るく喋ってって言う
コミュニケーションじゃなくて，困ったことが聞ければいいよ」というように，
ａさんはできなくてもいいことと対比しつつ，必要なことを聞けること・伝え
られることの重要性を伝えている．

　必要最小限のことに焦点化した働きかけを行ってきて，ときに相談者から以
下のようなフィードバックをもらったことがあった．

　「この喫茶トレーニングやり終わった人が就職活動に入ってるんですけど，
　　『最初と最後の自分で全然違う』って言ってました．『周りが見えなかっ
　　たけど，今ぐるっと見渡せる』って．」

　サポステＡの就職先は，地元の製造業が中心であるが，たとえば引きこもり
を経験した人が喫茶活動，地元のホテルの宴会場のアルバイトを経て製造業に
就職したケースもある．ａさんはこのケースについて，「なんかそうですね，
自信がつくってすごいなって」というように，活動は基礎的な経験を積み，と
それに伴う自信をつけることに役立っていると考えている．

　活動を主導するのは基本的に職員からの働きかけであるが，ａさんは運営し
ている喫茶スペースに来訪する客や，同じ期間・同じ活動に参加している他の
相談者の重要性にも言及した．活動場所が公共施設内であるゆえに，客はサー
クル活動などの後に利用する年配の人が多い．来訪客と相談者とのあいだでや
りとりが交わされるが，この点についてａさんは以下のように評価している．

　「利用してくださる方が結構常連さんだったりするので，私達よりも上手
　　に褒めてくれる．本当に自己肯定感がとってもつきますね．『ありがと
　　う』とか『美味しかった』とか．注意されることもね，当然あるんです
　　けれども．意外と皆さんあったかい目で見てくださっているのと，スタ
　　ッフだけじゃなくいろんな方に接して．」

　この活動の場所はサークル活動などの折に喫茶スペースに立ち寄る人が多いため，一般の店舗よりもきまった人が訪れやすく，顔見知りになりやすい．やりとりはスタッフとのそれに比べて簡潔なものではあるが，利用者が自己肯定感を培うのに重要であるとａさんは考えている．

自分だけではないこと

　また，サポステＡは上記の活動を含めてグループ活動が多く，相談者が他の相談者と顔を合わせる機会が多い．そのなかで，自分自身の悩みが自分だけのものではないことを直接・間接に知る機会がある．

　　「やっぱり集団の中で自分が息苦しさがあったりっていう人たちが，活動に出る中で意外と慣れてくる．……息苦しいのが自分ばっかりで，他の人はすごい上手くできてるよねと思ってたのか学生時代（筆者注：だった）っていう．『いや，あなたと同じ人いっぱいいるよ』って．」

　集団に入ることや，コミュニケーションに苦手意識を持っていると話していた利用者が「活動に出る中で意外と慣れてくる」のは，先に述べた必要最小限のことに焦点化した職員からの働きかけや，来訪客とのやりとりに加えて，上のように他の相談者と話すことや，他の相談者の様子をみることも影響している．

「理解してくれる人」の存在

　たとえばわからないことを聞くなどの行為は，一見当たり前の行為にみえる．しかし，サポステＡと同様に〈内〉の活動を比較的多く行ってきたサポステＢ（調査協力：ｂさん）は，その一見当たり前の行為の意義を活動のなかで再確認するのが必要な理由として，これまでの人生経験のなかでそれを，必ずしも本人の責任ではなく，身に付ける機会のないまま成長した人が居ることを挙げる．ｂさんは，かかわるなかで，共通して「もうほんとに，誰かひとりでも理解してくれる人がいれば，若者にしろ子どもたちにしろ，前に進んでいくことができるのにな」と感じてきたという．そのうえで，自身の仕事においてそうではない，つまり理解してくれる人が身近にいない若者とかかわるとき，〈内〉の活動のなかで以下のようなことを伝えていた．

　「ほめてもらえてないとかね．すごいねこんなことができるのとか．これ
　　ってすごいんですかって本人が気づいたりだとか．」

　「ほんとに簡単なことなんだけど，なにかを完成させるっていうことを，
　　手伝ってもらえなくて，やったことがない方だとかもいらっしゃるんで
　　すよ．なのできちんと自分で完成させたっていう自信をもってくれる方
　　もいますし．手伝ってもらったらいいんだっていうことがわかってくる
　　とか．人に協力を求めていいんだっていうことを学んでいったりだとか．」

　上記のｂさんの発言から，多くの人にとって当然のこととされがちな経験，
たとえば他者に手伝ってもらいながら何かを完成させることなどが，必ずしも
利用者にとっては当然のことではないことが明らかである．それゆえに，〈内
の活動〉のなかで改めて確認される．

　ここまでみてきたなかで，〈内の活動〉が〈内〉でなければならないいくつ
かの理由を整理すると次のようになる．ひとつは，どうしても伝えなければな
らないことに焦点化して利用者とかかわることである．このどうしても伝えな
ければならないことは支援者がいままで多くの若者とかかわってきた経験から
導き出されてきた事柄である．

　またこれらの事柄は１人の職員だけでなく，職員のあいだでも共有されてい
た．プログラムによって複数の利用者が同時に参加するため，必ずしも普段か
ら個別相談を担当している人が担当になるわけではないが，たとえばサポステ
Ａの場合，

　「スタッフどうしの交流というか，そこの協力体制で．『ここちょっと気を
　　付けてみててください』とか，ああだこうだっていうところと．実際に
　　はちょっと（筆者注：自分は活動の運営担当ではないが，普段担当している利用
　　者が活動に参加しているため）様子見に行ったりとかして」

というように，他の職員と共有することや，また様子を見に行くことを通じて
伝えなければならないことが伝わっているかを確認する．

　〈内〉の活動のもうひとつの意義は，悩みが自分だけのものではないという
感覚である．たとえば就労体験のような〈外〉の活動（サポステの外の，企業の担
当者や地域の人などが主導する活動）は，キャパシティや負担の関係から利用者は
１人ずつ別々の場所で経験を積むことになりやすい．これに対して〈内〉の活

動は複数の利用者が同時に参加できる活動を，より柔軟に行うことができる．
伝えようと意図されること（必ずできたほうがいいこと）と，意図されず伝わること（悩んでいるのは自分だけではないこと）の両方において，〈内〉の活動は独立した意味を与えられている．

　〈内〉の活動は若者・職員が主導する場であるが，たとえばサポステＡの活動において喫茶スペースに来訪する地域の人のように，外との接点が生じることもある．そのなかで交わされるやりとりは，基礎的な自信につながるものとして評価されている．

（2）　〈外〉の活動

　〈外〉の活動は，サポステの〈外〉の人々が主導する活動であり，最も一般的に実施されているのは就労体験であるが，就労体験のなかには非常に多様な活動が含まれる．ここではサポステの〈外〉の活動のなかで，就労体験（企業などの人が主導する場）とその準備的な活動（ソーシャルスキルトレーニング），地域での活動（地域の人々が主導する場）について取り上げ，それぞれに最も特徴的な例について検討する．〈内〉の活動について見たのと同様に，なぜその活動が必要と見なされるのかという視点，そして〈外〉の活動において，利用者にどのようなことを伝えているのかに注目して検討する．

就労体験

　サポステＣ（調査協力：ｃさん）において，就労体験自体は短期（5日程度）と長期（2週間以上）の2つにわかれ，前者は県予算，後者は国費から支出されている．短期の就労体験は介護施設，花屋，公共施設（ボランティアセンターなど）といったところで行う．長期の就労体験は，利用者の居住地・希望職種・業種などを聞いたうえで，個別に調整を行う．調整の際には，管轄地域のハローワークに求人を出している企業を中心に，ハローワークと協力しながら，受け入れ先を探す．この作業は，個別相談やプログラムの運営を行う相談員とは別に配置された職場開拓員が行う．

　期間の終了後，「この人だったらうちのとこで使ってもいいな，また私どもの利用者も，あ，ここだったらやっていけそうだなって」いう場合には，改めてハローワークがその企業への紹介状を発行し，応募・採用選考を行うという手順をとる．サポステＣは本節（1）でみたような〈内〉の活動も行っているが，

〈外〉の活動の意味として c さんは以下の点をあげた．

> 「セミナーをやってるだけでは就職に結びつきませんので，職場体験をや
> って．結構なんていうのかな，履歴書に空白期間がある方が多いんです．
> ですので，その人に実際働いてもらって，人柄とかね，その事業ができ
> るかどうかっていうところをみてもらって．就職に結びつけようという
> のが職場体験事業なんですね．」

　活動中も利用者に週に 1 度程度サポステに来てもらい，相談を継続する．c
さんが上に述べたように，職業経歴上の不利（失業・無業の期間など）は，採用
選考において仕事ができるかや仕事を続けてくれるかどうかという雇用主の不
安につながる．就労体験を通じて実際に利用者の人柄やその仕事ができるかを
みてもらうことで，この問題を乗り越えようとする．これは，おもに雇用主に
とっての利点であるが，利用者にとっても利点があるという．

> 「就労体験を（筆者注：雇用契約に至るまでの）あいだに入れるっていうと，
> 雇用率は上がりますし，定着率もいいんです．わかってるところで働く
> から．なかなか離職率も少なくなります．」

　雇用主と応募者が「お互いをすでに知っている関係」が，双方にとって安心
感を与えていると c さんは考えている．これらの就労体験は「やっぱり一軒一
軒行きます．あっちからはこないですよ．ほぼほぼ．」（サポステO）というよう
に，多くの場合，サポステの方から活動の趣旨を説明し，受け入れを依頼する
という形式をとる．
　また，利用者と企業との関係も多様であるが，1 つの企業・店舗が継続的に
受け入れてくれることもある．

> 「雇える人数というのは小さめの会社さんとかお店だとそんなに多くはな
> い．だけど実習だったらいいよっていうお店ももちろんありますし．だ
> けど逆にハローワークに出ている求人で，（筆者注：サポステ利用者の）求
> 人につながるような企業を開拓支援員が入って開拓して，こういう若者
> がいるんですけれどもちょっと実習させていただいてちょっと見極めて
> もらって，もしよかったら雇えるような形に持っていければって言う感
> じで働きかけてます．……応募すれば雇ってもらうということで（筆者

注：資料を見ながら）この辺の企業様は結構雇っていただいていますね．またこちらも（筆者注：資料をみながら）ここは本当に練習でいいからと言って本当に週何時間しかないんですけど，アルバイトとして，配膳の，料理屋さんなのでここの配膳とか片付け，食器の洗浄とかのお手伝いみたいなことをステップにして，次に行けるようにという所のそういったご協力をずっといただいている企業さんですね．」（サポステF：fさん）

　上記の引用からわかるのは，1つの企業というカテゴリーの中でも活動へのコミットメントの程度は多様であるということである．実際にその受け入れ時点で求人を出している企業から，実習のみ受け入れ可能な企業まで，それぞれの受け入れ先の規模・状況に応じたサポステの活動への協力が行われている．

準備活動としての SST

　サポステCでは，いきなり〈内〉の活動から〈外〉の活動に切り替えるのではなく，準備的な活動を行っている．ソーシャルスキルトレーニング（SST）はそのひとつである．サポステCでは職場体験より前の段階でSSTに参加するようなプログラムを組んでいる．SSTでは，働く中で出会う場面について役割（上司／部下など）を決め，ある場面について複数の利用者・職員がともに考える．一見企業の新任研修（ビジネスマナー講座など）と似ているように見えるが，差異は利用者の実際の悩みにもとづいて，より基礎的な内容を取り入れている点である．その例としてcさんは，

　　「みなさんが働きだして一番困るのって，作業内容じゃなくってお昼休みの過ごし方なんです．雑談．どうやって間をもたせるかっていうところがね，みなさん悩まれるんです．」

　また，「トイレ行きたいときはどうやって言って行ったらいいんやろうかとか」職場での日常生活でのちょっとした声かけの仕方がわからないと言う声が多い．そこで細かく状況を設定して行ってみる．たとえば，

　　「たとえば課長が，自家製の梅干しを持ってきてみんなに『味見してみてー』って言った．でも，ぼく（注：利用者）梅干し嫌いなんだけど，そこは我慢して食べるべきなんだろうか，どうなんだろうかとか．野球の試合を見に行きたいのに，『ちょっと残業お願いね』って言われた，どう

> やって断ろうかとか．野球をあきらめるのかどうするのかとか．具体的
> にやります．」

などのように，具体的な場面を設定して説明を行う．また，予め正解を用意し
それを覚え込むと言うよりは回答をいくつか考えてみる．たとえば上の引用に
あった上司の持ってきた梅干しの場合であれば，

> 「そのときに我慢して食べるのもひとつだし，断るとしたらどんな断り方
> があるかっていう感じですね．ぼく梅干し嫌いなんです，って言っちゃ
> うと関係悪くなるじゃないですか．……すみません，ぼく梅干し苦手な
> んです．でも何々は大好きです，っていうと次，課長が何々をもってく
> るかもしれないじゃないですか．」

　これらの SST における働きかけにみられるように，人間関係の基本的なパ
ターンを身につけることは重要であると c さんは考えている．

> 「お互いの関係を崩さずに，やっていくような．これは本当に，知識とし
> て入れておくほうがいいと思うし．そしたら具体的なことでもやってい
> けます．」

　先に見た「課長の持ってきた梅干し」の例からも明らかなように，相手との
つながりを維持しつつ，自分自身の意見も表現できるようになる方法を，SST
のなかで得ようとしている．

商店街の組合の活動への参加

　〈外〉の活動のもうひとつのパターンとして，地域の人の主導する場に参加
する機会がある．上の職業体験や職業実習に参加するのが難しい人が，はじめ
に参加する機会となっている．ここでは，サポステ D（調査協力：d さん）が実
施している商店街の組合の活動への参加を例にみる．
　サポステ D は，駅前の商店街の中に立地している．複数の通り（商店街）が
複合して大規模な商店街を形成しており，振興組合等の活動が活発に行われて
いる．サポステ D では，この商店街の振興組合の協力を得て，**表 7** のようなボ
ランティア活動を行っている．
　表 7 の活動のうち，サポステ D が最初に始めたのは商店街の花壇の手入れ

表7　サポステDにおけるボランティア活動

抽選会の手伝い	毎月1日（月初）	9時～16時
商店街清掃（ゴミ拾い・水やり）	毎週金曜日	13時～14時30分
商店街清掃・草取り	第4水曜日	9時～9時30分
商店会主催の映画会の準備・受付	月1回	2.5時間
地域の祭り（8月・10月）での屋台の運営補助	各祭礼の時期	

（水やり）だった．週1で継続して花壇の水やりを行っているうちに，商店街の振興組合の人からほかの活動に声をかかるようになった．

　表7のような活動は，利用者と，もともと活動を担っていた商店街の振興組合の人たちが共に行う．そのような活動形態の良いところは，何度か参加しているうちに，商店街の人とのかかわりができ，利用者が話をできるようになることである．dさんによると，

> 「結構地域の商店街の人たちと仲良くなったりしてね．そういうことは本人たちに，相談者さんにとってはうれしいことですよね．そういう人たちと話ができるようになるっていうのは，商店街の人とかかわりますから．」

　また，祭礼などを除いて表7にあげたような活動は定期的に，継続して行われている．このため，「継続してやってると商店街の人たちが理解を深めてくれます．間接的な支援者になってくれますね．」という．ここでdさんのいう「間接的な支援者」とは，具体的には以下のようなかかわりである．

> 「言葉をかけてくれたり，たまには説教してくれたりね．それが意外と本人に響いたりしてね．あるいはやっぱり褒めてくれる，認めてくれるっていうのは本人たちにとってはうれしいご褒美ですよね．商店街の人たちがほめてくれた，認めてくれた．」

　商店街の人とのかかわりのなかでは，「そんなの当たり前だよ，ちゅうようなこと」，非常に基礎的であるがゆえに気づきにくい振る舞い，所作を確認することができる．たとえば，以下の2つのような場合である．

> 「（筆者注：利用者が）ポケットに手をつっこんでぼーっと立っとったらね．こういうときに，『抽選会に立っとったらポケットに手を突っ込んだら

　　いかんのや』とかね．教えてくれるわけですよね．」

　　「『ありがとうございましたっていうのはもっと大きな声で言うんだよ，あ
　　　れじゃ聞こえとらんよ』とか．教えてくれるわけ．そうすると次からそ
　　　の人は大きな声で言うとるわね．『ありがとうございましたー』って．」

　ただ何かの作業をするのではなく，そのなかでのさまざまな会話，働きかけ
が有効なものと考えられていた．活動中は，商店街の人もみなお揃いのジャン
パーを羽織る．このジャンパーは，商店街の人が作ってくれたものである．

　一般的に，商店街振興組合は，各店舗の経営者が店の仕事に加えて，組合の
仕事を負担している．共用部（花壇など）の手入れや，振興組合単位でのイベ
ントの設営などである．しかし，加入店舗数が減少している商店街では，これ
らの振興組合の仕事に参加できる人が減っている．サポステＤの活動は，振興
組合の仕事の補助を行う一方，利用者も必要なことは教えてもらい，できたこ
とは認めてもらう機会になっている．この点で互恵的であり，利用者だけで作
業を行うわけではない点がこの関係を成立させるうえでの核心である．

　地域の活動への参加は，〈外〉の活動ではあるが，利用者にとって直接の仕
事に結びつく社会的ネットワークではない．しかし「仕事になってお金もらう
とようやらんけど，ボランティアなら平気で来ます言う人もいるからね．」（サ
ポステＤ，ｄさん）というように，就労に不安を抱いている利用者にとって，最
初の入り口になる．（１）でみたサポステＡの例（公共施設での喫茶スペース）は若
者・職員が主導する場に地域の人が来訪したが，ここでは逆に地域の人が主導
する場に若者や職員が参加する．逆のパターンではあるが，地域の人は利用者
が自信をつけるのを助けるという類似の役割を果たしていると評価されている．

第 6 節　〈内〉の活動と〈外〉の活動のバランスの変化

　ここまでは〈内〉の活動（若者・職員主導の活動）と〈外〉の活動（企業・地域
の人など主導の活動）のそれぞれについて，どのようなことを伝えているか，そ
してなぜその活動でなければならないのかについて明らかにしてきた．実際に
は〈内〉の活動と〈外〉の活動の両方を実施し，個々の利用者は必要に応じて
組み合わせて利用している．

　しかし，１つのサポステのなかでみたとき，〈内〉の活動と〈外〉の活動の

バランスはときにさまざまな理由で変化する．たとえば，〈内〉の活動に重点をおいていたサポステが〈外〉の活動に積極的に目を向けるようになることがある．また，〈外〉の活動に取り組む中で困難に直面することもある．さらに，〈内〉の活動の中でもより職員が積極的な働きかけをするようになったりする場合もある．本節ではこれら〈内〉の活動と〈外〉の活動の重点の移動について，それについて面接調査のなかで触れたサポステに注目し，なぜ〈内〉の活動と〈外〉の活動の重点に移動が生じたのかを検討する．その検討を通じて，〈内〉の活動・〈外〉の活動の重心の変化がどのような意味を持つのかを検討する．

サポステEの場合

　E（調査協力：eさん）は事業を受託して3年目に〈内〉の活動から〈外〉の活動へという活動方針のシフトを行った．それは成功を収めつつ，新たな課題に直面していたからであった．

最初の2年

　サポステEの最初の2年の活動は「非常に居場所色が強かった」という．毎日，午前・午後に手作りやスポーツなどのプログラムを入れていた．就職活動を主たる目的とするプログラムはあったものの，「来る人は毎日来れば何かにとりあえず参加して過ごせる」という形式にしていた．これは当時在籍していた職員（eさんとは別の人）が，不登校支援にかかわる活動をしていたことがあり，「若者は家にいないで出てくれば，自分で元気になって巣立っていくのではないか，という思いのもとにそういう場をつくって」いたことが背景にあった．利用者だけでなく，就職した人も仕事が休みの日にはサポステを訪れ「にぎやかだった」という．

　しかし，この〈内〉の活動，なかでもサポステEの場合はとくに居場所をつくることを核とした活動を展開するなかで，eさんはある問題を感じていた．それは以下のようなものであった．

> 「やっぱ雰囲気がですね，『ずっといていい場所』みたいな雰囲気を非常に醸し出してしまっておりまして．そのためにね，個別の目標をたてて『みんながどうあれ，私はこのために活用するのよ』っていうのをやん

　　なきゃいけなかったんですけど．場づくりとしてはあまりにもこう，
　　（筆者注：サポステが）毎日来れる場所でもあるし毎日来たい場所みたいに
　　なっちゃって.」
　「ちょっとあまりにも就職活動をするって空間から遠く離れすぎかなと．
　　それによって停滞しちゃってる人もいるかなと思って.」

　そこで，受託3年目に「思い切って，ほかのサポステの取り組みを参考にし
て，今の3段階っていうしくみに大改造」した．変更した枠組みは，現在まで
修正をしつつ継続して使用している．変更後のサポステEの活動枠組みは次に
見るような段階性をとる．
　サポステEでは，いくつかの目標を立て，相談のなかで管理している．コー
ス1（最も基礎），コース2（コース1と3の中間），コース3（実践）から成る．ど
こから入るのかは本人と話し合いをする．

　　「本人が希望してもいやちょっと早いかな，っていう場合もありますし．
　　　利用者の状況によってはもう就職活動すればいいんじゃないのとか」

　サポステでの相談時に用いられる資料[4]には，目標などの例が示されている．
コース1から入る人の場合，最初の3カ月はコース1，次の2カ月間はコース
2，その次の1カ月間はコース3に取り組むことが例示されている．このうち，
同じコースのなかでも目標が少しずつ上がる．たとえばコース1の期間であれ
ば，「自分のできそうなことをやってみる」から，「生活リズムをつくる．人と
一緒に何かする」，「人の輪の中に入れるようにする」の順に少しずつ進む．コー
ス1から3までを通じて，細かく目標（個人が相談の中でたてるもの，共通のもの，
そしてそれらに関する本人とスタッフからのコメント欄）を設定している．
　これらの小目標は，実際の活動と対応している．たとえば「自分にできそう
なことをやってみる」に対応して示されているのは，スティックスープの箱詰
め，シール貼り（包装等）の作業である．「ここのなかでやるときは超完結して
ますよね．社会とは出荷することでつながってますけど」とeさんがいうよう
に，この作業のほとんどは自分1人で行うことができる．「コースとしてはゼ
ロくらいな感じ」という．この作業のときの共通目標は「来たとき，来るとき
におはようございます，失礼しますなどのあいさつができる」，「スタッフやほ
かの利用者が出入りするときに軽いあいさつができる」，「計画した日に通所し，

集中して作業ができる」など，最も基礎的なものである．

　コース1の2カ月目の「生活リズムをつくる，人と一緒に何かをする」という目標になると，上の包装に加えて市の中心部にある商業施設で，お茶（系列の作業所で製造しているもの）の試食・販売などを行う．ここでの共通目標は，日時に関するものに加えて「商業施設の従業員に挨拶ができる」「お客様にあいさつや声かけができる」などである．前の段階（スティックスープの包装，箱詰め）の目標はサポステ内部の人間関係に関するものであったが，この段階ではサポステ外部の人間関係へと広がっている．

　コース1の3カ月目になるとやや難しい作業（割りばしの選別等の内職）になり，「雑談」「手伝い」「判断」「質問」など，あいさつよりも発展的な内容が入る共通項目は「決められた時間に通所できる」「遅刻・欠席の際は連絡を入れることができる」（最初は「計画した日に通所」から）がある．人とのかかわりでいえば，サポステ内（ほかの利用者／スタッフ）から外での関係へと，また内容も「型」のあるもの（あいさつなど）から質問などその場・文脈によるものへとひろがる．

　中間（コース2）には雇用・生活関係のセミナーがある．これは「結構学校で教わらないので割と喜んでもらえてるところ」でありこのセミナーの一部（社会保険関係）は「遠くて一週間来るのが大変と言う方に，ちょっと意識づけのために社会保障関係のセミナーだけ出てもらったりすることもある」という．背景には，アルバイトを始めた先の警備会社での次のような経験談がある通り，元々の利用者の意識や関心はそれほど高くないことがあり，ｅさんはその点を懸念している．

　　「いくらでもいいとかみんな言っちゃうんですよね．アルバイト先が『1
　　カ月どんぐらい稼ぎたい』とか言って．それによって仕事の量が変わる
　　し．みんな一体自分が生きてくのにどれぐらい必要か分かってなかった
　　りするし．『別にいくらでも』とかって．『いくらでも』じゃ，いいよう
　　に使われちゃうよって．」

　このセミナーは，マナーなどの講座と就労体験のあいだに位置し，生活費を予測し働く必要性を実感できる，社会保険のしくみと必要性を理解できる，と言った権利・生活関係の必要に即した項目が盛り込まれている．「生きていくにはいくら必要か想像力を働かせよう」，「そのためにはどのくらい働かなくてはならないかを知ろう」，「働く人が支え合う社会のしくみ（社会保険）」の3つ

を知ることを目標に据える．

　「生きていくにはいくら必要か想像力を働かせよう」と「そのためにはどの
くらい働かなくてはならないかを知ろう」のセクションでは，まず一人で暮ら
すために必要な金額の予想と実際とを見る．次に都道府県の最低賃金を元に，
一人で暮らしていくために働かなければならない時間，最低賃金で働くとした
ら１月に１日に何時間働かなければならないかを見る．具体的には，上で算出
した月生活費を最低賃金で除して，月労働時間を算出する．そして，月に22日
働くとした上で，月労働時間は22で除して１日の労働時間を算出する．

　「働く人が支え合う社会のしくみ」セクションではハローワークの求人票の
加入保険などについて説明する．最も基本的な事項は社会保険が雇用保険・労
災保険・健康保険・年金保険の各保険から成ること，給与における保険料率，
会社の負担割合，各保険からどんな時に保障を受けられるのかについて，空欄
に学んだことを記入してゆくワークブック形式にて授業を行う．最後に，コー
ス３においては，実際に企業への応募書類を書いたり，面接を受けたりしなが
ら，並行して書類の添削や相談などを行う．

　従来のアプローチから，この３コース制のアプローチへの変更をｅさんは
「大改造」と呼んだ．これにともなって，〈内〉の活動〈外〉の活動（人とのかか
わり）は大幅に変化したが，１年目・２年目からサポステＥに通っていた人
の反応は複雑であったとｅさんは振り返った．

　　「最初はちょっと戸惑いが結構皆さんにひろがりまして，『僕はあしたから
　　どうすればいいのか』みたいな．」

　このような利用者の声を受けて，従来と同様に来たら必ずできる活動とその
ための空間は維持した．また，３段階化した活動のなかでも，午前と午後でめ
りはりをつけるようにした．

　　「『午前中はちょっと集中してもらいます』みたいな感じで．午後はあまり
　　プログラムが入ってなかったり，てもちょっとコース１みたいなゆるい
　　（筆者注：活動で）．就職してちょっと遊びに来るような方も比較的午後に
　　多いので，午前はちょっとがんばると，フリー（筆者注：予約を入れずに）で
　　来る方もけっこういて，それがうちの強みでもあると思うんですけど．」

　また〈外〉の活動に関して，２年目までサポステＥでは「職場体験もあんま

りやってなかった」のであるが，上でみたように地域の企業での職場体験，あるいは〈内〉の活動であっても地域の人との接点のある活動を充実させるようになった．とくに職場体験については，3年目の変更において重要な課題となったという．

> 「なんかいろいろ（筆者注：他のサポステから）話聞いてると他のサポステやってるし，やっぱり最終的に（筆者注：利用者が就職した後に）定着支援までするには会社とのあいだに入んないとほんとの定着支援は難しいよなというふうに思いまして．『つないでしまえ』と．」

他のサポステの実践，そして利用者がある企業に就職してそこで働き続けられるようにサポステEが支援するうえで，eさんらサポステEの職員がよく知っている企業であれば「あいだに入る」ことができるという考えから，積極的に〈外の活動〉を充実させるようになった．

3年目の方針変更は成功を収め，「停滞してた方が就職しましたね」という．しかし，その後も継続していく中で，eさんは現在の枠組みの課題も見つけた．現在のコース1，コース2，コース3という3段階制において，コース1は最も基礎的であり，利用者は比較的自分のペースで通い，課題に取り組む．しかし，〈外〉の活動が増え，また求められることも増えるコース2へ移動するときに，「突然来れなくなってしまう人」がいるという．

> 「なんかね，こう気持ちが落ちちゃったりして，……ここ（筆者注：コース1）からここ（筆者注：コース2）にコースアップしたら……学校みたいに毎日きて，明日は何する，明日は何するってやっていくところなんですけど，それでもなんかパタって．『ちょっと体調が悪くって休みます』と．1週間ぐらいたつと，なかなか連絡が取れない状況になっちゃったりとか．」

もうひとつは，利用者自身がなかなか目標を見だせないまま時間が経ってしまう場合があるという課題である．

> 「あとはずっとここの段階（筆者注：コース1）にいる方とか．本当は，さっき見てたような長期目標，『せめていつぐらいまでには仕事してたいな』とか目標は持っててもらいたいんですけど．それはこちらのスキルの問

　　題もあるんですけど，なかなかそこまでは目標を持ってもらうことがで
　　きなくて．まだまだです．『サポステで楽しく過ごす』みたいな目標を
　　毎月の目標にする方もいらっしゃいますね.」

　サポステ E は〈外〉の活動を充実させ，また〈内〉の活動にも目標を定め
〈外〉の活動との連続性を明確にして，また地域の人との接点をもてるように
変えてきた．しかし e さんの上の悩みから活動の枠組みの変更が必ずしも万能
ではないこと，e さんら職員の利用者とのかかわり方が依然として重要である
と認識されている.

サポステ F の場合

　サポステ E は，〈内〉の活動に大幅な変更を行ってきた．他方で，なかには
〈内〉の活動の内容を維持しながら，それを主導する人やかかわる方法などを
変容させていったサポステもある．サポステ F（調査協力：f さん）はその例で
ある．サポステ F はもともと，所在市のサポステに準ずる事業，市の単独事業
としての若者サポートセンターとして始まった．この市の事業が厚生労働省の
サポステ事業と統合され，隣接する複数の市町村もカバーする事業としてサポ
ステ F が成立した．調査協力者である f さんは市の事業のころに臨時職員とし
て採用され，現在はサポステ F の総括コーディネーターとして勤務している.
f さんは事業に，その前身の時代から携わってきた.
　f さんによると，〈外〉の活動は市の事業の時代から職場開拓員を配置して
企業とのネットワークを形成し，現在サポステ F でもそれを活用して職場体験
を行っているなど比較的安定している．しかし他方で，サポステ F における
〈内〉の活動は大きな変化を経験してきた．「以前市でやってたときは本当に居
場所的な感じでやっていた」という．しかし，その中で問題になったのが「ど
うしてもそこに滞留してしまうっていうんですかね，なかなか次に進めない」
という人の存在であった．最初に考えられた働きかけは，「もっと自分たちで
自主的にできることを考える場にしませんか」という方向だった．しかし，計
画を立てて，他の人を引っ張れる人も利用者のなかにはいるが，そのような人
がいない場もあり，難しさがあった．現在は「コミュニケーションをとる場に
しよう」という方針を決めている.
　筆者は調査と同日，コミュニケーションに関するプログラムを見学する機会

を得た．これはfさんとは別の職員が担当しているプログラムであった．インストラクション（ストレッチ，笑顔のトレーニング，講習室の端から端まで大きな声で，声をそろえず1人で言うあいさつ練習）のあと，課題にすすむ．「共通点を探せ」は「4人組で共通点を探す．相手に興味を持ち，頷き，相づち，質問等，これまでの学びを活かそうとする意識を持って参加する」活動である．ルールは，「ネガティブな共通点は探さない」「『自分と同じところはないかな』と強く意識する」，「初めの10分は，大枠の共通点を探す．次の十分間で，出来る限り具体的な共通点を探す」ことである．この活動のあと「振り返り」，「諸連絡」，「清掃」，「挨拶」と続く．

　この活動は，「共通点を探す」というフォーマルな目的とならんで，かくれた目的もある．たとえば，相手の話を聞く姿勢（笑顔，頷き，相づち，質問等）や，開始と終了時の挨拶の徹底などである．

　実際に見学していたなかで，強調されていたのは「会話を続けていくこと」であった．複数のグループ（各3〜4人）を組むが，それぞれのグループの間を職員が巡回し，返事をするように働きかけ，またうまくいかないグループにはヒントを出すなど声をかけていた．グループは途中で組替えをするが，メンバーの交代の際にも挨拶，「ありがとう」を徹底するように呼び掛けていた．

　また，上にみたような職員からの働きかけは，必ずしもプログラムの時間だけに限定されない．サポステFには，2階入り口のドアを開けてすぐのところに，そこを通って事務所や相談室に行く，ソファーやテーブルのある空間があり，サロンと呼ばれている．プログラムの待ち時間など，利用者同士がここで顔を合わせる機会がある．そのなかで，以前はお互いに沈黙していることが多かったという．変化があったきっかけは，職員が決めた小さな目標であった．

　　「『実践として，ここで待ってる間に他の利用する人が来たらどういう風にする』って，実践編で．それからなんかみんな，挨拶しやすくなった」
　　「『ここいいですか』って，座るだけでも黙って座らないで座ろう，みたいなのをスタッフが今年度色々考えてくれて．（筆者注：職員が）『これが実践だよ』って言うとみんなが慌てて，帰る人とかに『お疲れ様でした』とか声をかけたりするようになったので．本当にちょっとしたことでも，声をかけられると嬉しいので，お互いに話をするようになってきているかなと言う感じがしますね．」

　プログラムの場だけでなく，他の時間（待ち時間など）を「実践編」として，同様に挨拶などをするように働きかけた．ちょっとした言葉かけやちょっとした挨拶から，次第に会話が交わされるようになった．

　この活動の休み時間，ｆさんから２人の利用者（ｆａさん，ｆｂさん）を紹介してもらい，ｆさんの許可を得て，この活動の感想について聞くことができた．最初に，この活動の良い点は自分の言うことに対して必ず相手が返してくれることだという．日常会話のなかでは，「話しかけたいんだけど相手がどう返してくれるかわからない」という不安があった．ここでは「必ず相手が返してくれる」安心感があるという．また，休み時間など合間あいまにも話をするようになり，話がひろがることもある．ただし今でも自分から話しかけるときは「何を主軸に話をしようか迷う」という．

　職員からの働きかけ，ここでは挨拶や利用者同士での声かけをするように伝えることは，利用者同士の「必ず相手が返してくれる」という感覚に寄与している．無視されたりする心配をせずにすむことで，利用者同士のコミュニケーションの下地が形成されてきたと考えられる．「同じプログラムをやってて，共通の話題が見つかったりして」仲良くなることもある．ｆさんによると，

　　「プログラムが終わってさっきのサロンで待ったりしている間に仲良くなったりとかして，結構話したりだったりとか．求人にこんなんあるよとか，職員が持って来たり，そういう話もお互い仲良くなると勧めあって」

という．このように，話をするようになるうちに進路に関する話題も出るようになる．また，相談の場面以外でもいろいろな話をできる関係があったことは，就職などによりサポステの利用を終えたあとの関わりにも影響するという．

　　「そういう風にできた人たちが卒業生になっても時々何かこうちょっと顔を見せてくれるって言うんですかね．」

　サポステＦのプログラムは基本的に男女ともに参加できるものであるが，女性の利用者のためのなでしこ会というプログラムも運営している．これは，利用者のなかで女性の比率が少なく，来て話せないという声があったため立ち上げた．「ここで終わりじゃないですよって．他のプログラムもしていきましょうねっていう感じでやってます．」として，その後色々なプログラムに参加できるようになるための橋渡しとしての存在と位置づけている．

　「成人期への移行」の危機において社会的ネットワークの縮小がみられることが先行研究において指摘されてきた（沖田 2004；堀 2004；樋口 2006）. サポステにおいては，若者が活用しうる社会的ネットワークは，〈内〉の活動から〈外〉の活動へと，次第に参加の場が増える過程で拡大する. 次第に活動に参加する時間を増やし，また多様な人とかかわれるようになることが目標とされる.

　この〈内の活動〉から〈外の活動〉への推移のなかで，異質的相互行為（第5章参照）は次第に展開する.〈内〉の活動に参加し始めたばかりの時期には，異質的相互行為は限定的なものである. 職員と若者との1対1の関係が基本であり，その内容も，必ず伝えたいことに焦点化されたかかわりである. このような職員とのかかわりを維持しながら，第2段階の異質的相互行為へと展開する. 本章6節（サポステEの事例）で，若者を動機づけることの困難さに言及されたように，この展開は必ずしも容易なものではなく，時に困難を生じる局面でもある.

　〈外の活動〉を行うために利用される社会的ネットワークは，各サポステが形成してきたものである. これらは基本的には異質的相互行為に分類されうるものの，相手の有する資源，活動へのコミットメントは多様である. サポステとほぼ毎週のように連絡をとりあっている機関・組織・団体もあれば，年に数回という機関・組織・団体もある. また，質問紙調査の項目になかったが，〈外〉の活動を支える存在として，地域社会の有志の存在がある. また，たとえば一括りに「企業」といっても，ハローワークに求人を出しており，採用を見据えて職業体験の受け入れを行うところから，個人経営の店舗など求人募集はしていないがたとえ何らかの困難のある若者でも積極的に受け入れているところまで多様である.

　第5章の事例検討においては，活動において，若者同士の関係のような同類的相互行為と，若者と職員との関係のような第1段階の異質的相互行為が互いに相互補完的な役割を果たし，第2段階の異質的相互行為におけるアクセスの困難を軽減することを明らかにした. これに加えて，第6章の質問紙調査・面接調査は，第5章で第2段階の異質的相互行為として括られたサポステの〈外の活動〉の特徴を明らかにした. サポステではたとえば限られたキーパーソンとの関係がきわめて重要，というものではなく，多様な資源を持つ人々が可能な程度のコミットメントで参加しうる社会的ネットワークが形成されてきた. それは一見冗長にもみえるが，利用者の多様な課題・状態に応じて活動，そし

てそこで出会う人を調整することができるという利点を有している．

　これは「成人期への移行」支援に特徴的である．学校から職業への移行に関する研究においては，「実績関係」（苅谷 1991：20）を持つ限られた企業との関係を学校が持続してゆくことが焦点であった．それは毎年，継続的に卒業生を採用するという条件を満たす企業とのあいだに形成された関係であった．これに対して，サポステはより多様な目的，基本的な経験を積む場の確保なども射程に入れて地域社会の機関・団体・組織・人と社会的ネットワークを形成してきたといえる．

注

1 ）この質問紙調査の調査項目，基礎集計表，および面接調査の詳細に関しては，井上（2018）に記した．

2 ）本文中の図に示した以外の項目に関する結果は，**付図 1** に示した．

3 ）この 6 つ以外の項目に関する結果は付図 3 に記載した．

4 ）以下の各コースの内容説明は，インタビューの内容と， e さんから提供を受けた，利用者に活動を説明したり，活動を振り返ったりする際に用いる資料の記述にもとづくものである．

5 ）サポステ F におけるコミュニケーションに関するプログラムに関する記述には見学やインタビューの内容のほかに，f さんから提供を受けた配布資料（利用者に配られるもので，プログラムの進行どが記されたもの）を用いた．

終　章

社会関係資本という観点からみた若者支援

　終章では，まず第Ⅰ・Ⅱ部の各章の概要を振り返る．その上で得られた知見
を整理し，最後に今後の課題について検討する．

　第1章では，イギリスにおけるユースワーク（有志組織・地方当局・政府の協働
により伝統的に行われてきた「成人期への移行」支援）を事例に，「成人期への移行」
支援における専門職化がどのような論理で進められ，元来主要な担い手であっ
た有志はどのように位置づけられたのかを明らかにした．19世紀後半から1960
年代までの期間を対象とし，各時期の政府・有志組織の報告書を用いて，ユー
スワークの担い手（「ユースワーカー」）の位置づけに関する記述の比較を行った．
それを通じてどのような論理のもとに有志ユースワーカー，そして専門職ユー
スワーカーが位置づけられてきたのかを検討した．分析から，ユースワークの
目的が草創期（19世紀後半）から1960年代までの間に政治的・宗教的社会化から
「移行」支援に変化し，ユースワーカーに求められるものが「熱意」「献身」か
ら「専門知」へと変化したことが明らかになった．そして同時に，有志は，多
様な人々の参加のチャネルとして位置づけられ，維持されていた．

　第2章では，イギリスにおいて1960年代から現在まで続く動きとしてのユー
スワーカーの専門職化について，養成課程のカリキュラムの分析を通じて専門
職性がいかなるしくみを通じて担保されてきたのかを明らかにした．実際の養
成課程の認定基準，認定を受けた大学のカリキュラム，学生・認定機関による
レビュー資料を通じて，ユースワーカーの専門職性を担保するメカニズムを明
らかにしてきた．分析から，現在のカリキュラムは社会学・教育学・心理学な
どの基礎知識に加えて，省察性（reflectivity）の獲得を目標に設計されているこ
とが明らかになった．「省察性の獲得」は，ユースワーカーの専門性の核とし
てカリキュラムの認定評価基準に位置づけられていた．

　第3章では，第2章でみた1960年代からのイギリスにおけるユースワーカー
の専門職化とほぼ時期を一にして，ユースワークにおける有志の役割の積極的

見直しという逆の動きも生じていたことを明らかにした．当時の地方当局や有志組織が提供したユースワークや実験的プロジェクトを地域別に網羅的に収録した報告書，およびディタチト・ワークの草創期に刊行された実践に関する報告書を資料として，地域における展開と担い手の役割の実態を明らかにした．主な結果は，ディタチト・ワークに関して明らかになったのは，若者の抱えている問題が従来のユースワークの利用者層よりはるかに多様であり，それだけに担い手は無定形で曖昧な役割を担わなければならなくなったこと，同時にワーカーを中心に専門職・有志を問わず，他の分野の関係者も含めた社会的ネットワークが草の根的に形成されたことであった．結果として，1970年代の「実験的事業」の展開を通じて浸透したディタチト・ワークは，社会的ネットワークの担い手，若者の身近な理解者として，ユースワーカーに対する社会的認知を高めた．しかし同時に，専門職としてのユースワーカーの輪郭を曖昧にすることとなった．

　また，第3章では，特に2001年からイングランド全域において実施された公的な「成人期への移行」支援事業であるコネクションズ・サービスにおいて，ユースワーカーが期待された役割と実態についても明らかにした．コネクションズは分野横断的な専門職の確立をその理念としたが，各分野から人材を採用する上で一定水準以上の職業資格を要求し，満たさない有志は排除された．ユースワークは，1990年代後半から2000年代にかけての「第三の道」における「成人期への移行」政策において，社会的ネットワーク形成の担い手として期待された．しかし，ユースワークにおいて多様な人々の参加を可能にした基盤であった有志性原則は，コネクションズの枠組みには取り入れられなかった．

　第Ⅱ部は，日本における「成人期への移行」支援の展開を，とくにそのなかでどのような社会的ネットワークが形成され，活用されてきたのかに注目しながら検討してきた．第4章では「地域若者サポートステーション事業」を中心として，日本における公的な「成人期への移行」支援の，① 構想，② 展開（実施要項などにおける事業の方針）を検討した．それらを通じて，日本における「成人期への移行」支援で形成されてきた社会的ネットワーク形成の前提となった社会的文脈を明らかにした．

　日本においては，少年司法・補導などの領域では伝統的に有志の影響力が大きかった．それは高橋（2013）が指摘したように，たとえば保護観察官と保護司のように公務員の人数不足を実質的に補うものであり，また委嘱はフォーマ

ルな手続きを踏むことで，ある種の「『名誉職』性」(高橋 2013：149) を帯びていた．これらの実践は各機関から「個人への委嘱」により成立するものであった．1970年代以降の勤労青少年福祉の役職の担い手もこれにならった．

　不登校やひきこもり等の問題においては当事者・家族，民間ベースの活動が主導的な役割を果たしてきた．これらの活動は不登校やひきこもりについての社会の認識転換をもたらした．2000年代以降の日本の「成人期への移行」政策は行政による「個人への委嘱」でも「民間の主導」でもなく「その分野で実績を有する民間団体への委託」という形式により行われた．統制の方針は毎年の応募・企画書などの文書に反映され，更新された (第4章第1節)．

　日本における公的な「成人期への移行」支援においては，イギリスのコネクションズ・サービス (第3章第7節) が重要なモデルのひとつとされた．若年無業者への公的支援である「地域若者サポートステーション」の原型が示された当初は「包括的」な支援が鍵概念であった (第4章第2節・第3節・第4節)．しかし，毎年厚生労働省が「地域若者サポートステーション」の受託を希望する団体に向けて示した仕様書等の書類を検討すると，当初の理念に変化が見られた．すなわちエンプロイアビリティにより対象者を絞ること，そして事業実績を実効力を持つかたちで事業評価に反映させるようになったことであった (第4章第5節)．

　第5章は，1つのサポステについて事業開始時点からの文書資料 (事業報告書)，複数回の面接，プログラムの見学を通じてインテンシブな調査を行った結果にもとづいて議論を行った．文書資料 (事業報告書) によると，開所以来多様な活動が展開されてきたが，その過程で実施期間・内容からみてプログラムの比重が変化し，「長期」かつ「体験・交流」型のプログラムが増加していった．これは，一回限りではなく同じ人と何度か継続的に会うこと，そしてコミュニケーションをする機会を提供することを意味する．

　このようなプログラムは，利用者が自信のなさから，進路決定に必要な活動に困難を感じている場合に特に活用されていた．この「自信のなさ」は，就職活動がうまくいかなかったことなど，なんらかの実際の経験に根差していた．

　「成人期への移行」におけるつまづきの原因のひとつとして，異質的相互行為へのアクセスの困難，そしてその帰結として必要な情報や社会的ネットワークが得られなかったことは考えられる．しかし，支援機関を訪れ相談する時点においては，「成人期への移行」におけるつまづきの経験による自信の乏しさ

も重要な問題であった．必要な社会的ネットワークや情報を提供して就職など につなげることは「成人期への移行」支援の重要な側面である．しかしそれだ けでなく，「成人期への移行」におけるつまづきの経験自体から生じた自信の 喪失とどう向き合うかも，同様に「成人期への移行」支援の重要な課題であっ た．

　この自信の喪失に対処するために，利用者同士が何らかの活動を「共にする こと」が重視されてきた．「共にする」ことは，何かを新たに学ぶというより はむしろ，自身の出来ることを確認する意味を持つ．この何かを「共にする」 機会には，多くの場合，複数の利用者が参加する．そして彼ら，彼女らのあい だで生じるやりとり，Lin（2001＝2008）の枠組みでいえば同類的相互行為は， 自信の喪失に向き合ううえで重要なものであり，利用者の有する資源が承認さ れ「強み」の発見につながった．一方で，職員との異質的相互行為は就職につ いての情報やネットワーク等の資源の獲得に加え，新しい価値観を提供するも のであった．

　「成人期への移行」の支援は，資源の獲得だけでなく，維持・承認をもその 重要な側面として含み，両者は相互補完的な関係にある．そしてそれらは，支 援機関が形成してきた多様な社会的ネットワークを基盤としていた．職員と利 用者との一対一の関係だけではなく，若者同士の関係や地域の人，企業などと の多様な社会的ネットワークの形成が事業の展開過程で課題となってきたこと が明らかになった．

　第6章では，第5章において残された課題であった，各サポステがいかに多 様な社会的ネットワークを形成し，若者に利用可能なかたちで提供しているか について調査および分析を行った．その結果，各サポステは元々の母体（サポ ステを受託している団体）の時よりも事業受託後により多様な社会的ネットワー クを形成する傾向にあった．そしてそのネットワークを構成する諸組織・集団 においてはサポステと連絡をとる頻度，あるいはコミットメントの程度は多様 であった．厚生労働省が重視しているのは求人募集を行っており，採用可能性 の高い企業との関係である．しかし各サポステは，たとえば求人募集を行って いないが就労体験を受け入れている企業，あるいは地域の活動（商店街の振興組 合の活動など）にかかわる人々との関係も，重要なネットワークとして維持して いる．

　各地域若者サポートステーションにおける他の機関・団体との社会的ネット

ワーク形成のあり方には，キーパーソンに焦点化せず，さまざまな程度のコミットメント，多様な資源を持つ人々との社会的ネットワークを維持するという特徴があった．

　Lin（2001＝2008）は「社会関係資本は複数の主体の連鎖を活用することが多い」（Lin 2001＝2008：57）として，二項関係を超えた社会的ネットワークの構造に言及していた．その具体例について「ある資源へのアクセス（例えば，ある職業に関する情報）を可能にするために個人は，その情報そのものは知らないが，誰がそれを知っているかを知っている他者に接触するだろう」（Lin 2001＝2008：57）と説明した．ここで，「その情報そのものは知らないが，誰がそれを知っているかを知っている他者」はあくまでもキーパーソン（その情報を知っている人）に至る仲介者である．

　本書第5・6章において明らかにしてきたサポステの社会的ネットワークは，キーパーソンとそこに至るまでの仲介者，という Lin（2001＝2008）の前提よりも，各々がより多様な役割を果たすものであった．また，このような地域若者サポートステーションの他機関・団体との社会的ネットワーク形成のあり方は苅谷（1991）など従来の学校から職業への移行に関する実証研究で明らかにされてきた「実績関係」，毎年継続的に卒業生を採用する特定の企業との関係を維持するあり方とも異なるものであった．

　本書の第Ⅰ部において検討してきた「成人期への移行」支援の展開を Lin（2001＝2008）の枠組みからみると以下のようなことが考えられる．Lin（2001＝2008）による社会的ネットワークの形成に関する前提は，社会的資源が個々人のあいだに不均衡に配分されているという前提にたつものである．それゆえ2者間の相互行為を同類的相互行為，異質的相互行為の2つに分類し，前者は資源の維持，後者は資源の獲得にとくに寄与するものとした．Lin（2001＝2008）のこの見方から，本論では「異質的相互行為へのアクセスの困難」と「同類的相互行為の道具的限界」という2つのカテゴリーを作成した．

　イギリスの2000年代における「成人期への移行」支援であるコネクションズ・サービスはそれ以前の諸活動が別々に提供され，若者からみてわかりづらい状態にあることを問題とした．その重要な解決策のひとつは，一人の職員（パーソナル・アドバイザー）が地域の社会的ネットワーク（成人期への移行支援に資する）を網羅的に把握しアクセスすることのできる体制をつくることであった．この点で，コネクションズ・サービスは異質的相互行為へのアクセスの困難の

低減に焦点を絞ったものであった．具体的には「成人期への移行」に資する特定の資源の獲得に寄与する社会的ネットワークを中心に据え，確実にアクセスできるように既存の社会的ネットワークを集約・再編しようとした．

　しかし，コネクションズ・サービスの実際の展開においてはジレンマが生じた．政策の構想において，コネクションズの職員（パーソナル・アドバイザー）は，地域における「成人期への移行」支援にかかわる諸機関との社会的ネットワークをもち，かつ「成人期への移行」に困難を抱える若者との個別の関係を形成することが期待された．これは従来ユースワーカーが果たしてきた役割を顧みての期待であったが，実際にはコネクションズ・サービスと従来のユースワークの関係は部分的なものにとどまった．原因のひとつは，多くの場合パーソナル・アドバイザーの採用時に専門職資格を持つことが求められたため，有志ユースワーカーは活動に携われなかったことであった．もうひとつは，個別の相談を中心とするコネクションズの活動理念に，これまでの経験から懐疑的なユースワーカーがいたことであった．

　コネクションズ・サービスとは異なる「ありえたかもしれない」成人期への移行支援があった．1960年代以降のユースワークにおける「参加していない若者（the unattached youth）」のための実験的事業のなかでは，若者同士・地域の有志・他の「成人期への移行」にかかわる機関（職業紹介所・少年司法など）との関係が形成された．それは「実験的事業」として予定された年限を超えて持続した．この活動は，「異質的相互行為へのアクセスの困難」と「同類的相互行為の道具的限界」という社会的ネットワーク形成過程における困難の各々にこたえる，イギリス型の方策となりうるものであった．

　ブレア政権成立（1997年）当初からユースワークは財源の恒常化（地方当局の責任を法的に位置づけること）を求めたが，実現をみることはなく，コネクションズ・サービスが成立することになった．「ありえたかもしれない」成人期への移行支援の存在は，成人期への移行支援のあり方が自明のものではなく，常に葛藤のなかで形成・変容してきたことを示すものである．

　これに対して，日本における「成人期への移行」支援は「地域若者サポートステーション事業」という１つの事業枠組みの中で，同類的相互行為と異質的相互行為の両方を含む多様な社会的相互行為の機会を提供してきた．このような機会の提供により，利用者はサポステから直接に就職活動などに移るのが難しい場合であっても，少しずつ社会的ネットワークを拡大し，そのなかで自ら

の持つ資源に気づいたり，新たな資源を段階的に獲得したりすることが可能であった．

コネクションズ・サービスが職員と若者との一対一の関係に焦点化し，それまで各地域で行われてきた「成人期への移行」支援の多様なあり方を十分に包含できなかったことを踏まえれば，上記の特徴は日本がコネクションズをモデルとしながらも，独自に展開してきたものであるといえるだろう．

しかしながら，そのような日本の公的な「成人期への移行」支援の特徴が，イギリスの「成人期への移行」支援が経験した専門職化のジレンマをすでに「乗り越えた」結果ではないことには注意が必要である．

ここでイギリスにおけるユースワーカーの課題は，最初は「専門職化」それ自体をいかにしてすすめるかということであった．活動のほとんどを有志が担っていた状態から，教員やソーシャルワーカーと同等の職業的地位をいかにして獲得するかが課題となった．アルバーマル報告書において提言され10カ年計画において実現をみた高等教育機関における養成課程の拡充や，基盤事業，実験的事業への予算はこれにこたえようとするものであった．

しかし，この専門職化がある程度の進展をみるなかで，新たな問題が浮上した．多様な経歴を持つ人の活動への参加と，すべての担い手の専門性を担保することをいかに両立するかをめぐる困難である．この両立について，ユースワーカーとして働きながら地方当局あるいは有志組織などが学費を負担するかたちで高等教育機関の養成課程で学ぶ道筋が編み出されてきた．しかしこの道筋は，地方当局の緊縮財政もあり狭まりつつある．

ブレア政権期に新たに打ち出された公的な「成人期への移行」支援であったコネクションズ・サービスは専門職資格を有することを職員採用の条件とし，ユースワーカーを含めた新しい「成人期への移行」支援の専門職（パーソナル・アドバイザー）を構想した．この専門職化のジレンマと，それを乗り越える道筋が狭まっていた状況が，パーソナル・アドバイザーの人員不足が生じた背景にはあったと考えられる．

本書第Ⅱ部で地域若者サポートステーション事業を事例として日本の公的な「成人期への移行」支援をみてきたが，そこで形成されてきた多様な社会的ネットワーク，およびその形成・若者への提供において職員が果たしてきた役割は，事業主体である政府から十分にバックアップを受けてきたとはいえない．職員の教育・研修にかかわる経費は「最終的に本人に帰属する『資産形成』に

係る経費」（厚生労働省 2010a：3-4）と見なされ一部例外を除き国費支出からは除かれていた．また，年度ごとに企画競争，あるいは一般競争入札を行い，そのなかで事業実績を重視する現在の方式は，多様な活動やそれを支える社会的ネットワークを維持するインセンティブを低下させうるものである．

　他方で，学術研究の領域においては，生田（2015）など，日本の「成人期への移行」支援においても専門職化に関する研究が行われており，まだ途上にあるとはいえ，今後も議論が重ねられていくと考えられる．このような日本の現状を踏まえると，イギリスにおけるユースワーカーが専門職の地位を確立しようとして行ってきた種々の取り組み，そしてその専門職化の動きがはらんだジレンマは決して異国の，日本とは関係のない過去の出来事ではなく，現在的な意味を持つものである．

　先行研究では「成人期への移行」途上にある若者の社会的・経済的シティズンシップのあり方が，各国を比較し特徴を明らかにするための主要な視点であった．しかし，この視点はマクロな政策の比較には有効であるが，それを支える有志組織や活動にかかわる人々を対象に入れることができなかった．社会関係資本論から日英の「成人期への移行」政策を検討した本書の意義は，「成人期への移行」の公的な支援を政府の方針だけでなく，活動を支える多様な主体も含めた分析を行った点である．

　また，公的な「成人期への移行」支援へのアクセシビリティは，おもに社会的シティズンシップ・経済的シティズンシップの観点から論じられてきた．たとえば若年失業者向けの支援の場合，失業手当などの経済給付を伴うものであるかについて（樋口 2011），また経済給付を何らかの教育・訓練への参加義務との交換条件のようにすることの問題点（仁平 2015）についてなどである．これらは，依然として重要であり，序章でみたように日本においても多くの課題が残されている．

　しかし本書は，これらに加えて，支援の担い手と利用者とのかかわり，そして地域の多様な人・組織と形成する社会的ネットワークも，「成人期への移行」支援へのアクセシビリティにおける重要な要素であることを明らかにした．これらの要素もまた，政府の方針の影響を受けるものであるが，同時に「成人期への移行」支援を担ってきた多様な主体もかかわっているため，彼らを射程に入れていなければ実態を捉えることはできない．本書は日英比較を行ったものであるが，さらに他国の「成人期への移行」支援に関する研究においても留意

する必要がある.

　また, 支援へのアクセシビリティの問題は, 必ずしも「成人期への移行」支援の始点における問題とは限らない. 第 6 章第 6 節のなかで, それまで順調に活動に参加していた利用者が突然来なくなったことに調査協力者が言及した事例があった.「成人期への移行」支援のなかで, 利用者の状況を理解し, かかわろうとする中でなお, 目標に至る前に関係が途絶えてしまうことについての研究は, 利用者自身の調査への協力が必要となるため, その実現に多くの困難が伴うものではあるが,「成人期への移行」支援の研究にも重要な示唆を持つと考えられる.

　そして, 公的な「成人期への移行」支援の担い手, 彼らが形成する社会的ネットワークの構造, そして若者とのかかわりのあり方が若者からのアクセシビリティを左右しうることは, 政策上の課題も示す. 各年度の人件費という枠組みを超えて,「成人期への移行」支援の担い手の雇用や教育・訓練の利用機会に関する改善を行うこと, そのためにより安定的な財源を確保することは, 重要な政策課題である. これら研究上, 政策上の課題を指摘したうえで, ひとまず本書を閉じることとしたい.

　付　記

　本研究（第 1 章～第 3 章, 第 6 章）は JSPS 科研費「若年層における成人期への移行の困難とその支援に関する社会学的研究」（課題番号）15J06737 の助成を受けたものです.

参 考 文 献

秋田喜代美, 1998,『教師教育における「省察」概念の展開——反省的実践家を育てる教師教育をめ ぐって』佐藤学・藤田英典・森田尚人編『教育学年報5 教育と市場』.

天野正子, 1969,「専門職化をめぐる教師の意識構造について」『教育社会学研究』24：140-157.

———, 1972,「看護婦の労働と意識——半専門職の専門職化に関する事例研究」『社会学評論』 22(3)：30；30-49.

Arnett, Jeffrey Jensen, 1997, "Young People's Conception of the Transition to Adulthood," *Youth Society,* 29(1)：3-23.

———, 1998, "Learning to Stand Alone: the Contemporary American Transition to Adult-hood in Cultural and Historical Context," *Human Development,* 41：295-314.

———, 2004, *Emerging Adulthood: the Winding Road from Late Teens through the Twen-ties,* New York: Oxford University Press.

———, 2012, "New Horizons in Research on Emerging and Young Adulthood," Booth Alan, Susan L. Brown, Nancy S. Landale, Wendy D. Manning and Susan M. McHale eds., *Early Adulthood in a Family Context,* New York: Springer, 231-243.

Beck, Ulrich, 1992 [1986], *Risk Society, Towards a New Modernity,* London: Sage.（=1998, 東廉・伊藤美登里訳,『危険社会——新しい近代への道』法政大学出版局.）

Bathurst, M. E., 1944, "Juvenile Delinquency in Britain during the War," *Journal of Criminal Law and Criminology,* 34(5)：291-302.

Board of Education, 1939, "Circular 1486: the Service of Youth," Infed. Org, London, (Re-trieved 2 December, 2017, http://infed.org/archives/gov_uk/circular1486.htm).

———, 1944, *Teachers and Youth Leaders: Report of the Committee Appointed by the President of the Board of Education to Consider the Supply, Recruitment and Training of Teachers and Youth Leaders,* London: Her Majesty's Stationery Office.

Bradford, Simon, 2007, "Practices, Policies and Professionals: Emerging Discourses of Exper-tise in English Youth Work, 1939-1951," *Youth and Policy,* 13：13-28.

———, 2015, "State Beneficence or Government Control? Youth Work from Circular 1486 to 1996," Graham Bright ed., *Youth Work, Histories, Policy and Contexts,* London: Par-glave, 22-37.

Bourdieu, Pierre, 1980, 'Le capital social: notes provisoires,' *Actes de la Recherche en Scienc-es Sociales,* 31：2-3.（=1986, 福井憲彦訳「『社会資本』とは何か 暫定的ノート」『Actes』1：30-36.）

Bright, Graham, 2015, "The Early History of Youth Work Practice," Graham Bright ed., *Youth Work: Histories, Policy and Contexts,* London: Palgrave, 1-21.

Buchmann, C. Marlis and Irene Kreisi, 2011, "Transition to Adulthood in Europe," *Annual Review of Sociology,* 37：481-503.

Chevalier, Tom, 2016, "Varieties of Youth Welfare Citizenship: Towards a Two-Dimension Ty-pology," *Journal of European Social Policy,* 26(1)：3-19.

Coleman, S. James, 1988, "Social Capital in the Creation of Human Capital," *American Jour-nal of Sociology,* 94：95-120.（=2006, 金光淳訳「人的資本の形成における社会関係資本」野 沢慎司編・監訳『リーディングス ネットワーク論——家族・コミュニティ・社会関係資本』勁 草書房, 205-241.）

Colley, H., 2012, 'Not Learning in the Workplace: Austerity and the Shattering of Illusion in

Public Service Work, *Journal of Workplace Learning,* 24(5): 317-337.

Connexions Service National Unit, 2003, "Connexions Personal Advisers: Could You Make a Difference?", (Retrieved April 29, 2015, http://dera.ioe.ac.uk/6923/7/PA_Job_Pack_Inner1_Redacted.pdf).

Cooke, Douglas ,1962, *Youth Organisations of Great Britain,* London: Jordan & Sons Ltd.

Council of Europe and European Commission, 2010, "Country Sheet on Youth Policy United Kingdom," (Retrieved November 28, 2017, http://www.youthpolicy.org/national/United_Kingdom_2010_Youth_Policy_Briefing.pdf).

Data.Gov. UK., 2015, "Claimants of Job Seekers Allowance," (Retrieved October 9, 2018, https://data.gov.uk/dataset/12e67b83-1ed1-4caa-a109-96963913e2b8/claimants-of-job-seekers-allowance).

Denis, E. Ince, 1971, *Contact: A Report on a Project with Unattached Young People in an Area of High Social Need in Liverpool,* Leicester: Youth Service Information Centre.

Davies, Bernard, 1999a, *A History of the Youth Service in England: From Voluntaryism to Welfare State,* Leicester: National Youth Agency.

————, 1999b, *A History of the Youth Service in England: From Thatcherism to New Labour,* Leicester: National Youth Agency.

————, 2008, *A History of the Youth Service in England: The New Labour Years,* Leicester: National Youth Agency.

————, 2011, "What Do We Mean by Youth Work?" Bernard Davies and Janet Batsleer eds., *What is Youth Work?,* Exeter: Learning Maters Ltd, 1-6.

Department of Education and Science, 1990, *Initial Training for Professional Youth and Community Work: Overview Report on Reports During 1985-90,* London: Department of Education and Science.

Department for Education and Employment, 2000, *Connexions: The Best Start in Life for Every Young Person,* (Retrieved April 29, 2015, http://dera.ioe.ac.uk/6923/7/PA_Job_Pack_Inner1_Redacted.pdf).

Department for Education and Skills, 2004, *Improve Your Connexions: Connexions Service Customer Satisfaction Survey: Results from the Second Wave Survey in Phase 1 Partnerships,* (Retrieved April 29, 2015, http://dera.ioe.ac.uk/5556/1/RR622.pdf).

Derrick, Deborah, 1976, *Selected and Annoted Bibliography of Youth, Youth Work, and Provision for Youth,* Leicester: National Youth Bureau.

Doggett, L. L., 1896, *The Founding of the Association, 1844-1855: History of Young Men's Christian Association vol. 1,* Cleveland: Imperial Press.

DuBois, L. David, Helen A. Neville, Gilbert R. Parra and Aalece O. Pugh-Lilly, 2002, "Testing a New Model of Mentoring," Jean E. Rhodes ed., *A Critical View of Youth Mentoring,* San Francisco: Jossey-Bass, 21-57.

Duguid, Julian, 1955, *The Blue Triangle,* London: Hodder and Stoughton, Ltd.

遠藤保子, 2006, 「青少年を支援する専門職（ユースワーカー）養成と力量形成——ランカスター大学セイント・マーチンズ・カレッジのカリキュラムを中心として」『立命館人間科学研究』12: 45-54.

Evans, Karen and Andy Furlong, 1997, "Metaphors of Youth Transitions, Nitches, Pathways, Trajectories or Navigations," John Bynner, Lyne Chisholm and Andy Furlong eds., *Youth, Citizenship and Social Change in a European Context,* Tynes and Wear: Ashgate, 17-44.

Furlong, Andy and Fred Cartmel, 1997, *Young People and Social Change,* Berkshire: Open

University（＝2009, 乾彰夫・西村貴之・平塚眞樹・丸井妙子訳『若者と社会変容――リスク社会を生きる』大月書店.）

Furlong, Andy, Fred Cartmel, Andy Biggart, Helen Sweeting and Patrick West, 2003, *Youth Transitions: Patterns of Vulnerability and Processes of Social Inclusion,* Scottish Executive Social Research（Retrieved March 31, 2018, http://www.gov.scot/Publications/2003/10/18309/27519）.

Furlong, Andy, 2013, *Youth Studies: An Introduction,* London: Routledge.

Gazier, B., 1998, "Employability: Definitions and Trends," B. Gazier ed., *Employability: Concepts and Policies,* Berlin: European Employment Observatory: 37-71.

玄田有史・曲沼美恵, 2004,『ニート――フリーターでもなく失業者でもなく』幻冬舎.

Goodman, Roger, Yuki Imoto and Tukka Toivonen eds., 2012, *A Sociology of Japanese Youth: from Returnees to NEETs,* Oxon: Routledge（＝2013, 西川美樹訳『若者問題の社会学――視線と射程』明石書店.）

Granovetter, S. Mark, 1973, "The Strength of Weak Ties," *American Journal of Sociology,* 78(6): 1360-1380.（＝2006, 大岡栄美訳「弱い紐帯の強さ」野沢慎司編・監訳『リーディングス　ネットワーク論――家族・コミュニティ・社会関係資本』勁草書房, 123-158.）

行政改革推進会議, 2013a,「若者就職支援に関する事業（地域若者サポートステーション関連事業）論点」（2017年12月4日取得, http://www.cas.go.jp/jp/seisaku/gyoukaku/h25_fall/pdf/ronten (wakamono). pdf）.

――――, 2013b,「若者就職支援に関する事業（地域若者サポートステーション関連事業）評価結果」（2017年12月4日, http://www.cas.go.jp/jp/seisaku/gyoukaku/h25_fall/pdf/kekka(wakamono). pdf）.

萩原建次郎・松山廉, 2006,「青少年支援者（ユースワーカー）の支援に向けた日常的かかわり場面の記録と分析方法の開発――京都市南青少年活動センターにおけるロビーでの偶発的なかかわり場面を中心に」『駒澤大學教育学研究論集』22：57-129.

Hall, Tom, Howard Williamson and Amanda Coffey, 2000, "Young People, Citizenship and the Third Way: A Role for the Youth Service?," *Journal of Youth Studies,* 3(4): 461-472.

濱口桂一郎, 2013,『若者と労働――入社の仕組みから解きほぐす』中央公論新社.

濱島清史, 2010,「地域若者サポートステーション――山口県を中心とする現状と課題」『山口經濟學雜誌』58(5)：71-107.

Hartmann, Douglas and Teresa Toguchi Swarts, 2007, "The New Adulthood? the Transition to Adulthood from the Perspective of Transitioning Young Adults," *Advances in Life Course Research vol. 11: Constructing Adulthood: Agency and Subjectivity in Adolescence and Adulthood,* 253-286.

秦和也, 2013,「生涯学習の視点から見た高校中退防止の取り組みに関する一考察――『地域若者サポートステーションなは』に於ける『高校中退者等アウトリーチ事業』から」『琉球大学生涯学習教育研究センター研究紀要 生涯学習フォーラム』7：11-20.

早野俊明, 2015,「大学在籍中の成年子に対する親の扶養義務：（東京高 平成22年7月30日決定［平22(ラ)683号, 扶養料申立却下審判に対する抗告事件：認容・確定］家庭裁判月報63巻2号145頁)」『白鷗法学』21(2)：295-318.

Heath, Sue, 2010, "Young People, Social Capital and Network-Based Educational Decision-Making," *British Journal of Sociology of Education,* 31(4): 395-411.

Higher Education Statistics Agency, 2015a, "Full-time students by subject, level, sex, age, disability and ethnicity,"（Retrieved December 4, 2017,. https://www.hesa.ac.uk/file/6439/download?token=Kz24_xo7）.

————, 2015b, "Part-time students by subject, level, sex, age, disability and ethnicity," (Retrieved December 4, 2017, https://www.hesa.ac.uk/file/6440/download?token=Z5eUWf-A).

樋口明彦, 2004, 「現代社会における社会的排除のメカニズム——積極的労働市場政策の内在的ジレンマをめぐって」『社会学評論』55(1)：2-18.

————, 2006, 「社会的ネットワークとフリーター・ニート：若者は社会的に排除されているのか」太郎丸博編『フリーターとニートの社会学』世界思想社, 49-74.

————, 2011, 「社会的排除からみた若者の現在——日本の福祉国家が抱える三つのジレンマ」齋藤純一・宮本太郎・近藤康史編『社会保障と福祉国家のゆくえ』ナカニシヤ出版, 206-227.

————, 2013, 「若者問題と多元的な社会的包摂——社会保障と雇用のかたち」藤村正之編『協働性の福祉社会学——個人化社会の連帯』東京大学出版会, 97-115.

Hillage, J. and E. Pollard, 1998, "Employability: Developing a Framework for Policy Analysis [Research Brief]," London: Department for Education and Employment (＝Retrieved November 14, 2016, http://www.employment-studies.co.uk/report-summaries/report-summary-employability-developing-framework-policy-analysis.)

平塚眞樹, 2012, 「子ども・若者支援の施策と課題」田中治彦・萩原建次郎編『若者の居場所と参加——ユースワークが築く新たな社会』東洋館出版社, 52-69.

本田由紀, 2005, 『若者と仕事——「学校経由の就職」を超えて』東京大学出版会.

堀有希衣, 2004, 「無業の若者のソーシャル・ネットワークの実態と支援の課題」『日本労働研究雑誌』46(533)：38-48.

————, 2005, 「諸外国における若年無業者問題の捉え方と日本への示唆」『青少年問題』52：16-21.

————, 2016, 『高卒就職指導の社会学——「日本型」移行を再考する』勁草書房.

Hutchinson, Jo, Vanessa Beck and Tristram Hooley, 2015, "Delivering NEET Policy Packages?: A Decade of NEET Policy in England," *Journal of Education and Work,* 2015年8月1日取得, Taylor & Francis Journals).

生田周二, 1998, 『統合ドイツの異文化間ユースワーク』大空社出版部.

生田周二・大串隆吉・吉岡真佐樹, 2011, 『青少年育成・援助と教育——ドイツ社会教育の歴史・活動・専門性に学ぶ』有信堂.

生田周二, 2015, 『子ども・若者支援専門職養成に関する総合的研究』平成26年度科学研究費補助金研究成果報告書, 奈良教育大学.

稲垣恭子, 2011, 「アカデミック・コミュニティのゆくえ」稲垣恭子編『教育文化を学ぶ人のために』世界思想社, 245-263.

————, 2017, 『教育文化の社会学』放送大学出版会.

Inui, A. 1993, "The Competitive Structure of School and the Labour Market: Japan and Britain," *British Journal of Sociology of Education,* 14(3)：301-313.

乾彰夫編, 2006, 『不安定を生きる若者たち——日英比較 フリーター・ニート・失業』大月書店.

乾彰夫, 2010, 『「学校から仕事へ」の変容と若者たち——個人化・アイデンティティ・コミュニティ』青木書店.

乾彰夫・本田由紀・中村高康編, 2017, 『危機のなかの若者たち——教育とキャリアに関する5年間の追跡調査』東京大学出版会.

石川良子, 2003, 「パッシングとしての〈ひきこもり〉」『ソシオロジ』48(148)：39-55.

————, 2006, 「『ひきこもり』と『ニート』の混同とその問題——『ひきこもり』当事者へのインタビューからの示唆」『教育社会学研究』79：25-46.

————, 2007, 『ひきこもりの〈ゴール〉——「就労」でもなく「対人関係」でもなく』厚徳社.

井上慧真, 2017, 「『成人期への移行』支援に関する日英比較研究——社会関係資本の観点から——」京都大学大学院教育学研究科平成29年度博士論文.

─────, 2018, 『「地域における若者支援活動に関する調査」基礎集計表』(2018年10月14日取得, http://hdl.handle.net/2433/234092)

石井英真, 2013, 「教師の専門職像をどう構想するか──技術的熟達者と省察的実践家の二項対立図式を超えて」『教育方法の探求』16：9 -16.

伊藤秀樹, 2017, 『高等専修学校における適応と進路──後期中等教育のセーフティネット』東信堂.

Johnston, Les, Robert Macdonald, Paul Mason, Louise Ridley and Colin Webster, 2000, *Snakes and Ladders: Young People, Transition and Social Exclusion,* Bristol: Policy Press.

Jones, Jill and Claire Wallace, 1992, *Youth, Family and Citizenship,* Buckingham: Open University Pess (＝1996, 宮本みち子監訳, 徳本登訳『若者はなぜ大人になれないのか──家族・国家・シティズンシップ』新評論.)

Joseph Rowntree Trust, 2004, *The Role of Street-Based Youth Work in Linking Socially Excluded Young People into Education, Training and Work,* York: Joseph Rowntree Trust (retrieved 28 November, https://www.jrf.org.uk/report/role-street-based-youth-work-linking-socially-excluded-young-people-education-training-and).

金澤周作, 2008, 『チャリティとイギリス近代』京都大学出版会.

苅谷剛彦, 1991, 『学校・職業・選抜の社会学──高卒就職の日本的メカニズム』東京大学出版会.

加藤敏美, 2008, 「『発達障害者の特徴を有する若者』への地域若者サポートステーションにおける取り組み」『職リハネットワーク』62：25-31.

川北稔, 2014, 「ひきこもり経験者による空間の獲得──支援活動における空間の複数性・対比性の活用」『社会学評論』65(3)：426-442.

倉持伸江, 2009, 「省察的実践の展開過程と開かれた協働研究のサイクル」『日本社会教育学会紀要』45：65-67.

経済産業省, 2003, 「若者自立・挑戦プラン」(2017年12月 1 日取得, http://www.meti.go.jp/topic/downloadfiles/e40423bj1).

─────, 2006, 「若者自立・挑戦のためのアクションプラン」(2017年12月 1 日取得, http://www.meti.go.jp/topic/downloadfiles/e60117aj2.pdf).

菊地栄治・永田佳之, 2001, 「オルタナティブな学び舎の社会学──教育の〈公共性〉を再考する」『教育社会学研究』68：65-84.

King, Roger, 2003, "No Apologies for Change," *Young People Now,* 166: 9.

古賀正義・石川良子編, 2018, 『ひきこもりと家族の社会学』世界思想社.

児美川孝一郎, 2010, 「『若者自立・挑戦プラン』以降の若者支援策の動向と課題──キャリア教育政策を中心に」『日本労働研究雑誌』52(9)：17-26.

近藤康史, 2005, 「シンポジウム『第三の道』の理論と実践」『日英教育研究フォーラム』 9 ：39-50.

小杉礼子編, 2002, 『自由の代償／フリーター──現代若者の就業意識と行動』日本労働研究機構.

小杉礼子, 2002, 「学校と職業社会の接続──増加するフリーター経由の移行」『教育社会学研究』70：50-74.

─────, 2004a, 「調査研究の概要」『移行の危機にある若者の実像──無業・フリーターの若者へのインタビュー調査（中間報告）』労働政策研究・研修機構, 1 -10.

─────, 2004b, 「NEET 問題をどう捉えるか」(2014年12月 2 日取得, http://www8.cao.go.jp/youth/suisin/jiritu/04/siryo04-2.pdf).

─────, 2004c, 「若年無業者増加の実態と背景──学校から職業生活への移行の隘路としての無業の検討」『日本労働研究雑誌』46(12)：4 -16.

厚生労働省, 2006a, 「仕様書」(2017年12月 3 日取得, http://www.mhlw.go.jp/sinsei/chotatu/chotatu/kobetu/dl/060602-1a.pdf).

─────, 2006b, 「企画競争要領」(2017年12月 3 日取得, http://www.mhlw.go.jp/sinsei/chotatu/

chotatu/kobetu/dl/060602-1b.pdf)．

───，2007a，「地域若者サポートステーション事業に係る企画書作成のための仕様書」（2017年
12月 3 日取得，http://www.mhlw.go.jp/sinsei/chotatu/chotatu/kobetu/dl/070306-2b.pdf)．

───，2007b，「地域若者サポートステーション事業に係る企画書（様式）」（2017年12月 3 日取
得，http://www.mhlw.go.jp/sinsei/chotatu/chotatu/kobetu/dl/070306-2c.xls)．

───，2008a，「地域若者サポートステーション事業に係る企画書作成のための仕様書」（2017年
12月 3 日取得，http://www.mhlw.go.jp/sinsei/chotatu/chotatu/kobetu/dl/080229-13b.pdf)．

───，2008b，「地域若者サポートステーション事業に係る企画書（様式）」（2017年12月 3 日取
得，http://www.mhlw.go.jp/sinsei/chotatu/chotatu/kobetu/dl/080229-13c.xls)．

───，2009a，「平成21年度地域若者サポートステーション事業実施要綱」（2017年12月 3 日取得，
http://www.mhlw.go.jp/sinsei/chotatu/chotatu/kikaku/2009/01/dl/kk0128-01e.pdf)．

───，2009b，「『平成21年度地域若者サポートステーション事業』に係る企画書（別添様式 I ）」
（2017 年 12 月 3 日 取 得，http://www.mhlw.go.jp/sinsei/chotatu/chotatu/kikaku/2009/01/xls/
kk0128-01a.xls)．

───，2009c，「企画競争に係る Q & A」（2017年12月 3 日取得，http://www.mhlw.go.jp/sinsei/
chotatu/chotatu/kikaku/2009/01/dl/kk0128-01h.pdf)．

───，2009d，「『平成21年度地域若者サポートステーション事業』に係る企画書作成のための仕
様書」（2017年12月 8 日取得，http://www.mhlw.go.jp/sinsei/chotatu/chotatu/kikaku/2009/01/
dl/kk0128-01b.pdf)．

───，2010a，「企画競争に係る Q & A」（2017年12月 3 日取得，http://www.mhlw.go.jp/sinsei/
chotatu/chotatu/kikaku/2010/01/dl/kk0127-01i.pdf)．

───，2010b，「平成22年度地域若者サポートステーション事業実施要綱」（2017年12月 3 日取得，
http://www.mhlw.go.jp/sinsei/chotatu/chotatu/kikaku/2010/01/dl/kk0127-01f.pdf)．

───，2010c，「『平成22年度地域若者サポートステーション事業』 に係る企画書募集要領」
（2017 年 12 月 3 日 取 得，http://www.mhlw.go.jp/sinsei/chotatu/chotatu/kikaku/2010/01/dl/
kk0127-01a.pdf)．

───，2010d，「『平成22年度地域若者サポートステーション事業』に係る企画書作成のための仕
様書」（2017年12月 8 日取得，http://www.mhlw.go.jp/sinsei/chotatu/chotatu/kikaku/2010/01/
dl/kk0127-01b.pdf)．

───，2011a，「平成23年度地域若者サポートステーション事業実施要綱」（2017年12月 3 日取得，
http://www.mhlw.go.jp/sinsei/chotatu/chotatu/kikaku/2011/01/dl/kk0131-03_07-1.pdf)．

───，2011b，「『平成23年度地域若者サポートステーション事業』に係る企画書」（2017年12月
3 日 取 得，http://www.mhlw.go.jp/sinsei/chotatu/chotatu/kikaku/2011/01/dl/kk0131-03_03-2.
xls)．

───，2011c，「『平成23年度地域若者サポートステーション事業』 に係る企画書募集要領」
（2017 年 12 月 3 日 取 得，http://www.mhlw.go.jp/sinsei/chotatu/chotatu/kikaku/2011/01/dl/
kk0131-03_01.pdf)．

───，2011d，「『平成23年度地域若者サポートステーション事業』に係る企画書作成のための仕
様書」（2017年12月 8 日取得，http://www.mhlw.go.jp/sinsei/chotatu/chotatu/kikaku/2011/01/
dl/kk0131-03_02-1.pdf)．

───，2012a，「平成24年度地域若者サポートステーション事業実施要綱」（2017年12月 3 日取得，
http://www.mhlw.go.jp/sinsei/chotatu/chotatu/kikaku/2011/12/dl/kk1215-01_14.pdf)．

───，「『平成24年度地域若者サポートステーション事業』に係る企画書」（2017年12月 3 日取得，
http://www.mhlw.go.jp/sinsei/chotatu/chotatu/kikaku/2011/12/xls/kk1215-01_06.xls)．

───，2012c,「『地域若者サポートステーション』事業の今後のあり方に関する検討会　第 4 回

議事録」（2017年12月3日取得，http://www.mhlw.go.jp/stf/shingi/2r9852000002qci0.html）

―――，2012d，「『平成24年度地域若者サポートステーション事業』に係る企画書作成のための仕様書」（http://www.mhlw.go.jp/sinsei/chotatu/chotatu/kikaku/2011/12/dl/kk1215-01_02.pdf）．

―――，2012e，「『平成24年度地域若者サポートステーション事業』に係る企画書募集要領」（2017年12月8日取得，http://www.mhlw.go.jp/sinsei/chotatu/chotatu/kikaku/2011/12/dl/kk1215-01_01.pdf）．

―――，2012f，「地域若者サポートステーション事業のあり方に関する検討会〈討議用資料〉」（2015年10月22日取得，http://www.mhlw.go.jp/stf/shingi/2r9852000002kevu-att/2r9852000002f1w.pdf）．

―――，2013a，「平成25年度地域若者サポートステーション事業実施要綱」（2017年12月3日取得，http://www.mhlw.go.jp/sinsei/chotatu/chotatu/kikaku/2013/01/dl/kk0116-01-9.pdf）．

―――，2013b，「企画競争に係るQ＆A（1月29日回答分）」（2017年12月3日取得，http://www.mhlw.go.jp/sinsei/chotatu/chotatu/kikaku/2013/01/dl/kk0116-01-10.pdf）．

―――，2013c，「『平成25年度地域若者サポートステーション事業』に係る企画書」（2017年12月3日取得，http://www.mhlw.go.jp/sinsei/chotatu/chotatu/kikaku/2013/01/dl/kk0116-01-4.xls）．

―――，2013d，「企画競争に係るQ＆A（2月5日回答分）」（2017年12月3日取得，http://www.mhlw.go.jp/sinsei/chotatu/chotatu/kikaku/2013/01/dl/kk0116-01-11.pdf）．

―――，2013e，「『平成25年度地域若者サポートステーション事業』に係る企画書作成のための仕様書」（201712月8日取得，http://www.mhlw.go.jp/sinsei/chotatu/chotatu/kikaku/2013/01/dl/kk0116-01-2.pdf）．

―――，2013f，「『平成25年度地域若者サポートステーション事業』に係る企画書募集要領」（2017年2月8日取得，http://www.mhlw.go.jp/sinsei/chotatu/chotatu/kikaku/2013/01/dl/kk0116-01-1.pdf）．

―――，2014a，「平成26年度地域若者サポートステーション事業実施要領（案）」（2017年12月3日取得，http://www.mhlw.go.jp/sinsei/chotatu/chotatu/kikaku/2014/04/dl/kk0410-01-15.pdf）．

―――，2014b，「『平成27年度地域若者サポートステーション事業』に係る企画書募集要項」（2017年12月3日取得，http://www.mhlw.go.jp/sinsei/chotatu/chotatu/kikaku/2015/01/dl/kk0120-01_01.pdf）．

―――，2014c，「『平成26年度地域若者サポートステーション事業』に係る企画書（継続用）」（2017年12月3日取得，http://www.mhlw.go.jp/sinsei/chotatu/chotatu/kikaku/2014/04/dl/kk0410-01-03.pdf）．

―――，2014d，「『平成26年度地域若者サポートステーション事業』に係る企画書募集要項」（2017年12月3日取得，http://www.mhlw.go.jp/sinsei/chotatu/chotatu/kikaku/2014/04/dl/kk0410-01-01.pdf）．

―――，2014e，「第12回労働政策審議会職業能力開発分科会若年労働者部会（2014年10月30日）議事録」（2017年12月3日取得，http://www.mhlw.go.jp/stf/shingi2/0000068650.html）．

―――，2014f，「若年労働者部会報告（案）」（2017年12月3日取得，http://www.mhlw.go.jp/file/05-Shingikai-12602000-Seisakutoukatsukan-Sanjikanshitsu_Roudouseisakutantou/0000065860.pdf）．

―――，2014g，厚生労働省，2014，「第13回労働政策審議会職業能力開発分科会若年労働者部会（2014年11月19日）議事録」（2017年12月3日取得，http://www.mhlw.go.jp/stf/shingi2/0000070772.html）．

―――，2014h，「平成26年行政事業レビューシート」（2015年10月22日取得，http://www.mhlw.go.jp/jigyo_shiwake/gyousei_review_sheet/2014/h25_pdf_saisyu/5-2-1.pdf）．

―――，2015a，「平成27年度地域若者サポートステーション事業実施要綱」（2017年12月3日取得，

http://www.mhlw.go.jp/sinsei/chotatu/chotatu/kikaku/2015/01/dl/kk0120-01_16.pdf）．

―――, 2015b,「生活困窮者自立支援制度について」(2017年12月4日取得, http://www.mhlw.go.jp/file/06-Seisakujouhou-12000000-Shakaiengokyoku-Shakai/2707seikatukonnkyuushajiritsusiennseidonituite.pdf）．

―――, 2015c,「『平成27年度地域若者サポートステーション事業』に係る企画書（別添様式1―1継続用）」(2017年12月3日取得, http://www.mhlw.go.jp/sinsei/chotatu/chotatu/kikaku/2015/01/dl/kk0120-01_03.pdf）．

―――, 2015d,「企画競争に係るＱ＆Ａ（2回目）」(2017年12月3日取得, http://www.mhlw.go.jp/sinsei/chotatu/chotatu/kikaku/2015/01/dl/kk0120-01_19.pdf）．

―――, 2015e,「『平成27年度地域若者サポートステーション事業』に係る企画書募集要項」(2017年12月4日取得, http://www.mhlw.go.jp/sinsei/chotatu/chotatu/kikaku/2015/01/dl/kk0120-01_01.pdf）．

―――, 2015f, 厚生労働省, 2015,「企画競争に係るＱ＆Ａ（1回目）」(2017年12月3日取得, http://www.mhlw.go.jp/sinsei/chotatu/chotatu/kikaku/2015/01/dl/kk0120-01_18.pdf）．

―――, 2016a,「『平成28年度地域若者サポートステーション事業』実施要綱」(2017年12月3日取得, http://ibaraki-roudoukyoku.jsite.mhlw.go.jp/var/rev0/0111/4004/201611511250.pdf）．

―――, 2016b,「『平成28年度地域若者サポートステーション事業』企画書【継続審査用】」(2017年12月3日取得, http://ibaraki-roudoukyoku.jsite.mhlw.go.jp/var/rev0/0111/3997/201611511191.xls）．

―――, 2016c,「『平成28年度地域若者サポートステーション事業』企画書募集要項」(2017年12月8日取得, http://ibaraki-roudoukyoku.jsite.mhlw.go.jp/var/rev0/0111/3995/201612213657.pdf）．

―――, 2016d,「勤労青少年福祉法等の一部を改正する法律等の施行について」(2018年11月28日取得, https://www.mhlw.go.jp/file/06-Seisakujouhou-11600000-Shokugyouanteikyoku/0000099007.pdf）．

厚生労働省職業能力開発局キャリア形成支援課・千葉労働局, 2017a,「平成29年度地者サポートステーション事業　仕様書」(2017年12月3日取得, http://chiba-roudoukyoku.jsite.mhlw.go.jp/library/chiba-roudoukyoku/chotatu/nyusatu/2809_9.pdf）．

厚生労働省, 2017b,「平成29年度サポステ事業の調達について　Ｑ＆Ａ（第1回目）」(2017年12月4日取得, http://www.mhlw.go.jp/file/06-Seisakujouhou-11800000-Shokugyounouryokukaihatsukyoku/qa1_1.pdf）．

―――, 2017c,「平成29年度サポステ事業の調達について　Ｑ＆Ａ（第1回目）」(2017年12月4日取得, http://www.mhlw.go.jp/file/06-Seisakujouhou-11800000-Shokugyounouryokukaihatsukyoku/qa2.pdf）．

工藤宏司, 2008,「ゆれ動く『ひきこもり』――問題化の過程」荻野達史・川北稔・工藤宏司・高山龍太郎編『「ひきこもり」への社会学的アプローチ――メディア・当事者・支援活動』ミネルヴァ書房, 48-75．

熊澤真理, 2015,「地域若者サポートステーションによる高校アウトリーチが示唆するもの――キャリア支援と心理支援の融合性」居神浩編『ノンエリートのためのキャリア教育論――適応と抵抗そして承認と参加』法律文化社, 148-169．

京都市ユースサービス協会, 2007,『平成18年度財団法人京都市ユースサービス協会事業報告』[doc], 京都市ユースサービス協会より入手．

―――, 2008,『平成19年度財団法人京都市ユースサービス協会事業報告』[doc], 京都市ユースサービス協会より入手．

―――, 2010,『平成20年度財団法人京都市ユースサービス協会事業報告』(2014年12月11日取得, http://ys-kyoto.org/wp-content/uploads/2012/05/20zigyouhoukoku.pdf）．

――――, 2010, 『平成21年度財団法人京都市ユースサービス協会事業報告』（2014年12月11日取得, http://ys-kyoto.org/wp-content/uploads/2012/05/21zigyouhoukoku.pdf）.

――――, 2011, 『平成22年度財団法人京都市ユースサービス協会事業報告』（2014年12月11日取得, http://ys-kyoto.org/wp-content/uploads/2012/05/22zigouhoukoku）.

――――, 2012, 『平成23年度財団法人京都市ユースサービス協会事業報告』（2014年12月11日取得, http://ys-kyoto.org/wp-content/uploads/2012/06/e3e89d3e390509596ea46f64f3b65825.pdf）.

――――, 2013, 『平成24年度財団法人京都市ユースサービス協会事業報告』（2014年12月11日取得, http://ys-kyoto.org/wp-content/uploads/2013/06/8d1f5e4ee1f869aae2aa84a877847ec.pdf）.

――――, 2014, 『平成25年度財団法人京都市ユースサービス協会事業報告』（2014年12月11日取得, http://ys-kyoto.org/wp-content/uploads/2011/08/c883260b9b62e5d0c52b1292cb40254b.pdf）.

Lin, Nan and C. E. Nelson, 1969, "Bibliographic Reference Pattern in Core Sociological Journals, 1965-1966," *The American Sociologist,* 4(1): 47-50.

Lin, Nan, Walther M. Ensel and John C. Vaughn, 1981, "Social Resources and Strength of Ties: Structural Factors in Occupational Status Attainment," *American Sociological Review,* 46(4): 393-405.

Lin, Nan, 1991, "Getting Ahead in Urban China," *American Journal of Sociology,* 97(3): 657-688.

――――, 1999, "Social Networks and Status Attainment," *Annual Review of Sociology,* 25: 467-87.

――――, 2001, *Social Capital: A Theory of Social Structure and Action,* Cambridge: Cambridge University Press.（＝2008, 筒井淳也・石田光規・桜井政成・三輪哲・土岐智賀子訳『ソーシャル・キャピタル――社会構造と行為の理論』ミネルヴァ書房.）

Lin Nan, Walther M. Ensel, Ronald S. Simeone and Wen Kuo, 1979, "Social Support, Stressful Life Events, and Illness: A Model and an Empirical Test," *Journal of Health and Behavior,* 20(2): 108-119.

Liverpool City Council, 2015, 'The Index of Multiple Deprivation 2015: A Liverpool Analysis,' （＝Retrieved December 10, 2017, http://liverpool.gov.uk/media/10003/2-imd-2015-main-report-final.pdf）.

前川幸子, 2017, 「看護教育におけるショーンの提起の重要性」『看護教育』58(12).

牧園清子, 2006, 「生活保護における世帯認定の動向」『松山大学論集』18(4)：161-182.

Manchester Metropolitan University, 2015, "BA (Hons) Youth and Community Work (JNC Professional Youth Work Qualified) 2015," (Retrieved December 27, 2015, http://www2.mmu.ac.uk/study/undergraduate/courses/2015/11829).

Marks, Ken, 1977, *Detached Youth Work Practice in the Mid-Seventies,* Leicester: National Youth Bureau.

Marshall, T. H., 1950 [1992], *Citizenship and Social Class and Other Essays,* Cambridge: Cambridge University Press（＝1993, 岩崎信彦・中村健吾訳『シティズンシップと社会階級――近現代を総括するマニフェスト』法律文化社.）

MacDonald, Robert and Jane Marsh, 2005, *Disconnected Youth ?: Growing Up in Britain's Poor Neighbourhoods,* London: Palgrave Macmillan.

MacDonald, Robert and Tracy Shildrick, 2012, "Youth and Well-Being: Experiencing Bereavement and Ill Health in Marginalised Young People's Transitions," *Sociology of Health and Illness,* 35(1): 147-161.

McQuaid, R., Green, A. and Danson, M., 2005, "Introducing Employability," *Urban Studies,* 42(2)191-195.

Millerson, Geoffrey, 1964, *The Qualifying Associations: A Study in Professionalization*, London: Routledge.

南出吉祥, 2013, 「地域若者サポートステーションにおける支援の実態」『岐阜大学地域科学部研究報告』32：125-142.

Ministry of Education, 1960, *The Youth Service in England and Wales: Report of the Committee Appointed by the Minister of Education in November, 1958: Presented to Parliament by the Minister of Education by Command of Her Majesty, February 1960*, London: Her Majesty Stationery Office（＝1972, 総理府青少年対策本部『イギリスのユース・サービス——アルブマール委員会報告書』）.

宮本みち子, 2004, 「社会的排除と若年無業——イギリス・スウェーデンの対応」『日本労働研究雑誌』46(12)：17-26.

―――, 2012, 「成人期への移行モデルの転換と若者政策」『人口問題研究』68：32-53.

―――, 2015a, 「若年無業者と地域若者サポートステーション事業」『季刊社会保障研究』51(1)：18-28.

―――, 2015b, 「若者の移行期政策と社会学の可能性——『フリーター』『ニート』から『社会的排除』へ」『社会学評論』66(2)：204.

三輪建二, 2011, 「社会教育職員養成・研修と高等教育機関の果たす役割——省察的実践者を育てること」『日本教師教育学会年報』20：55-63.

―――, 2008, 「省察的実践者としての看護師とは——実践と省察のサイクル」『看護教育』49(5)：402-406.

水野篤夫, 2009, 「子ども・若者と社会教育——今求められるユースサービス」上杉孝實・小林美代子監修, 立柳聡・姥貝荘一編『未来を拓く子どもの社会教育』学文社, 144-168.

―――, 2012, 「若者支援とユースワーカー」田中治彦・萩原建次郎編『若者の居場所と参加——ユースワークが築く新たな社会』東洋館出版社, 166-187.

文部省調査局, 1953, 『イギリスの1944年教育法』文部省.

Morrow, Virginia, 1999, "Conceptualising Social Capital in Relation to the Well-being of Children and Young People: a Critical Review," *The Sociological Review*, 47(4)：744-765.

Murray, Charles, A.,1990, *The Emerging British Underclass*, London: IEA Health and Welfare Unit.

永井健夫, 2004, 「省察的実践論の可能性」『成人の学習と生涯学習の組織化』東洋館出版.

内閣府, 2004a, 「『若者の包括的な自立支援方策に関する検討会』の開催について」(2017年12月5日取得, http://www8.cao.go.jp/youth/suisin/jiritu/01/siryo01-1.html#meibo).

―――, 2004b, 「若者の包括的な自立支援方策に関する検討会（第4回）議事録 (2017年12月5日取得, http://www8.cao.go.jp/youth/suisin/jiritu/04/gijiroku04.html).

―――, 2005a, 「英国のコネクションズ・サービスの概要」(2014年12月2日取得, http://www8.cao.go.jp/youth/suisin/jiritu/08/siryo08-2.html).

―――, 2005b, 「若者の包括的な自立支援方策に関する検討会（第7回）議事録 (2017年12月5日取得, http://www8.cao.go.jp/youth/suisin/jiritu/07/gijiroku07.html).

―――, 2005c, 「若者の包括的な自立支援方策に関する検討会（第8回）議事録 (2017年12月5日取得, http://www8.cao.go.jp/youth/suisin/jiritu/08/gijiroku08.html).

―――, 2005d, 「若者の包括的な自立支援方策に関する検討会（第9回）議事録 (2017年12月5日取得, http://www8.cao.go.jp/youth/suisin/jiritu/09/gijiroku09.html).

―――, 2005e, 「若者の包括的な自立支援方策に関する検討会報告」(2017年12月3日取得, http://www8.cao.go.jp/youth/suisin/jiritu/houkoku2.pdf).

―――, 2006, 「英国のコネクションズ・パーソナル・アドバイザーの養成制度等に関する調査」,

(2017年11月28日取得，http://www.gakkai.ne.jp/jss/bulletin/guide4.php)．

―――，2009，「2008年教育技能法」内閣府『国の青少年育成施策の推進体制等に関する調査報告書』(2015年12月27日取得，http://www8.cao.go.jp/youth/kenkyu/ukyouth/2-111-13.html)

―――，2010，「『2020年までの目標』と達成に向けた施策（雇用戦略対話　第4回会合配布資料）」(2017年12月3日取得，http://www.kantei.go.jp/jp/singi/koyoutaiwa/dai4/siryou1.pdf)．

―――，2017，「子どもの貧困に関する指標の推移（「子供の貧困対策に関する有識者会議　第4回資料1）」(2018年12月24日取得，https://www8.cao.go.jp/kodomonohinkon/yuushikisya/k_4/pdf/s1.pdf)

―――，2018，「平成30年度版子ども・若者白書」(2018年11月28日取得，http://www8.cao.go.jp/youth/whitepaper/h30honpen/pdf/b1_03_01_01.pdf)．

National Youth Agency, 1997, "Ministers Show Support at Launch of National Grobal Youth Work Advisory Service," *Young People Now,* September: 14.

―――, 1998a, "Government Audit to Clarify Statutory Base of Youth Service," *Young People Now,* January: 4.

―――, 1998b, "Consultation Paper on the Future of Youth Service to be Published," *Young People Now,* August: 4.

―――, 1998c, "A Domesday Book of Today's Youth Service," *Young People Now,* November: 25-27.

―――, 1998d, "Youth Service Stunned by Howells' Speech," *Young People Now,* April: 4.

―――, 1998e, "Youth Service Consultation could Herald Reform," *Young People Now,* December: 4.

―――, 1998f, "Low Pay Commission Meets Young Workers at NYA," *Young People Now,* 106: 5.

―――, 1999a, "No Excuse for Neglecting Youth Work, Says Youth Service Minister," *Young People Now,* April: 4.

―――, 1999b, "An Agenda for Action," *Young People Now,* August: 26-27.

―――, 1999c, "Youth Workers the Key to Meeting Social Exclusion Targets," *Young People Now,* 123: 4．

―――, 1999d, "Blair Urged to Ensure a Modern Service for All Young People," *Young People Now,* February: 4.

―――, 1999e, "Backing from Blair, but Youth Service must still Wait for Consultation Paper," *Young People Now,* March: 4.

―――, 1999f, "Government Unveils New Strategy to Support Young People," *Young People Now,* September: 4

―――, 2004, "Youth Work to be Remodelled as Degree-Level Profession," *Young People Now,* December: 2.

―――, 2005a, "Join the Professionals," *Young People Now,* 2-8 February: 17-18.

―――, 2005b, "Will an Need for a Youth Work Degree Exclude Some People," Young People Now , 7-13, December: 12.

―――, 2005c, "Should the Minimum Wage Be The Same for All Age Groups ?" *Young People Now,* 302: 12.

―――, 2006, "Guide to Courses and Trainings," *Young People Now,* 329: Supplement.

―――, 2008, 'Youth Workers should Possess a Licence to Practice, Says Blacke,' Yong People Now 2008, February 13-19.

―――, 2010a, "No License for Youth Workers," *Young People Now,* 31 August-6 September: 2.

————, 2010b, "Next Steps in Voluntary Registration Scheme for Youth Work Announced," *Young People Now,* 27 July-9 August: 26.

————, 2011, "Youth Club Study Highlights Link to Most Deprived Areas," *Children and Young People Now,* June 28-July 11: 10-11.

————, 2014a, "Annual Monitoring of Youth and Community Work Programmes," (Retrieved January 24, 2016, http://www.nya.org.uk/wp-content/uploads/2014/08/NYA-Annual-Monitoring-Report-2013-final-report.pdf).

————, National Youth Agency, 2014b, "Youth Work Training: FAQs," (Retrieved December 27, 2015, http://www.nya.org.uk/careers-youth-work/youth-work-faqs/).

————, 2015, "Professional Validation and Curriculum Requirements 2015, (Retrieved December 27, 2015, http://www.nya.org.uk/wp-content/uploads/2015/07/Professional-Validation-Guidelines-2015-final-version-2.pdf).

————, 2017a, "When is it youth work?", Leicester, National Youth Agency, (Retriever November 28, 2017, http://www.nya.org.uk/careers-youth-work/what-is-youth-work/).

————, 2017b, "Professional validation in Wales, Northern Ireland and Scotland," Leicester, National Youth Agency (Retrieved November 28, http://www.nya.org.uk/careers-youth-work/validation/).

National Youth Bureau, 1976, *Selected and Annotated Bibliography of Youth, Youth Work and Provision for Youth,* Leicester: National Youth Bureau.

仁平典宏, 「〈教育〉化する社会保障と社会的排除」『教育社会学研究』96：175-196.

日本労働研究機構, 2003, 『諸外国の若者就業支援の展開――イギリスとスウェーデンを中心に』日本労働研究機構.

OECD, 2017, "Share of Population by Education and Labour Force Status," (Retrieved December 3, 2017, http://stats.oecd.org/).

————, 2017, "LFS by Sex and Age," (Retrieved December 3, 2017, http://stats.oecd.org/).

荻野達史, 2006, 「新たな社会問題群と社会運動――不登校, ひきこもり, ニートをめぐる民間活動」『社会学評論』57(226)：311-329.

————, 2007, 「相互行為儀礼と自己アイデンティティ」『社会学評論』58(1)：2-20.

————, 2013, 『ひきこもりもう一度, 人を好きになる――仙台『わたげ』, あそびとかかわりのエスノグラフィー』明石書店.

沖田敏恵, 2004, 「ソーシャル・ネットワークと移行」『移行の危機にある若者の実像―無業・フリーターの若者へのインタビュー調査（中間報告）』日本労働研究機構, 186-211.

大阪府青少年問題協議会, 1971, 「事例・体験②〜勤労青少年の職場適応指導の現場から」『青少年大阪』160：6.

————, 1972, 「事例・体験⑯　大阪のおふくろ」『青少年大阪』176：6.

————, 1974 「青少年関係（指導）者一覧」『青少年大阪』204：4-7.

大田直子, 1992, 『イギリス教育行政制度成立史――パートナーシップ原理の誕生』東京大学出版会.

————, 2003, 「評価の政策史」『教育社会学研究』72：21-36.

————, 2004, 「国家の教育責任の新たなる在り方――イギリス『品質保証国家』の教育政策」『教育学研究』71(1)：2-15.

————, 2010, 『現代イギリス「品質保証国家」の教育改革』世織書房.

Pascual, Amparo ed., 2000, *Tackling Youth Unemployment in Europe: Monitoring the European Employment Strategy,* European Trade Union Institute. (＝2003, 「ヨーロッパにおける若年失業への取り組み――ヨーロッパの雇用戦略を観察する」日本労働研究機構『諸外国の若者

就業支援政策の展開――イギリスとスウェーデンを中心に』164-165.)

Polanyi, Michael, 1966, *The Tacit Dimension,* New York: Doubleday（＝1980, 佐藤敬三訳『暗黙知の次元――言語から非言語へ』紀伊国屋書店.）

Portes, Alejandro, 1998, "Social Capital: Its Origins and Applications in Modern Sociology," *Annual Review of Sociology,* 24: 1-24.

Prospects, 2015, "Youth Worker Entry Requirements," (Retrieved December 29, 2015, http://www.Prospects.ac.uk/youth_worker_entry_requirements.htm).

Putnam, R., 1993, *Making Democracy Work,* Princeton University Pres（＝2001, 河田潤一訳『哲学する民主主義？　伝統と改革の市民的構造』NTT 出版.）

――――, 2000, *Bowling Alone: the Collapse and Revival of American Community,* New York: Simon & Schuster.（＝2006, 柴内康文訳『孤独なボウリング――米国コミュニティの崩壊と再生』柏書房.）

労働政策研究・研修機構, 2005, 『若者就業支援の現状と課題――イギリスにおける支援の展開と日本の若者の実態分析から』労働政策研究・研修機構.

――――, 2006, 『大都市の若者の就業行動と移行過程――包括的な移行支援に向けて』労働政策研究・研修機構.

――――, 2012, 『大都市の若者の就業行動と意識の展開――「第3回若者ワークスタイル調査」から』労働政策研究・研修機構.

――――, 2013, 『若年者就職支援機関による就職困難者支援の実態―支援機関ヒアリング調査による検討』労働政策研究・研修機構.

――――, 2017, 『大都市の若者の就業行動と意識の分化――「第4回若者ワークスタイル調査」から』労働政策研究・研修機構.

佐藤学, 1997, 『教師というアポリア――反省的実践へ』世織書房, 1997年.

佐藤洋作, 2005, 「『不安』を超えて『働ける自分』へ――ひきこもりの居場所から」佐藤洋作・平塚眞樹編『ニート・フリーターと学力』明石書店, 206-223.

Schön, Donald A., 1983, The reflective practitioner: how professionals think in action, New York: Basic Books, Inc.（＝2001, 『専門家の知恵――反省的実践家は行為しながら考える』ゆみる出版.）

――――, 1983, The Reflective Practitioner: How Professionals Think in Action, New York: Basic Books, Inc.（＝2007, 柳沢昌一・三輪建二監訳『省察的実践とは何か――プロフェッショナルの行為と思考』鳳書房.）

――――, 1987, Educationg the Reflective Practitioner: Toward a New Design for Teaching and Learning in the Professions, New Jersey: John Wiley&Sons, Inc.（＝2017, 柳沢昌一・村田晶子監訳『省察的実践者の教育――プロフェッショナル・スクールの理論と実践』鳳書房.）

Secretary of State for Education and Science, 1982, *Experience and Participation: Report of the Review Group on the Youth Service in England,* London: Her Majesty Stationery Office.

清田夏代, 2005, 『現代イギリスの教育行政改革』勁草書房.

――――, 2011, 「英国中等教育における若者の教育・訓練政策――サッチャー政権以降の展開と新政権における改革方針」『アカデミア. 人文・自然科学編』2：71-82.

Sercombe, Howard, 2015, "In the Service of the State: Youth Work Under New Labor," Graham Bright ed., *Youth Work: Histories, Policies and Contexts,* London: Palgrave Macmillan, 38-56.

柴野昌山, 1974, 「イギリスにおけるユース・サービスの展開とその構造」『京都大学教育学部紀要』20：23-56.

――――，1990，『現代の青少年――自立とネットワークの技法』学文社.

冷水登紀代，2011，「成年に達した子の大学教育の費用と扶養義務の関係［東京高裁平成22.7.30決定］『民商法雑誌』144⑹：828-832.

下村一彦，2011，「山形県内の地域若者サポートステーションにおける取組の意義と今後の課題」『東北文教大学・東北文教大学短期大学部紀要』1：11-24.

――――，2012，「山形県内の地域若者サポートステーションにおける取組の意義と今後の課題⑵」『東北文教大学・東北文教大学短期大学部紀要』2：49-60.

――――，2013，「山形県内の地域若者サポートステーションにおける取組の意義と今後の課題⑶」『東北文教大学・東北文教大学短期大学部紀要』3：1-13.

Small, M. Luis, 2009, *Unanticipated Gains: Origins of Network Inequality in Everyday Life,* New York: Oxford University Press.

Smith, Cyril S., Farrant M., Marchant R. and Harold J., 1972, *The Wincroft Youth Project: A Social-Work Programme in a Slum Area,* London: Tavistock Publications.

Smith, Mark, 2003, "The End of Youth Work?" *Young People Now,* 170: 15.

Smith, Noel, Ruth Lister, Sue Middleton and Lyne Cox, 2005, "Young People as Real Citizens: Towards an Inclusionary Understanding of Citizenship," *Journal of Youth Studies,* 8(4): 425-443.

Social Exclusion Unit, 1999, *Bridging the Gap: New Opportunities for 16-18 Year Olds Not in Education, Employment or Training,* (Retrieved April 29, 2015, http://dera.ioe.ac.uk/15119/2/bridging-the-gap.pdf).

Strathdee, Robert, 2005, *Social Exclusion and the Remaking of Social Networks,* Aldershot: Ashgate.

杉田真衣，2015，『高卒女性の12年――不安定な労働・ゆるやかなつながり』大月書店.

住田正樹，2004，「子どもの居場所と臨床教育社会学」『教育社会学研究』74：93-109.

高橋有紀，2013，「1950年代から1970年代の更生保護制度における『官民協働』論の変容と継続――保護司への役割期待の本質」『犯罪社会学研究』38：138-152.

高山龍太郎，2008，「不登校から『ひきこもり』へ」荻野達史・川北稔・工藤宏司・高山龍太郎編『『ひきこもり』への社会学的アプローチ――メディア・当事者・支援活動』ミネルヴァ書房，24-47.

竹腰千絵，2008，「イギリス高等教育におけるチュートリアルの伝播と変容」京都大学大学院教育学研究科紀要，54：371-384.

竹内洋，1971，「専門職の社会学――専門職の概念」『ソシオロジ』16⑶：45-66.

――――，1972，「準・専門職業（セミ・プロフェッション）としての教師」『ソシオロジ』17⑶：72-102.

――――，1993a，『パブリック・スクール――英国式受験とエリート』講談社.

――――，1993b，『日英の大学入学者選抜方法並びに試験問題に関する比較社会学的研究』平成3・4年度科学研究費補助金研究成果報告書，京都大学.

――――，1997，『旧制高校とパブリック・スクールにみるエリート教育の構造と機能の比較研究』平成6年度～平成8年度科学研究費補助金報告書，京都大学.

田中治彦，2015，『ユースワーク・青少年教育の歴史』東洋館出版社.

立石麻衣子，2012，「イギリスの全国青少年協会によるユースサービスの質的評価指標」『奈良教育大学教育実践開発センター研究紀要』21：245-252.

Toivonen, Tuukka H. I., 2013, *Japan's Emerging Youth Policy: Getting Young Adults Back to Work,* London: Routledge.

遠山信一郎，2010，「未成年者に対する扶養義務」『自由と正義』61⑴：65-68.

筒井美紀・櫻井純理・本田由紀，2014，『就労支援を問い直す――自治体と地域の取り組み』勁草書房．

上原健太郎，2014，「ネットワークの資源化と重層化――沖縄のノンエリート青年の居酒屋経営を事例に」『教育社会学研究』95：47-66．

内田康弘，2016，「サポート校生徒と大学進学行動――高校中退経験者の『前籍校の履歴現象効果』に着目して」『教育社会学研究』98：197-217．

若者の教育とキャリア形成に関する研究会（乾彰夫研究代表），2014，『「若者の教育とキャリア形成に関する調査」最終調査結果報告書』，日本教育学会特別課題研究「若者の教育とキャリア形成に関する調査」ホームページ（2017年12月3日取得，http://www.comp.tmu.ac.jp/ycsj2007/dl2/ycsj2007rep05.pdf）．

Walther, Andreas, 2005, "Informal Networks in Youth Transitions in West Germany: Biographical Resource or Reproduction of Social Inequality?," *Journal of Youth Studies,* 8(2): 221-240.

Webster, Colin, 2001, "In the Neighbourhood," *Young People Now,* 141: 28-29.

Webster, Colin, Tracy Shildrick, Donald Sympson, Robert MacDonald, Mark Simpon, Andrea Abbas and Mark Cieslik, 2004, *Poor Transitions: Social Exclusion and Young People,* Bristol: Policy Press.

Whelan, Michael, 2015, "Re-locating Detached Youth Work," Graham Bright ed., *Youth Work: Histories, Policy and Contexts,* London: Palgrave, 182-198.

Willis, Paul, E., 1977, *Learning to Labour: How Working Class Kids Get Working Class Jobs,* Farnborough: Saxon House.（＝1996［1985］，熊澤誠・山田潤訳『ハマータウンの野郎ども――学校への反抗　労働への順応』筑摩書房．）

山口政治，1972，『明日を拓く勤労青少年――労働と余暇の調和のために』第一法規出版．

山口恒夫，2007，「『師弟関係モデル』から『省察的実践家の育成モデル』へ：医学教育の転換」『医学教育』38(3)：161-167．

柳沢昌一，2002，「実践と省察の組織化としての教育実践研究　福井大学教職大学院における長期教育実践研究の目的・方法・組織の省察のために」『教師教育研究』5：291-307．

―――，2011，「実践と省察の組織化としての教育実践研究」『教育学研究』78(4)：423-438．

―――，2013，「省察的実践と組織学習 D. A. ショーン『省察的実践とは何か』(1983) の論理構成とその背景」『教師教育研究』6：329-352．

吉川裕美子，2001，「イギリス高等教育の学位統一への動き――高等教育資格枠組み導入の背景・概要・展望」『学位研究』14：29-54．

Youth Service Information Centre, 1971, *Year Book of the Youth Service in England and Wales,* Leicester: H. Cave & Co. Ltd.

初 出 一 覧

第 1 章　未発表（以下の 2 つの書評論文の内容の一部を含む）

　井上慧真，2014，「『新成人期』とは何か─ J. アーネット『新成人期──10代後半から20代への道のりは平坦ではない』」『教育・社会・文化』14：33-41.

　井上慧真，2015，「個人化・非線形化する若者期とユースワーク── A. ファーロング『若者期研究 入門』」，『教育・社会・文化』15：19-28.

第 2 章

　井上慧真，2017，「若者の社会参加にインフォーマル教育が果たす役割に関する考察─イギリスのユースワークにおける『有志性原則』の検討から─」，『京都大学大学院教育学研究科紀要』63：407-419.

第 3 章

　井上慧真，2016，「イギリスにおけるユースワーカー養成に関する一考察─高等教育機関との関係を中心に」，『教育・社会・文化』6：1-21.

第 4 章　未発表

第 5 章

　井上慧真，2016，「『移行の危機』にある若者への支援の形成と変容──社会関係資本の観点から」，『社会学評論』67(2)：222-237.

第 6 章　未発表

謝　辞

　本研究は，筆者が京都大学大学院教育学研究科博士課程に在学中に，多くの方々の御指導と御協力に支えられてなしえたものです．

　なによりもまず，この研究の趣旨を御理解いただき，調査に御協力戴きましたすべての方々に，心より感謝申し上げます．

　本書はイギリスから日本へ，という構成をとり，また社会関係資本を理論的な柱としていますが，実際には日本の支援機関──特に京都市の実践の調査から出発しています．2014年の調査（本書第5章の基礎となった調査）当時京都若者サポートステーションの統括コーディネーターを務められていた京都市ユースサービス協会の松山廉様には，大変お世話になりました．同協会常務理事・事業部長の水野篤夫様には，若者学研究会にお声掛けいただき，若者・支援をめぐる問題について学ぶ機会を戴きました．

　また，匿名化された形式で公開することを条件に調査に御協力を戴きましたため，御名前をあげることは出来ませんが，2015年度・2016年に行いました「地域における若者支援活動に関する調査」（本書第6章の基礎となった質問紙調査・面接調査）においてお世話になりました全国の地域若者サポートステーションの皆様に，心より御礼申し上げます．

　本書の執筆の過程では，多くの先生方に御指導を戴きました．とりわけ，京都大学大学院教育学研究科教育社会学講座教授の稲垣恭子先生，同准教授の竹内里欧先生には厚く御礼申し上げます．稲垣先生，竹内先生には指導教員として，教育社会学を研究することを，理論と実証の両面から懇切に御指導戴きました．私の「若者支援について研究したい」という茫洋とした思いを，学問的な問いにする構えを教えて戴き，また調査や研究の過程で壁にぶつかったときにはいつも，懇切な御助言を戴きました．また，博士論文の審査の際には，稲垣先生は主査，竹内先生は副査，そして京都大学大学院教育学研究科臨床心理学講座准教授の田中康裕先生にも副査をお引き受け戴き，厳しいなかにも温かい御言葉を頂戴致しました．

　また，京都大学大学院人間・環境学研究科教授の倉石一郎先生には，さまざまな社会問題，それを捉えるための基本的な視点・考え方を学ばせて戴きまし

た．静岡大学人文社会科学部教授の荻野達史先生には，これまで民間団体が主体となって行ってきた不登校・ひきこもり支援とその研究の展開について教えて戴き，それらは本研究の主題である日英の公的な若者支援を捉えるうえで大切な指針となりました．

　また，研究会でも多くの先生方にお世話になりました．「戦後日本における政治家・財界人の教育観に関する教育社会学的研究」研究会では，京都大学大学院教育学研究科名誉教授竹内洋先生，稲垣恭子先生，関西大学文学部教授の多賀太先生，神戸大学大学院人間発達環境学研究科准教授の目黒強先生，滋賀大学教育学部准教授の太田拓紀先生，大妻女子大学人間関係学部准教授の牧野智和先生，富山県立大学工学部講師の濱貴子先生をはじめ多くの先生方より，政策を社会学的に研究するために必要な視点や方法論などを学ばせて戴きました．また教育・文化研究会では，研究報告の機会を戴き，主催の天理大学人間学部教授の石飛和彦先生，関西大学社会学部名誉教授の岩見和彦先生，関西大学社会学部教授の山本雄二先生，関西大学社会学部教授の富田英典先生をはじめ多くの先生方に，貴重なコメントを戴きました．岐阜大学地域科学部准教授の南出吉祥先生には，「全国若者・ひきこもり実践交流会」など，若者支援の研究・実践について学ぶ場にお声がけ戴き，研究テーマである公的支援だけでなく多様なかたちで展開する全国の活動について，学ばせて戴きました．このような豊かな学恩に恵まれましたことに，心より感謝申し上げます．

　本書は，2018年3月に京都大学大学院教育学研究科に提出した博士論文「『成人期への移行』支援に関する日英比較研究 —— 社会関係資本の観点から ——」に加筆・修正したものです．出版にあたり，京都大学総長裁量経費・若手研究者出版助成事業の助成を受けました．

　最後になりましたが，この出版は晃洋書房編集部の阪口幸祐さんのご尽力があってこそ可能になりました．深く御礼申し上げます．そして，長い間見守ってくれている母にも感謝します．

　　2019年1月

　　　　　　　　　　　　　　　　　　井 上 慧 真

付図・付表

付表1 京都若者サポートステーションの事業分類の変遷

2006	(1)相談事業	(2)農林業就労体験事業	(3)就労支援セミナー	(4)保護者向け事業					
2007	(1)相談事業	(2)就労体験事業	(3)就労支援セミナー	(4)保護者向け事業	(5)青少年活動センター連携事業	(6)ジョブカフェ京都連携事業	(7)その他関連事業		
2008	(1)相談事業	(2)就労体験事業	(3)就労支援セミナー	(4)保護者向け事業	(5)青少年活動センター連携事業				
2009	(1)相談事業	(2)就労体験事業	(3)就労支援セミナー	(4)保護者向け事業	(5)青少年活動センター連携事業				
2010	(1)相談事業	(2)就労体験事業	(3)就労支援セミナー	(4)保護者向け事業	(5)青少年活動センター連携事業	(6)中退者支援（学校訪問）事業	(7)家庭訪問		
2011	(1)相談事業	(2)居場所事業	(3)就労体験事業	(4)就労支援セミナー	(5)保護者向け事業	(6)青少年活動センター連携	(7)アウトリーチ事業		
2012	(1)相談事業	(2)居場所事業	(3)就労体験事業	(4)青少年活動センター連携事業	(5)就労支援セミナー	(6)保護者向け事業	(7)アウトリーチ事業	(8)出前相談	
2013	(1)居場所事業	(2)入口支援事業	(3)専門相談事業	(4)就労体験事業	(5)就活支援セミナー	(6)保護者支援事業	(7)学校連携推進事業	(8)サポステ周知事業（出前相談）	(9)就活基礎力講座

付表2 上記付表1のカテゴリーを再分類したもの

		本書で使用したカテゴリー				
		相　談	居場所	就　労	保護者	アウトリーチ
事業報告書のカテゴリー	2006	(1)		(3)	(4)	
	2007	(1)		(2)(3)(5)(6)(7)	(4)	
	2008	(1)		(2)(3)(5)	(4)	
	2009	(1)		(2)(3)(5)	(4)	
	2010	(1)		(2)(3)(5)	(4)	(6)(7)
	2011	(1)	(2)	(3)(4)(6)	(5)	(7)
	2012	(1)	(2)	(3)(4)(5)	(6)	(7)
	2013	(2)(3)	(1)	(4)(5)(9)	(6)	(7)(8)

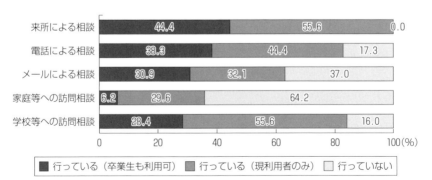

	行っている（卒業生も利用可）	行っている（現利用者のみ）	行っていない
来所による相談	44.4	55.6	0.0
電話による相談	38.3	44.4	17.3
メールによる相談	30.9	32.1	37.0
家庭等への訪問相談	6.2	29.6	64.2
学校等への訪問相談	28.4	55.6	16.0

付図1 地域若者サポートステーションが行っている活動
（第6章の図6に掲載した項目以外）

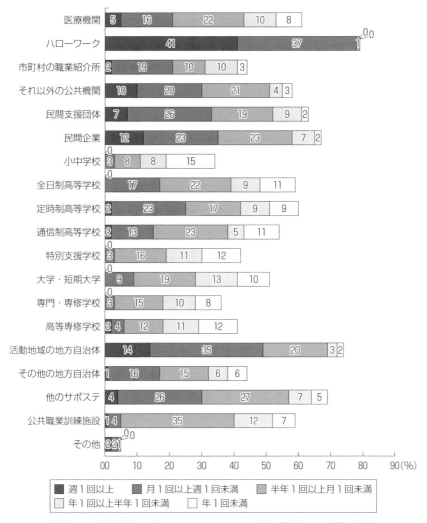

付図2　地域若者サポートステーションと他の機関との連絡の頻度
（図7に掲載した項目を含む）

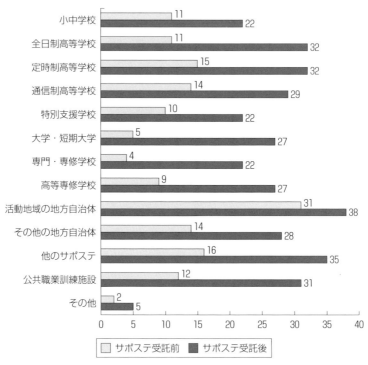

付図3　地域若者サポートステーションと他機関との連携
（第6章の図8に掲載した項目以外）

索　　引

《著者紹介》

井 上 慧 真（いのうえ えま）

　1989年　大阪府豊中市生まれ．
　2018年　京都大学大学院教育学研究科博士後期課程修了，博士（教育学）．
　2021年より帝京大学文学部社会学科講師．
　専門は社会学・教育社会学．

主要業績

　「『移行の危機にある若者』への支援の形成と変容——社会関係資本の観点から」『社
　　会学評論』67巻2号（2016年）．
　「若者の居場所とトランジション」稲垣恭子・岩井八郎・佐藤卓己編『教職教養講座
　　第12巻　社会と教育』協同出版（2018年）．

新装版
若者支援の日英比較
——社会関係資本の観点から——

2019年3月10日　初版第1刷発行	＊定価はカバーに
2023年5月25日　新装版第1刷発行	表示してあります

　　　　　　著　者　井　上　慧　真 ⓒ

　　　　　　発行者　萩　原　淳　平

　　　　　　印刷者　江　戸　孝　典

　　　発行所　株式会社　晃　洋　書　房

　　〒615-0026　京都市右京区西院北矢掛町7番地
　　　　　　　電話　075(312)0788番(代)
　　　　　　　振替口座　01040-6-32280

装幀　HON DESIGN　　　　　印刷・製本　共同印刷工業㈱

ISBN978-4-7710-3721-2